최소한의 권리도 누리지 못했던 세대를 위해
우리 모두의 권리 쟁취를 위해 온몸으로 맞섰던 세대를 위해
그리고, 아직도 안녕하시 못한 세대를 위해

어쩌다 서로에게
괴물이 되었을까?

천샘과 함께하는 젠더 수업
어쩌다 서로에게
괴물이 되었을까?

초판 1쇄 인쇄 2022년 2월 25일
1쇄 발행 2022년 2월 28일

지은이 **천선영**
펴낸이 **천정한**
펴낸곳 도서출판 정한책방
출판등록 2019년 4월 10일, 제2019-000036호
주소 (서울본사) 서울 은평구 은평로3길 34-2
     (충북지사) 충북 괴산군 청천면 청천10길 4
전화 070-7724-4005
팩스 02-6971-8784
블로그 http://blog.naver.com/junghanbooks
이메일 junghanbooks@naver.com

ISBN 979-11-87685-63-0 (03330)

※ 책값은 뒤표지에 적혀 있습니다.
※ 잘못 만든 책은 구입하신 서점에서 바꾸어 드립니다.
※ 이 책의 일부 또는 전부를 재사용하려면 반드시 저작권자와
   도서출판 정한책방 양측의 동의를 얻어야 합니다.

어쩌다 서로에게 괴물이 되었을까?

천선영 지음

일러두기

인용된 학생들 글은 수업 등을 통해 수집된 것이며, '젠더와사회' 수업의 경우 쪽글(독서노트와 생각키우기)이 출처인 경우 연도와 익명화된 이름만 괄호로 넣었습니다. 성별은 명시하지 않았습니다. (예: 21 ㅇㅁㅅ). 출처가 다른 종류의 글인 경우에는 추가 명기했고(예: 21 자료집 ㅂㄱ), 다른 수업의 경우에는 과목명도 넣었습니다. 출처가 '젠더폭력자료집'인 경우는 수집된 자료 중 젠더폭력과 관련해 별도로 정리된 자료에서 인용한 것입니다. 초고 독후감은 학생이 이 책의 초고를 읽고 전해준 소감이 그 출처입니다.

이 책에 포함된 학생들 글의 공개 가능성에 대해서는 사전 동의를 받았고, 글이 선별된 이후에 연락이 닿는 모든 학생에게 다시 한 번 개별 동의를 받았습니다. 문제가 발생하지 않도록 나름의 충분한 주의를 기울였습니다만, 혹시라도 누구에게라도 불편하거나 부당한 점이 발견된다면 가능한 한 빨리 필요한 조치를 취하도록 하겠습니다. 글의 수정은 맞춤법, 중복 내용 삭제 등의 수준에서 최소한으로 했으며 내용의 왜곡은 없다는 것을 확인합니다.

도서 인용은 학계의 통상적 표기를 따랐습니다. 저자명이 본문에 바로 나온 경우는 '연도: 페이지(2016: 78)'로, 저자명이 본문에 나오지 않은 경우는 '저자, 연도: 페이지(저자, 2016: 78)'로 하였습니다. 참고도서는 책 마지막에 별도 수록하였습니다.

○
수업을
열 며

"걷고 있는 한 아직 길을 잃은 것은 아니다."
(Wherever you go, there you are.)

    마지막도 마찬가지이겠지만 작가는 첫 문장, 감독은 첫 장면에 공을 많이 들인다 합니다. 나 역시 첫 문장, 첫 장면에 강렬하게 이끌려 본 적이 있기에 이 글의 시작을 무엇으로 하면 좋을까 고민했습니다. 위 문장은 최근 읽은 책 《걷기의 인문학》에서 따와 내 입말로 옮긴 것입니다.
    꽤 두꺼운 책이었는데, 곳곳에 매력적인 부분이 있었지만 그 중에서도 이 문장이 제일 마음속 깊이 담겼습니다. 이 문장을 다시 떠올리게 될 때마다 별 이유 없이 눈시울이 붉어지기도 했습니다. 그저 일상적 대화 중 무심코 던져진 한 문장이었는데 말입니다.
    길을 헤매본 경험이 많기에, 길 헤매는 경험에 대한 예찬론자이기에(천선영, 2020), 내게는 이 문장이 이리 읽힙니다: "우리는 자주 길을 잃습니다. 아니 잃은 것처럼 보입니다. 그러나 우리가 계속 헤매는 한, 계속 걸어가는 한, 아직은 괜찮습니다. 그렇다면 길을 헤맬까 염려하여 걷기를 시작하지 않을 이유가 없습니다. 걷는 한 우리는 '길을 찾는 사람들', '길을 만들어가는 사람들'입니다."

인생이라는 먼 길 가는 젊은이들에게 이 문장을 들려 보내고 싶습니다. 학생들과 수업을 함께하며 살짝은 지친 내게도 이 문장을 선물하고 싶습니다: "걷고 있는 한 아직 길을 잃은 것은 아니다."

그러니 걷기를 포기하지 않을 수 있다면 계속 걸읍시다. 젠더 문제와 함께하는 여정이 결코 쉽지 않은 길이지만 오늘도 같이 걸읍시다. 확신 없이 걸읍시다. 끝까지 의심하며 걸읍시다. 성급한 확신은 우리를 지금 이 자리에 그냥 머무르게 할지도 모릅니다.

'함께 걷기'를 포기하지 않는 한 아직은 우리 모두 괜찮습니다. '확신을 포기'하는 한 아직은 우리 모두 괜찮습니다.

우리에게 다시 걸을 힘이 남아 있길 빕니다. 그러기 위해 우리는 서로의 지지와 응원이 필요합니다.

CONTENTS

수업을 열며 · 5

0 나는, 천샘입니다!

1 학생들과 함께하는 젠더 여정

여성 사회학자, 왜 젠더 강의를 '거부'했을까? · 19   수업의 목표, 가장 '보수적'인 학생의 자리 마련하기 · 21   절박함의 근원, 청년들의 성별적 젠더의식 격차 · 24   '프리 토크 젠더' 운동을 제안하다 · 30   우리 사회 세 개의 젠더 소통장, 그 간극과 괴리 · 41

2 젠더 대화의 조건

솔직하게, 정확하게, 정중하게 · 49   젠더 대화법 1_ 차라리 재미없는 것이 낫다 · 54   젠더 대화법 2_ '약한 유대'로 충분하다 · 57   젠더 대화법 3_ 할 수 있는 일을 할 수 있는 만큼 · 61

3 달라도 너무 다른 여성 청년과 남성 청년

여성이 아직도 사회적 약자라고요? · 67   젠더의식 격차가 말해주는 여성이라는 집단의 사회적 약자성 · 73   결혼에 더 부정적이고 더 우울한 20대 여성들 · 78   데이터로 말합시다 · 87   군대 생각만 하면 울컥합니다, 역차별 아닌가요? · 97   잠재적 범죄자가 된 기분이라고요! · 108

4 일상 속 젠더 풍경

고정관념에 대하여 1_ 분홍색은 한때 남성의 색이었다! · 119   고정관념에 대하여 2_ "치마, 입고 싶은 생각 1도 없습니다만" · 126   고정관념에 대하여 3_ 성폭력 피해자=여성? 성을 파는 사람=여성? · 133   여성은 소심하다? 여성은 세심하다? · 137   여성성 또는 남성성, 타고날까요? 길러질까요? · 142   일상 속에 스며있는 젠더역할 고정관념 · 148   '평균'이라는 폭력: 남성의 아킬레스건, 키 · 157   젠더적 언어: 유모차? 유부차? 유아차! · 163   여성/남성? 아니 스스로를 여성/남성이라고 믿는 사람들 · 168   (혼전)동거 찬성의 이유: 결혼의 안정성 증가? · 174   젠더적 공간_ 배려 또는 배제? · 178   오늘의 슬픈 젠더 풍경 · 186

5 공정함에 대하여

'납작한 공정'은 위험하다 · 193   시험지만 같으면 공정한가? · 200   여대에 약대가 있는 것은 불공정하다고 생각합니다 · 208   '특권'이라는 말 · 214

6 성범죄의 일상성

예쁘다는 말은 칭찬 아닌가요? · 223　누구는 불편하고, 누구는 불편해하는 것이 불편하다 · 228　성희롱은 성폭행보다 덜 나쁘다? 외모 품평은 그저 장난일 뿐? · 231　성을 사고파는 것은 빵을 사고파는 것과 다르지 않다? · 236　'성매매여성'이라는 말이 불편한 이유 · 241　'강남역 사건' 이전과 이후: '나일 수도 있었다' · 246　"여성혐오 걱정 안 하셔도 된다. 이준석은 여성 좋아한다" · 252　혐오표현을 '좋아하는' 사람, '즐기는' 사람 있을까요? · 258

7 오늘 여기 우리의 페미니즘

'미투'가 불편하신가요? · 265　성별적으로 대동단결? · 269　저는 꾸미고 싶은 페미니스트입니다! · 274　'여성스러운' 페미니스트를 문제 삼는 것도 문제겠지만… · 280　성 개방성 논의는 젠더 중립적? · 284　미러링, 어디까지 정당화될 수 있을까? · 288　성전환자, 페미니즘 내부의 아킬레스건 · 293　질문이 잘못된 것은 아닐까? · 298　한국 페미니즘은 여성우월주의? · 302　너도 페미야? 페미니스트라고 '낙인' 찍힐까 두렵습니다 · 309　너도 페미냐는 말의 속뜻 · 318　반성문: 우리는 교육환경 개선을 얘기할 자격이 있습니까? · 326

8 '수평사회'로 가는 길

'수평사회'로 가는 길 1 · 335　'수평사회'로 가는 길 2 · 339　학생들의 이야기 · 342

수업을 닫으며 · 354　감사의 글 · 359　주석모음 · 363　참고문헌 · 369

쓸 수밖에 없어 쓰는 글입니다.
우리 모두의, 특히 젊은이들의 '젠더적 안녕'에 대해 마음이 계속 쓰입니다.
그들이 '안녕'하길 바라는 진심을 담습니다.

…

나는 사회학자입니다. 주전공이 젠더[1]는 아닙니다. 그럼에도 이 글을 쓰는 이유는 나름의 절박감 때문입니다.

젠더 주제에 대해 점점 더 깊은 관심을 갖게 되었습니다. 거의 학생들 때문 또는 덕분입니다. 여성이라는 성을 가진 사회학자로서 젠더 문제에 대해 관심이 없을 수 없었으나, 젊은 그들이 나로 하여금 이 문제에 대해 계속 더 고민하도록 '요청'하고 있습니다.

젊은이들의 젠더적 일상이 그리 아름답지 않은 것이 안타까웠습니다. 학교가 이런 문제상황에 충분히 잘 대응하지 못하는 현실도 걱정스러웠습니다.

나의 학생들이며, 우리 모두의 미래이기에 그들의 문제는 그들만의 문제일 수만은 없습니다. 대단한 해결사를 자처할 수는 없지만, 적어도 그들이 서 있는 자리에 공감하는 마음으로 함께 서 있고 싶었습니다. 이 마음이 부디 가서 닿기를 바라며 글을 엽니다.

소년작가 전이수가 제주 한 오름에서 물결처럼 바람에 흩날리던 보리밭을 보고 내려온 후 그 풍경이 계속 눈에 밟혀 "오름을 내려와 그 보리들을 그려야만 했어요. 머릿속에서 그 풍경이 지워지지 않았거든요"라고 말한 것처럼, 쓸 수밖에 없어 쓰는 글입니다.

우리 모두의, 특히 젊은이들의 '젠더적 안녕'에 대해 마음이 계속 쓰입니다. 그들이 '안녕'하길 바라는 진심을 담습니다.

여기 있는 글들은 젠더 수업시간에 늘 하는 말을 그대로(?) 글로 옮긴 것에 가깝습니다. 그러니 나를 만났던 학생들은 아마 이렇게 말할 겁니다: "선생님이 옆에서 얘기하시는 것 같아요", "글로 하는 수업 같아요."

나를 글로 처음 만나는 분들도 그렇게 느끼면 좋겠습니다. 아는 사람과 햇살 좋은 카페에서 인생 얘기 나누는 느낌. 편안하지만은 않은 주제지만 생각보다 무겁지 않게, 어렵지 않게 읽히길 바랍니다.

수업 마지막에 제출한 쪽글에 젠더 이야기는 더 이상 부담스럽고 나를 겁먹게 하는 어떤 것이 아니라고, "왜냐하면 나의 삶을 이야기하는 것이기 때문"(20 ㄱㅈㅇ)이라고 적은 학생의 말처럼 젠더 이야기는 나/우리 자신의 경험과 의견, 삶의 모양에 대한 이야기에 다름 아니라 생각합니다. 그러기에 나/우리의 삶을 조금은 더 나은 방향으로 이끌고 싶다는 생각이 있는 사람이라면 누구나 할 수 있고 누구나 해야 하는 이야기입니다.

다른 모든 분야처럼 젠더 이야기에도 경험과 의견의 차이가 있는 것은 너무나 자연스러운 것이고, 우리가 할 수 있는 일은 '가능한 한 솔직하게, 정확하게, 정중하게' 그 서로 다른 경험과 의견을 나누고, 홀로 한걸음이 아닌, '같이 반걸음'을 가려는 노력을 계속

하는 것뿐입니다.

'같이 반걸음'이 우리 모두의 생각이 같아질 수 있음을 의미하는 것은 아닙니다. 오히려 이야기를 나누면 나눌수록 머릿속이 복잡해지는 경험을 하게 될 가능성이 더 높을 겁니다. 그것은 자연스러운 일일 뿐더러 '바람직한' 일이기도 합니다. 독일의 사회학자 막스 베버의 'zu schoen wahr zu sein(사실이라기엔 너무 아름답다)'이라는 말처럼, 지나치게 딱 떨어지는 선명한 생각이 더 위험한 것일 가능성이 높다고 생각합니다. 복잡한 일은 복잡하게 생각하는 것이 맞지 않을까요? 그것이 공부하는 사람의 태도가 아닐까도 생각해 봅니다.

지치고 힘들 때도 분명 있을 겁니다. 그럼 쉬어 가면 됩니다. 나 혼자 가는 길이 아니기 때문입니다. 같이 걷고 있는 사람들이 있다는 것, 잊지 맙시다.

젠더 수업을 함께했던 학생들에게 인사를 전하고 싶습니다. 누군가에게는 이리 말해주고 싶습니다: "수업에 있었던 학생들 모두와 함께 한걸음, 아니 반걸음이라도 가야 한다는 생각에 그대 같은 친구들의 어깨를 충분히 따뜻하게 다독여주지 못했나 살짝 마음이 쓰입니다. 그래도 우리가 함께했던 시간이 그대들이 앞으로 걸어가는 길에 작지만 단단한 지지와 응원이 되었기를 바랍니다."

누군가에게는 이리 말해주고 싶습니다: "굳이 하지 않아도 되었을 선택인데, 젠더 과목을 선택하고 끝까지 함께해줘서 고마웠습니다. 그런 마음을 먹고 실행에 옮겨준 것만으로 이미 무척 감사한 일입니다. 반걸음, 딱 반걸음, 더 걸어볼 마음이 생겼기를 빕니다."

그리고 참, 그대들과 함께 만들어온 우리 수업의 가장 큰 목표 중 하나는, 내가 생각하는 '답'을 그대들 머릿속에 넣어주기보다는 같이 질문하며, 같이 걸어가는 것이었습니다. 그대들을 아주 조금 흔드는 질문을 하고 싶었습니다. 나침반의 미세한 떨림을 다시 만들어내는 '좋은 질문자'이고 싶었습니다. 삶의 가장 중요한 현실들은 종종 '이것 아니면 저것'이 아니라, '둘 다'의 형태를 취한다는 것(파머, 2018: 140)을, 그렇기에 '적극적 유보', '겸손한 확신'의 태도가 필요하고도 중요한 일이라는 것을 함께 배워가고 싶었습니다. 때로 좀 아는 척, 살짝 잘난 척하는 것 같이 보였다 해도, 마음은 그랬습니다. 널리 이해를 구합니다.

Chapter 1

학생들과 함께하는 **젠더 여정**

내가 이해하기 어려운 주장을 하는 사람에게도 나름의 이유는 있다는 것, 그리고 적어도 그들 또한 나름 선하게 열심히 살려 노력하는 청년들이라는 것, '괴물'은 아니라는 것을 깨닫는 일은 서로에게 너무 중요합니다. 대화를 통해 그들이 대동단결하게 되어서가 아니라, 그 대화가 가능했다는 것 자체가 무한 긍정의 희망을 낳습니다.

여성 사회학자,
왜 젠더 강의를 '거부'했을까?

　내 주전공은 문화사회학, 사회이론입니다. 독일에서 박사학위를 받고 귀국해서 몇몇 학교에서 시간 강의를 할 당시 젠더(여성학) 강의 제안을 여러 차례 받았습니다. 전공이 아닌 강의를 요청받으니 조금 당황스러웠습니다.
　여성이고 사회학자이니 전공과 무관하게 '당연히' 할 수 있지 않냐는 조금은 무신경한 발언에 애써 가능한 한 친절한 어조로 거절을 하는 일은 유쾌하지 않았습니다. 이런저런 핑계를 대며 관련 강의 부탁을 몇 번 거절하던 어느 날, 한 번은 해보자 싶어졌습니다. 여성인 사회학자로서 젠더 이슈에 대해 관심 자체가 없었던 것은 아니었기 때문입니다.
　강의는 재미있었습니다. 예민한 부분이 있어 다른 강의에 비해 에너지 소모가 컸으나, 그만큼 보람도 컸습니다. 그다음부터는 젠더(여성학) 강의를 거절하지 않았습니다. 전임이 되고 나서도 1년에 한 번씩은 강의했으니, 햇수로는 벌써 이십 년을 해온 셈입니다.
　초짜 선생이었던 나는 왜 젠더(여성학) 강의를 거절했었을까요?

소위 '보따리장사' 주제에 말입니다. 나름으로는 '최소한의 소심한 저항'이었던 것 같습니다. 사회학 전공자들조차 여성이고 사회학자면 '당연히' 젠더(여성학) 강의 정도는 할 수 있어야지라고 생각하는 것이 불편했습니다. 여류작가 아니고 그냥 작가로 불리길 바라는 분들처럼, 나도 여성사회학자 아니고 사회학자, 그리고 문화사회학 또는 사회이론 전공자로 불리길 바랐습니다. 당시 대단히 높은 젠더의식 소유자도 아니었는데 말입니다.

여성인 사회학자는 전공이 여성, 젠더, 가족과 관련이 있어야 취직에서 그나마 경쟁력을 가질 수 있는 상황도 불편했습니다. 남성사회학자가 거의 선택하지 않는 전공 분야니까요. 구직을 하던 당시 여성 전문인력 채용에 대한 사회적 요구는 점점 높아지고 있었습니다. 그러자 사회학계에서는 전략적(어쩌면 거의 '본능적인') 선택을 합니다. 우선적으로 남성사회학자들의 전공과 겹치지 않는 전공에 여성을 채용하는 방식을 택한 것이었지요. 사회적 요구에도 부응하고, 기존 질서(?)도 흔들지 않는 나름 괜찮은 전략이었을 겁니다.

그 시절, 큰 목소리로 부당하다 소리치지는 못했지만, 내 전공이 아닌 강의는 못하겠다 말하는 아주 소심한 방법으로라도 최소한의 자존을 지키고 싶었던 것 같습니다. 그것이 여성사회학자인 내 경력에 결코 도움이 되지 않는다는 것을 알았지만, 그렇게라도 해야 했습니다.

지금 생각하면 그것이 내 '젠더 여정'의 시작이었습니다.

수업의 목표,
가장 '보수적'인 학생의 자리 마련하기

젠더 수업 수강생의 성비는 대체로 '여학생 7 : 남학생 3' 정도 됩니다. 여학생도 마찬가지지만 남학생의 수강 신청 이유도 다양합니다. 스스로 젠더의식이 좀 있다고 생각하며 더 공부해보고 싶어 하는 학생도 있고, 젠더, 페미니즘[2] 이런 단어를 듣기만 해도 살짝 거부감이 들지만, 도대체 뭔 소리를 하나 들어나 보자고 온 학생, 강한 반(反)페미니즘 신념을 갖고 자신의 옳음을 확인하려는 마음으로 온 학생도 있고, 교양 하나 들어야 하는데 그나마 시간이 잘 맞는 수업이라 들어온 '어쩌다 파'도 있습니다.

학기 초 일단 학생들을 자발적으로 나가게 하기 위해 여러 방법을 구사합니다. 그래야 강의계획서도 읽지 않고 앉아 있는 '어쩌다 수강생' 또는 토론수업에 적극 참여할 마음의 준비가 되어 있지 않은 수강생 또는 절대 결코 변하지 않겠다는 의지에 불타는 '겁나는' 수강생의 숫자를 줄일 수 있고, 인원을 좀 줄여야 그나마 대화다운 대화, 토론다운 토론이 가능한 최소한의 조건을 확보할 수 있기 때문입니다.

  온라인 강의계획서에도 미리 적어놓지만, 매주 글쓰기 과제가 2개씩 있다고 다시 한 번 강조하면 한 무리가 나갑니다. 과제가 개강 첫 주부터 시작된다고 하면 또 일부가 빠집니다. 거기에 개인 발표와 소규모 팀 토론 등까지 있다고 하고, '말하지 않을 권리가 없다'는 수업 규칙을 공지하며, 첫 시간부터 3시간을 꽉꽉 채우며 까실까실한 질문 세례를 퍼부으면 인원은 더 줍니다.

  이 모든 노력에도 남은 학생들에 대한 내 입장은 '모두 함께 끝까지 간다'입니다. 젠더 이슈에 대해 어떤 생각을 가지고 있건 하나의 팀으로 낙오자 없이 끝까지 같이 간다, 마음을 다지고 시작합니다.

  '같이 반걸음'이 '홀로 한걸음'보다 더 중요하다고 믿기 때문입니다. 그래서 마음에 품은 기준 하나가 우리 반에서 젠더 이슈에 대해 가장 보수적인 입장을 보이는 학생이 끝까지 본인의 입장 표현하기를 꺼리지 않게 해야겠다는 것입니다. 물론 쉽지 않았고 늘 성공적인 것은 아니었지만, 그 마음만은 지금도 여전히 놓지 않고 있습니다. 아니 놓지 않으려 무진 애쓰고 있습니다.

  그 학생들이 대학 수업에서조차 자신이 나름 합리적이라고 믿는 의견을 '햇볕 아래서' 개진할 기회를 갖지 못한다면, 우리 사회가 '젠더전쟁' 수준의 심각한 상황을 벗어나기 점점 더 어려워질 것 같다는 두려움 때문입니다.

  물론 그럼에도 불구하고 어떤 학생들은 내가 그들의 생각을 이해하지 못한다고 생각했을 수도, 충분히 존중받지 못했다고 생각했을 수도 있습니다. 부덕의 소치입니다. 그러나 마음만은 진심이라는 것, 내 절박함에서 유래한 진심이라는 것, 그것만은 기억해 주었으면 합니다.

절박함의 근원,
청년들의 성별적 젠더의식 격차

젠더 수업을 해보면 학생들의 생각이 평균적으로 해마다 아주 조금씩은 변해가는 것이 느껴집니다. 다행히 대부분은 내가 긍정적으로 생각하는 방향으로요. 그러나 무시할 수 없는 부정적인 변화도 관찰됩니다. 여학생과 남학생의 평균적인 젠더의식 격차[3]가 점점 더 증가하는 것으로 보여 걱정입니다.

남학생의 의식도 변화하고는 있지만, 여학생의 변화 정도를 따라가지 못하기에 그 격차가 벌어지고 있는 것으로 보이죠. 젠더의식이 가장 낮은 편에 속하는 여학생도 평균적인 남학생에 비하면 젠더의식이 높은 경우가 많습니다.

예전엔 여성과 남성 모두 비교적 낮은 수준의 젠더의식을 갖고 있었고, 설사 유의미한 차이가 있다 해도 공고한 가부장적 질서 하에서 그런 차이들은 가려질 수 있었습니다. 하지만 지금은 젠더의식의 격차, 특히 성별적 젠더의식 격차가 급격히 증가했을 뿐 아니라 그 차이를 무화시킬 수 있는 가부장적 질서는 더 이상 힘이 없습니다. 이것이 오늘의 젠더 문제가 사회적 갈등의 제1요인으로 지목되는 이유 중 하나일 겁니다.

물론 일부 남학생들이 흔히 하는 말처럼 지금은 분명 여성이라 학교도 못 가는, 아니 아예 태어나지도 못하는, 그런 세상은 아닙니다.(그러나 2021년 5월 기준 20대의 성비가 정상범위(103~107%)를 넘는 110.5인 까닭은 뭘까요? 우리나라에서 출생성비가 정상범위 안에 들어온 것은 2007년이 처음이고, 셋째 아이의 성비는 2000년에는 무려 143.6%, 2010년에도 110.9%였습니다. 지금 10대인 사람도 XX 염색체를 가지고 있다는 이유로 태어나지 못했을 확률이 있었다는 말이니, 오래된 일이 아닙니다. 출생부터가 이러하니 이준석 국민의힘 대표의 대한민국 "2030 세대는 성별에 따른 기회의 불평등을 겪지 않았다"는 단언적 언명에 안타깝게도 흔쾌히 동의해줄 수가 없네요.)

그러나 그것과 별개로 젠더의식의 성별 격차는 더 벌어질 수 있다는 것을 기억할 필요가 있습니다.(젠더 격차라고 말하지 않고 '젠더의식 격차'라는 단어를 사용하는 것에 주목해주기 바랍니다.) 젠더의식은 전반적으로 높아지고 있으나 그 과정에서 성별적 차이는 더 벌어지는 것으로 보입니다. 최근 한 조사에서도 페미니즘에 대해 20대 여성이 가장 우호적인 것으로, 20대 남성이 가장 비우호적인 것으로 나타났습니다. 그것이 아마 20대가 성별 갈등을 가장 심각하게 느끼는 세대로 보고되는 이유가 아닐까 합니다. (210831 시사IN)[4]

절대 빈곤이 사라졌다고 상대적 빈곤감, 상대적 박탈감이 자동으로 사라지는 것은 아니라는 데 동의하실 겁니다. 마찬가지입니다. (대)다수의 여성은 아직도, 여전히 갈 길이 멀다고 느낍니다. 이런 여성들에게 '살려줬더니 보따리 내놓으라 한다'고 비난할 수 있을까요?

아무튼 언젠가부터 젠더의식이 비교적 높아 보이는 여학생들에게 이런 질문을 조심스레 해봅니다. "연애하나요?" "연애하고 싶은 사람 있어요?" 상당수의 대답은 "이제 연애 안 해요. 못할 것 같아요", "없어요"라며, '결론은 비혼'일 수밖에 없다고 농담인지 진담인지 모를 이야기들을 합니다.(논리적으로는 젠더의식이 낮은 축에 속하는 남학생들에게도 그대로 적용될 수 있는 이야기인 듯.)

그들 주장에 의하면 만날 사람이 없다는 겁니다. 이해가 됩니다. 남학생들에게 문제가 있다는 이야기가 아니고, 그 여학생들의 말이 논리적으로 이해가 된다는 겁니다. 젠더 이슈에 대해 '대화 불가능'한 상대와 친밀한 관계를 맺기는 너무 어려운 일로 보입니다.

연애/결혼하는 사람과 정치 이야기, 종교 이야기 안 할 수 있을지도 모릅니다. 그러나 젠더 이야기 피해갈 수 있을까요? 젠더 이야기를 진지하게 하지 않는/못하는 연애 관계, 건강한 관계일까요?

성적 관계까지 연결되는 친밀한 관계 형성 과정이 젠더에 대한 서로의 생각과 무관할 수 있다? 상상하기 어렵습니다. 우선 이성애적 관계에 기준해서 잠시 말해보겠습니다. 여성이 먼저 호감을 표현하는 것에 대해 어떻게 생각하는지, 데이트 비용은 남성이 다 또는 더 많이 내는 것이 당연한지, 여친이 미니스커트를 입는 것에 대해 남친이 간섭할 수 있는지, 스킨쉽 정도와 방식은 어떤 과정을 통해 결정되어야 하는지, 이전 성경험의 유무가 중요한지, 피임은 누가 어떤 식으로 하는 것이 맞는지 등 일부 사소해 보일 수도 있는 그러나 결코 사소하지 않은, 젠더적 일상을 건너뛴 연애가 가능할까요?

그런데, 이성애자로서 연애 중이라면, 남학생들은 자신의 여친이 그나마 '급진적 페미니스트'가 아니길 빌어야 할 판이고, 여학생들은 열에 한 명도 되지 않는다는 높은 젠더의식을 가진 남친을 만날 행운을 기다려야 하는 판인데, '평화로운 연애' 기대해도 될까요?

별걱정을 다한다고요? 거리에는 연애하는 젊은이들 넘치더라고요? 그러나 그 속내를 들여다보면 걱정을 하지 않을 수가 없습니다.

연애 중인 여학생들에게 물어봅니다. 사귀는 사람 또는 남성들과 젠더 문제에 대해 허심탄회하게 이야기 나눌 수 있는지. 꽤 높은 확률의 대답은 그런 이야기는 하지 않거나 조심한다는 것입니다. 이유는? 갑자기 분위기 싸해질까봐, 더 정확히는 싸울까봐….

> 남자 친구들과는 젠더 얘기를 한 번도 해본 적이 없는 것 같다. 대부분 안 좋은 인식을 하고 있다는 걸 말 안 해도 알고 있었기 때문이다. 그들은 예를 들어 인터넷에서 페미 얘기가 나오면 "쟤네 왜 저래?", "정신병 있는 거 아냐?" 이런 소리들을 무심코 했다. 그래서 얘기를 할 수가 없었다. (20 ㅈㅅㅈ)

나는 꽤 오래 사귀었던 전 남자친구와 젠더 이야기를 해본 적이 없다. 지금 생각하면 신기하다 싶을 정도로 젠더에 대한 이야기를 한 적이 없다. 이성을 만나고 젠더 이야기를 안 하는 것은 지금 생각하면 말도 안 된다 싶다. 싸울까봐, 분위기 싸해질까봐 조심했다. (20 ㅇㅇㄹㅇ)

남학생들은 이런 여학생들의 마음을 알고 있는지 의문입니다. 내 여친은 아닐 것이라고요? 음, 경험상으로도 논리적으로도, 아닌 것이 아닐 것이라는 편에 서겠습니다. 단지 말을 하지 않을 가능성, 티 내지 않고 있을 가능성이 높다고 봅니다. 궁금하면 확인해 보길요. 그 결과로 연애가 깨질 수도 있다는 것에 대한 책임은 스스로 져야 하겠습니다만….(예쁘다는 칭찬이 때로 왜 어떻게 성희롱이 될 수 있는지 도대체 이해가 가지 않는 젊은 남성, 야하게 입고 다니지 마라, 밤늦게 다니지 마라는 '착한 조언'이 왜 피해자에게 책임을 전가하는 논리로 확대 해석될 수 있는 여지가 있다는 것인지 도무지 이해가 되지 않는 젊은 남성은 우선 한 가지만 기억하길요. 여성 중 적어도 과반수는 자신과 다른 생각을 가지고 있을 개연성이 있다는 것. 그리고 연애 중인 남성이라면 상대방과 이런 얘길 진지하게 나눠본 적이 있는지, 그것에 대한 상대방의 솔직한 의견을 알고 있는지 자문해보길 권합니다.)

'일상에서의 젠더 대화 실종 사태', 연애하는 관계에서도 솔직하게 젠더에 대한 생각을 나눌 수 없는 20대. 대학에서 경험하는 21세기 대한민국의 오프라인 젠더 풍경입니다. 젊은이들이 성과 젠더 관련 사회적 이슈에 대해 접하게 되는 경로는 대부분 인터넷이고, 인터넷상의 젠더담론이라는 것이 자주 '막말전쟁모드'라는 것을 생각한다면, 이 불균형은 심각한 우려를 갖게 합니다. 심지어 연인관계에서조차 성과 젠더 대화가 가능하지도 하고, 시도조차 하지 않는 경우가 많다는 것은 거의 절망적입니다. 앞서 말한 바와 같이 내가 사랑한다고 생각하는 사람과 성과 젠더문제에 대한 진지하고 솔직한 의견교환 없는, 아니 그것이 가능하지 않다고 생각하는 사람과의 관계가 건강하게 오래 지속될 수 있을까요?

반면 지금 이 시간에도 온라인에서는 '젠더전쟁'이 한창입니다. 현재도 눈에 보이는, 보이지 않는 엄청난 '젠더 갈등 비용'을 이 사회가 치르고 있다고 생각하지만, 이런 상황을 방치한다면 그 사회적 비용은 더 어마어마하게 증가할 것이 분명합니다.

저출생문제에 대한 뾰족한 해결책이 없어 걱정이라고요?(전국 가임기 여성의 숫자를 표시한 '분홍빛 출산지도'를 만들어 배포했던 2016년의 정부 수준으로부터 부디 조금은 벗어났기를 바라며…) 출생지원금 예산 반의 반만큼의 예산으로라도 젠더의식 격차 해소에 적극 나서길 바랍니다. 행복한 연애를 하지 못하는 젊은이들이 행복한 결혼생활을 할 수 있을까요? 아이를 낳고 싶을까요? 젠더의식 격차를 줄여가는 적극적 노력 없이는 저출생문제도 해결되기 어려울 것이라고, 나는 생각합니다.

'프리 토크 젠더' 운동을 제안하다

참 신기한 일입니다. 온라인에서는 '젠더전쟁'이 일상인데, 오프라인에서 젠더 대화는 거의 전멸 상태입니다. 여학생과 남학생 사이에서만이 아니라 여학생끼리도 젠더 이슈에 대한 진지한 대화를 나누는 경우가 흔치 않다는 것을 거듭 확인하게 됩니다.

여학생과 남학생 사이는 그렇다 쳐도, 여학생끼리는 왜 그럴까요? 우선 젠더의식이 높다고 생각하는 학생은 그 학생대로, 낮다고 생각하는 학생은 그 학생대로 조심스러워합니다. 예를 들어 본인의 젠더의식이 좀 낮은 수준이라고 여기는 학생은 본인이 '개념 없는 사람'으로 여겨질까 걱정입니다. 다른 동료들은 다 알고 있는 이야기를 자신만 모르는 것 아닐까 하는 생각에 질문하는 것도 꺼립니다. 그래서 젠더의식이 높은 학생이 어떤 주장을 할 때 잘 모르면서도, 또는 조금 다른 생각을 갖고 있어도 대충 얼버무리며 지나가곤 합니다.

페미니스트 여학생들은 그들대로 종종 그들이 페미니스트라는 것이 밝혀지는(?) 것을 부담스러워합니다. 불편하게 여기는 이들이 있을 수도 있다는 생각에 말을 주저하기도 합니다. 안타깝지만 현실입니다. 그렇게 서로서로 알아서 '말조심'을 하다 보니 자연스러운 젠더 대화는 자주 실종됩니다.

여학생과 남학생 사이는 더 말할 것도 없습니다. 서로의 생각 차이가 짐작되는 상황에서 갑자기 분위기 싸해지는 리스크를 피해 가는 최선의 방법은 침묵으로 보입니다. 그러다 보니 젊은이들이 젠더 정보를 얻고, 관련 소통(?)을 하는 것은 거의 온라인에 한정되지 않나 의심할 정도입니다.

공론장(公論場)에서의 젠더 논의와 온라인에서 유통되는 젠더 이야기, 그리고 일상적 젠더 경험 사이에 관찰되는 괴리도 커 보이는데, 이 또한 그저 서로 다른 평행세계처럼 병렬되어 있는 것처럼 보입니다. 마치 서로 아무 상관없다는 듯.

학생들과 젠더 수업을 함께하며 그들의 '소통 부재'로 인해 우리 사회가 치러야 하는 대가에 대해 문득 겁이 나기 시작했습니다. 사람을 살게 할 수도 죽게 할 수도 있는 것이 말이고, 말을 섞을 수 없는 사람들과 함께 산다는 것은 생지옥, 비슷한 것이 될 테니까요.

비슷한 이들끼리 모여 사는 '온라인 게토' 속에서 점점 강화되어 가는 확증편향성 문제를 해결하기 위한 디톡스가 절실했습니다. 어떻게든 그들을 서로 만나게 해야 한다고 생각했습니다. 일단 모여서 '햇볕 아래서' 자유롭게 젠더 이슈에 대해 말할 수 있는 기회를 마련해야 한다고 생각했습니다. 그것만으로도 많은 문제가 해결(?)될 수 있을 것이라는 생각은 시간이 지나며 확신이 되었지만, 1주일 3시간 수업만으로는 너무 부족했습니다.

'프리 토크 젠더'. 그래서 고안한 소규모 젠더 대화 프로그램입니다. 수업이 중반을 향하면서 학생들이 어느 정도 서로에 대해 마음을 열기 시작할 때쯤 이 프로그램을 운영합니다. 방법은 단순합니다. 우리 수업 구성원 세 명(무작위 배정, 부분적으로 성별, 과, 연령, 기존 친분관계 등 고려), 그리고 그 친구들이 데리고 온 세 명(가능한 한 남학생, 일종의 '성우대정책'입니다. 이유는 간단합니다. 남학생을 불러다 앉히는 일이 더 어렵기 때문입니다!), 이렇게 최대 6명이 최소 2시간 동안 젠더를 주제로 자유로운 대화 나누기. 대화 원칙은 가능한 한 솔직하게, 정확하게 그리고 정중하게.

듣자마자 기대하는 학생들도 있지만, 적잖은 학생들은 이 과제 아닌 듯한 과제에 처음엔 살짝 긴장하고 부담스러워합니다. "과연 대화가 될까?" 경험해본 일이 아닐 뿐더러, 아무리 수업에서 만난 사람들이라지만 낯선 사람들과 젠더라는 주제로만 2시간이나 이야기를 하라니. 도대체 무슨 이야기를 할 수 있을지, 할 이야기는 있을지, 서먹하진 않을지, 솔직하게 말할 수 있을지, 싸우게 되지는 않을지…. 젠더의식이 높은 학생이나 젠더에 대한 관심이 크지 않거나 잘 모르면서도 살짝 부정적인 마음이 있는 학생이나 모두 지레 걱정이 많습니다.

그런데 결론부터 이야기하면, 이 수상한 과제, 일종의 실험(?)에 대한 학생들의 반응은 상당히 긍정적입니다. 매주 받는 쪽글 '독서노트'나 '생각키우기', 또는 '프리 토크 젠더'에 대한 짧은 보고서에 적힌 소감을 보아도, 학생들과 이야기를 나눠 보아도 그렇습니다. 재미있었다, 2시간을 훌쩍 넘겼다, 과제가 아니더라도 더 하고 싶다고까지 하는 것을 보면 집단거짓말을 하는 것 같지는 않습니다. 물론 초반에는 낯설었다, 살짝 불편했다, 다른 생각을 가진 누군가를 이해하고 설득시키기가 생각보다 쉽지 않았다 등의 반응도 있지만, 그럼에도 의미 있었다는 반응이 압도적입니다.

학생들이 보여주는 긍정적 반응의 가장 첫 번째 이유는 '신선하다'는 것입니다. 오프라인에서의 젠더 대화 경험 자체는 거의 전무한 채로 온라인에서 서로에게 절망하던 젊은이들 상당수가 이런 오프라인 젠더 대화 경험 자체가 처음이라고 말합니다. 우리의 일상이 젠더와 결코 무관할 수 없음에도 불구하고, 또래들과 젠더를 주제로 자유롭게 그러나 진지하게 이야기를 나눠본 경험이 거의 없었다는 겁니다. 스스로 자발적으로 하기는 아마도 어려웠을 일. 물꼬를 터준 보람이 있습니다.

그러나 선생이 해줄 수 있는 일은 여기까지. 대화의 장을 마련해주는 것에서 끝납니다. 자리만 만들어지면, 학생들은 알아서 서로에게서 배우며 성장합니다. 우선 서로가 생각보다도 많이 다르다는 것을, 와중에 어떤 점에서는 비슷한 생각을 하기도 한다는 것을 '인지'하는 것 자체가 귀중한 일이라 생각합니다. 때로는 생각보다 더 많은 지지와 공감, 연대의식을 느끼며 뿌듯함을 느끼기도 하고, 다른 생각과 주장을 접하며 자신의 입장을 더 정교하게 벼리기도 하고, 생각이 더 넓어지고 깊어지는 변화를 경험하기도 하지요.

물론 공감하기 어려운 주장들이 오가며 긴장이 형성되기도 하지만, 그 또한 '햇볕 아래서' 하면 건강한 긴장이 됩니다. 내가 이해하기 어려운 주장을 하는 사람에게도 나름의 이유는 있다는 것, 그리고 적어도 그들 또한 나름 선하게 열심히 살려 노력하는 청년들이라는 것, '괴물'은 아니라는 것을 깨닫는 일은 서로에게 너무 중요합니다. 2시간의 대화를 통해 그들이 대동단결하게 되어서가 아니라, 그 대화가 가능했다는 것 자체가 무한 긍정의 희망을 낳습니다. 마주 보는 것은 타자의 경계를 희미하게 만들며, 누군가의 얼굴을 마주 보는 것만으로도 분명 달라지는(이현석, 중앙 211030) 무언가가 있습니다.

일단 만나야 합니다! 직접 이야기해야 합니다. 우리 청년들이 '무식한' '망할 어른'이 되면 안 되겠기에 말입니다.

    내가 제일 싫어하는 사람의 유형은 '무식한' 사람이다. 내가 생각하는 무식함은 자신이 믿고 있는 것들이 모두 맞다고 생각하고 '그건 원래 그래'라든지 '나랑 상관없는 일이야'라며 어렵고 복잡한 일을 회피하려는 사람이다. 그런 사람은 자신의 작은 삶은 컨트롤할 수 있는 능력을 가졌을지는 몰라도 세상을 두 눈으로 볼 수 없는 까막눈과 같다고 생각한다. 그런데 언제부턴가 내가 그런 '망할 어른'이 되어가고 있었다.

(21 자료집 ㅈㅎㅅ)

그들이 어떤 구체적 주제로 이야기를 나누는지는 별로 중요하지 않을 수도 있습니다. 한 인간으로, 또래의 성인으로 만나 얼굴을 맞대고 편안하게 솔직하게 진지하게 젠더 이야기를 나누는 행위가 가질 수 있는 잠재적 힘을 나는 경험적으로 확신합니다. 그 경험이, 그 기억이 이 학생들을 한뼘 성장시켜 줄 것을 의심하지 않습니다.(내가 선생으로서 고안해낸 이런저런 과제 중 자칭 TOP 3 안에 들어갑니다.) '프리 토크 젠더'를 범시민운동으로 전개해야지 않을까 진지하게 고민 중입니다.

덧댐 ··

코로나19 여파로 2020년 이후 수업에서는 프리 토크 젠더를 오프라인에서 진행하기가 어려웠습니다. 그러나 학생들은 고맙게도 서로의 글 나눔과 수업시간의 발표와 토론, 온라인 조모임을 통해 '함께 만나 나누는 경험'을 훌륭하게 소화해주었습니다. 왜 만나야 하는지, 왜 대화를 나누어야 하는지, 학생들의 목소리가 훨씬 더 설득력이 있다고 생각되어 좀 길게 인용을 해 봅니다.

초반에는 글을 쓰는 게 힘들었다. 필력이 좋은 편도 아니고, 무엇보다 솔직해지는 게 어려웠다. 하지만 시간이 지날수록 그런 부담이 덜어졌던 것 같다. 다른 분들이 솔직하고 진솔하게 자신의 얘기를 해주셨던 게 큰 도움이 되었다. 다른 학우분들의 생각 키우기를 읽을 때마다 타인의 시선을 잠깐 빌려보는 기분이었다. 그 덕에 의견이 다르다고 해서 나와 정반대편에 있는, 전혀 이해할 수 없는 사람이 아니라는 걸 알게 되었다. 수업에 참여할 때마다 최소한 서로 어떤 말을 하든 존중받을 수 있다는 암묵적인 바탕 위에 서 있는 기분이 들어서 한결 편했다. / 젠더와 관련된 주제를 자유롭게 말하고 들을 수 있는 공간이 있었다는 건 이십 대에 막 들어선 나에게 행운이었다고 생각한다. 당장 바깥은 서로 혐오하고 자극적인 주제들로 까내리기 바쁜 전쟁터이다. 날이 갈수록 인식의 차이와 갈등은 심해지기만 한다. 그럼에도 나는 우리 사회가 앞으로 의미있는 방향으로 나아갈 수 있을 것이라는 희망을 가진다. 수업하며 다른 사람들과 이야기를 나누었던 경험이 내게 어떤 확신을 주었기 때문이다. 감히 한결 괜찮아질 미래를 기대해본다.   (20 자료집 ㄱㅎㄷ)

한 학기의 젠더 여정을 통해 얻은 것이 무엇이냐 묻는다면 당당히 말할 수 있습니다. 바로 '이야기를 듣는 능력'이라고요. 과거의 저는 저와 다른 생각에 미리 벽을 쳐두고 들으려 하지 않았습니다. 귀로는 듣고 있지만 마음속으로는 이미 틀렸다며 단정적으로 생각했습니다. 하지만 '젠더와사회'에 참여하며 나와는 다른 사람들과 만나고 그들의 이야기를 들을 수밖에 없는 상황에 놓였습니다. 그리고 선생님의 솔직하게 그러나 정중하게라는 말씀을 생각하며 닫아두었던 마음을 열 수 있었습니다. 여전히 나와는 다른 생각을 온전히 받아들이기는 힘들지만 적어도 제 생각을 뒷받침할 수 있도록 공부를 하고, 다른 이들을 설득시키기 위한 노력을 실천할 수 있었습니다. / 저의 젠더 여정의 방향성이 옳은지는 잘 모르겠습니다. 하지만 그 방향을 잡아가며 스스로 이정표를 세우는 것이 가장 중요하다고 생각합니다. 저의 젠더 여정은 이제 시작이라 생각합니다.   (20 자료집 ㅈㅈㅇ)

벌써 '젠더와사회'가 종강하고 나만의 자료집을 제작하게 되었다. '나만의' 자료집이니 '나만의' 제목이 있어야 하는데 무엇으로 지을지 고민이 많았다. / 고민 끝에 생각해 낸 제목은 '성장일기' 였다. 이 수업에서 얻은 가장 중요한 것을 딱 하나 골라보라고 하면 '성장'이라고 생각하기 때문이다. '젠더와사회' 수업 중에도 항상 느꼈던 것이지만 수업을 듣기 전과 지금을 비교해보면 확실히 나의 내면과 사고 과정에 성장이 이루어졌다는 것이 느껴진다. 수업을 듣기 전에는 무조건 내 생각이 옳고, 내 생각과 다른 생각들은 다 '틀린' 생각이라고 여겼다. 다른 의견을 가진 사람들과는 대화 자체를 피했고 나와 생각이 비슷한 사람들과만 대화하려고 했다. 하지만 이제는 나와 '다른' 생각이 '틀린' 생각이 아니라는 것을 안다. 그 생각들을 뒷받침하는 논리들만 잘 갖추어져 있다면 다양한 사람들과 대화를 적어도 시도는 해 볼 의향과 용기가 생겼다. 매 수업시간마다, 또 수업을 하지 않을 때도 글쓰기 과제와 걷기 과제를 통해 다양한 사람들의 다양한 생각을 듣고 또 내 생각을 정립해가며 논리를 강화하려고 노력한 일련의 꾸준한 과정이 있었던 덕분이 아닐까 생각해본다. / 약 3개월 동안 내가 쓴 글들을 모아 읽어보니 처음과 나중에 내 생각이 달라졌다는 걸 알 수 있었다. 내가 성장한 증거가 글에 고스란히 남아있었다. 나는 모르고 있었지만 사실 매번 생각키우기와 독서노트를 쓸 때마다 성장일기를 쓰고 있었던 셈이었던 것이다. 이런 이유로 나만의 자료집 제목을 '성장일기'로 붙였다. / 나와 같이 수업을 들었던 학우님들께도 감사의 말을 전하고 싶다. 나와 비슷한 생각을 가진 학우님들 덕에 더 이상 외로울 필요가 없다는 것을 깨달았고, 나와 다른 생각을 가진 학우님들 덕에 대화의 소중함을 깨달았다. 특히 두 번째 조인 6조 학우님들, 특히 OOO 학우님의 열린 자세와 존중하는 태도는 기억에 길이 남을 것 같다. 서로 반대되는 의견을 말하면서도 대화가 되는 경험을 하게 해주신 6조 학우님들께 정말 감사하다. / 이제 '젠더와사회' 수업을 할 일은 없겠지만, 선생님께서 가장 걱정하시던 우리의 젠더적 안녕을 위해 내가 할 수 있는 것부터 하는 그런 일상을 살도록 노력하며 지내야겠다. 나와 같이 수업을 한 학우님들 모두 부디 그랬으면 좋겠다. (20 자료집 ㅎㅇㅎ)

마지막 조 토론을 하던 날, 4조였던 우리 팀은 줌으로 만났다. 원래는 40분 정도로 짧게 토론할 생각이었지만 이야기를 나누다 보니 2시간이 다 되어갔다. 서로 편하게 솔직한 이야기를 주고받았다. 젠더에 관해 이야기를 나누면서 남자친구를 제외한 이성과 '싸우지 않고' 정상적으로 이야기를 마친 적은 이번이 처음이었다. / 마지막 2분스피치 날, 000 학우님의 발표는 내게 큰 울림을 주었다. 한때는 페미니즘을 혐오하던 그가 페미니즘에 공감하게 됐다는 고백은 일종의 작은 희망이었다. 짧다면 짧을 수 있었던 마지막 토론에서 우리 조원들이 비로소 소통했구나, 서로의 마음이 가닿았구나… / 마지막 수업을 마친 뒤, 4조 단체 카톡방에 서로 감사의 인사를 주고받았다. 마음이 따뜻해지는 순간이었다. 이 자리를 빌려 정말 고마웠다고 다시 한번 말하고 싶다.

(20 자료집 ㄱㅇㄱ)

지금 와서 밝히는 바이지만 천샘의 첫 번째 수업을 듣고 정말 큰 반발심이 들었었다. '저 사람은 왜 말을 저런 식으로 하지? 없던 혐오까지 생기겠네. 혹시 페미니스트인가?' 따위의 생각 말이다. 수업이 끝난 지금 돌이켜 생각해보니 저런 생각 자체가 참 우습기도 하다. / 수업을 통해 가장 긍정적으로 내면에 일어난 변화는 페미니스트라는 단어가 주는 어감이다. 대한민국 20대 남성 중에서 페미니즘에 대해 긍정적인 반응을 보이는 사람은 소수이다. 나 역시 이해하지 못했다. 그러나 이번 수업을 통해 페미니스트 또는 그냥 중립을 지향하거나 페미니즘을 이해하지 못하는 여성 학우들과의 대화를 통해 내 안의 적대감이 수그러든 기분이다. / 말은 참으로 강한 무기이다. 누군가의 폭언으로 기업의 총수가 바뀌기도 하며 어느 집단의 소수가 실언을 한다면 한순간에 집단 자체가 일반화되어 사람들의 지지를 받지 못하기도 한다. 나 역시도 페미니스트 분들이 미디어에서 얘기하는 부분에 있어 전혀 공감할 수 없었다. 그들의 폭언과 폭행, 혐오범죄는 아직까지 이해할 수 없고 반드시 부정되어야 한다고 생각한다. / 그렇지만 정작 우리 남자들이 이러한 여자들의 본심을 제대로 이해하고 있는가 묻는다면 이에 대한 답은 역시 글쎄요, 이다. 남자들이 여자들은 매번 현실적인 부분은 고려하지 않은 채 자신들의 이득만 주장한다고 아우성치지만 정작 그런 남자들 역시 여자들의 고충을 제대로 보려고 하지 않기 때문이다. / 우리들은 저마다의 눈높이에서 보이는 광경을 토대로 입을 연다. 그러나 두 시선이 향하는 곳이 다르기 때문에, 보이는 것이 다르기 때문에 두 언어는 결코 섞이지 못하고 이는 결국 적대감으로 이어진다. 이번 수업을 통해, 그리고 자료집을 통해 나는 시선을 맞추는 법을 배울 수 있었다. 부디 이 마음을 앞으로도 잃지 말기를 진심으로 기도한다.

(20 자료집 ㅈㅈㅇ)

한 학기 동안 '젠더와사회' 수업을 하며 겪은 가장 큰 변화는 내 젠더에 대한 관념이나 누군가의 젠더에 대한 관념이 아니다. / 단지 '누군가의 의견을 듣고 내 의견을 나누는 것만으로도 큰 의미를 기진다'는 것이다. / 수업은 끝이 났지만 나는 앞으로도 무수히 많은 의견들과 만날 것이다. / 이제야 사회로부터 젠더를 마주하는 시작이다.

(20 자료집 ㄱㅇㅎ)

처음에는 내 생각이 맞는 것이라고 믿었다. 그러나 여러 사람과 대화하고 여러 자료를 보면서 보는 시야가 넓어졌고 내 생각을 주장하기 전에 다른 의견을 들어볼 자세를 가지게 되었다. 이번 수업으로 바뀐 것은 내 생각보다 내 자세라고 생각한다.

(20 자료집 ㅇㅂㄱ)

현장에서 직접한 젠더 이야기의 중요성, '햇볕 아래서' 몸의 직접적인 감각으로 보고 듣고 말할 수 있었던 그 시간은 간접적으로 읽고 보는 것과는 차원이 다르게 기억되는 것 같다. 내가 직접 들은 학우들의 이야기였고, 그 이야기가 실재한다는 심각성과 절박함이 어떠한 의심도 없이 다가왔기 때문이다. / 먼저 '일상적 젠더의 장'을 경험한 자로서, 그 장이 노력하고 용기를 내야만 얻을 수 있는 '기회'가 아니라 '공공연한 현실'로 우리에게 어서 와주길 함께 소망해봐야겠다.   (21 초고 독후감 ㄱㅈㅇ)

한 학기의 '젠더와사회' 수업을 마치며 나 자신의 사고방식이 많이 달라졌음을 느낍니다. / 나와 생각이 아주 다른 사람들이 적지 않게 존재한다는 것, 그들의 생각 또한 일리가 있고 존중받아야 한다는 것 / 수업을 통해 천샘이 전해주고 싶었던 이야기는 바로 이런 것이 아닐까요 / 제 사고방식이 근본적으로 바뀌었다 말하기는 어렵지만 나와 다른 사고들을 인지했다는 사실만으로도 충분히 가치 있는 시간이었다고 생각합니다.
(21 자료집 ㅈㅈㅇ)

나는 갇혀 있었다. 나와 생각이 비슷한 친구들과 함께 있는 것은 편하지만 나를 가뒀다. 나는 많은 것들에 사로잡혀 있었던 것 같다. 여성의 피해자성과 약자성, 남자에 대한 불신, 내 경험의 절대화, 내가 옳을 거라는 확신… / 이 수업을 계기로 갇혀있던 내가 갑자기 자유로워지는 것은 아니다. 나는 여전히 여성에게 더 우호적일 것이고 남성을 무서워하고 경계할 것이다. 그러나 나는 이 수업으로 '유보'를 배웠다. / 내 삶을 부드럽게 만들어 준 천샘과 다양한 이야기를 들려준 학우들에게 감사하다. 특히 대화의 장을 마련해주어서.
(21 자료집 ㅂㅈㅇ)

'젠더와사회' 수업에서 사람들의 이야기를 들으며 '듣기'가 나 자신 외의 것들에 대한 '관심'이라고 생각하게 되었습니다. 여러분의 글과 말은 다른 관점의 세상을 접하게 해주었고, 생각의 계기가 되었습니다. 그래서 전 잘 듣는 사람이 되고 싶습니다. / 사실 다양한 사람들과 대화하는 게 좀 무섭습니다. 더 정확한 단어를 쓰고 더 많은 설명을 붙여 내 의견을 분명하게 주장하고, 상대의 의중을 잘 파악하며 들어야 하는 대화를 제가 잘 해낼 수 있을까요? 그래도 수업시간 선생님의 모든 단어 선택에 의도와 생각이 담겨 있듯, 우리가 서로의 말과 글에 대해 보다 명확히 이해하려 노력하며 논쟁하듯, 저도 애를 많이 써야 하는 대화에 기꺼이 참여해보겠습니다.
(21 2분스피치 ㅊㄴㅎ)

우리 사회 세 개의 젠더 소통장, 그 간극과 괴리

혹자는 말합니다. 젠더 이야기가 차고 넘치는 것 아니냐고, 이유가 뭐냐고, 당혹스럽고 피곤하다고. 맞습니다. 젠더 담론의 양 자체가 최근 몇 년 사이 급격하게 증가한 것은 부정하기 어려워 보입니다. 꽤 많은 사람이 젠더 문제에 대해 관심을 갖게 된 것으로 보이고, 심지어 관심을 갖도록 강요(?)받고 있다는 불편함을 호소하는 이들도 있을 정도입니다

그런데 잘 들여다보면 특이한 점을 확인할 수 있습니다. '생활세계의 젠더 담론 실종'이 그것입니다.

좀 더 들여다보지요. 앞서 잠시 언급했지만 우리 사회에는 크게 세 개의 젠더 소통장(각 장(field)에서 진정한 의미에서의 소통이 이루어지고 있는지는 물론 의문입니다만.)이 있다고 볼 수 있겠습니다. 사회 공론장에서의 젠더 논의, 온라인에서 유통되는 젠더 이야기 그리고 일상적 젠더 경험이 그것입니다. 그런데 이 셋 사이의 간극과 괴리가 상당한 것으로 관찰됩니다. 우리 사회가 갖고 있는 근본적 문제 상

황이 아닐 수 없습니다. 우선 소위 사회 공론장에서의 젠더 논의를 잠시 살펴보지요. 정부, 국회, 언론, 시민단체 등을 통해 말해지는 내용들이 대표적이라 할 수 있을 텐데 보통 소위 '정치적 올바름(political correctness)'에 기초한 '이상적이고 당위적인' 내용이 말해지는 소통장입니다. 그런데 뭔가 빈 깡통소리 같습니다. 말의 무게가 실리지 않습니다. 말뿐일 말로 보이기 때문이지요. 국민도 눈이 있으니까요. 보이니까요. 그들이 어떻게 사는지….

그 반대의 지점에 온라인 소통장이 있지요. 물론 온라인에서의 젠더 소통이 단일대오로 이루어지는 것은 아닙니다만, 사회 공론장에서 말해지는 것들과는 다른 극단적 주장들이 큰 힘을 얻고 있는 것으로 보입니다. 물론 그에 반대하는 입장의 목소리도 날이 바짝 서 있습니다.

마지막으로 일상적 젠더 경험의 장이 있습니다. 이 장에서의 젠더 소통은 상대적으로 수평적이고 개방적이어야 할 것 같지만 아쉽게도 그렇지 못합니다. 경험과 의견이 자유롭고 편안하게 공유된다기보다는, 일방적인 주장 또는 침묵이 지배적이지 않나 싶을 정도입니다. 소통의 양으로 봐도 사회 공론장, 인터넷 소통장에 비해 상당히 작아 보입니다.

이 상황을 염두에 두면서 하나의 예를 생각해볼까요? 대한민국 20대 남성 25%는 더 이상 여성차별은 존재하지 않는다고 생각한다는 2019년 〈시사IN〉 조사결과가 발표되었습니다(천관율, 정한울 2019 / 연속되는 내용으로 20대 여성에 대한 〈시사IN〉 기사 210831자 참조). 어느 당 소속이든 관계없이 장관, 국회의원 등 고위 관직에 있는 분들이 이 결과에 공감하는 발언('이 땅에 여성차별은 없다.')을 공식석상에서 할 수 있을 것 같으신가요? 그리고 만약 그런 발언을 했다면 어떻게 될까요? 상당한 논란이 일어날 것이고 아마 직을 내려놓아야 할지도 모릅니다.

속으로야 그렇게 생각하는 고위공직자들이 왜 없겠습니까마는 (있다는 데, 아니 꽤 많을 것이라는 데 한 표입니다.), 적어도 공론장에서 공식적으로 그런 발언을 하지는 못할 겁니다. 사회적 파장과 자신이 치러야 할 대가가 두려워서라도요. 그 정도는 우리 사회가 '변화'했다고도 볼 수 있겠습니다.

그러나 이와는 너무나 다르게 온라인에서 젠더 논의를 주도하는 일정 부류의 사람들에게는 대한민국에 더 이상 여성차별은 존재하지 않을 뿐더러, 오히려 남성차별이 존재하며 이제는 그것이 문제라는 주장이 당연하게 받아들여질 겁니다. 그리고 이런 입장의 사람들과 그 주장을 절대 수용할 수 없는 입장에 서 있는 사람들과의 첨예한 대립과 갈등만이 온라인에서는 크게 부각되는 경향이 있습니다. 온갖 적대적, 모욕적 언어들이 넘쳐납니다. 가히 '온라인 젠더전쟁'이라 할 만하지요.

많은 젊은이들이 젠더 이슈를 접하는 주된 통로가 온라인이라는 것에 대해 우려하지 않을 수 없는 것은 이 때문입니다. 우리 사회에서 젠더, 페미니즘 하면 자동으로 연상되는 단어 중 하나가 갈등, 아닐까 싶습니다. 이런 상황에서 어떤 특정 입장에 동조하는 사람들은 그 사람들대로 서로에게 화가 나 있고, 그 중간쯤 어딘가서 있는 사람들은 끼고 싶지 않다, 괜히 골치만 아파질 것 같다는 마음에 무관심을 선택하는 경향도 증가하게 되지 않을까 싶습니다.

이 사이에 낀 우리 일상의 젠더 논의는 참으로 빈약하기 짝이 없습니다. 매일매일 '젠더적 일상'을 살아가고 있으면서도 가족, 친구, 애인, 동료, 지인들과 젠더 이야기를 '일상적 화제'로 삼아 생산적인 대화를 나눈다는 것은 많이 어려운 일로 보입니다. 젠더와 페미니즘 이야기는 종교나 정치 이야기처럼 삼가야 할 어떤 것이 되어 버린 것 같습니다. 이야기해봤자 서로 불편하지 않을까 막연하게 짐작하고 있는 것 아닐까요? 그것을 굳이 확인하는 리스크를 감수하고 싶지는 않겠지요?

그러니까 온라인에서는 지긋지긋한 '젠더전쟁'을 경험하는 와중에 사회 공론장에서 반복해서 읊어지는 지당하고 마땅한 이야기들을 흘려들으며, 실제 일상에서는 젠더에 대해 거의 이야기를 하지 않는, 그런 상황에 처한 학생들이 내 수업시간에 앉아 있는 겁니다. 젠더 이야기는 피할 수 없는, 삶의 매우 중요한 한 부분이지만 우리 젊은이들은 그에 대한 건강한 생각을 스스로의 말과 글로 발전시켜 나갈 기회를, 동료들과 햇볕 아래서 진지한 의견을 나눌 기회를 거의 갖지 못한 채 성인이 되어 버린 겁니다.

젠더 담론의 엉킨 실타래를 푸는 일, 우리가 놓여 있는 사회적 상황을 정확하게 파악하는 일부터 시작해야 합니다.

Chapter 2

젠더 대화의 **조건**

우리의 삶 안에서 '다름과 낯섦'과 어떻게 만나야 할까, 어떤 사회가 다름과 낯섦을 건강하게 만나는 사회일까라는 질문에 대해 한 학생이 전해준 답으로 마무리 해볼까 합니다. 본인을 이성애자라고 생각하는 그 학생은 만약 친구가 "있잖아, 실은 나 성소수자야"라고 하면 "그래? 그렇구나! 몰랐네. 근데 그건 그렇고 우리 오늘 저녁은 뭐 맛있는 거 먹을까?"라고 대답해주고 싶다고 하더군요. 학생으로부터 오늘도 한 수 배워갑니다.

솔직하게,
정확하게,
정중하게

지금 이 순간 이 글을 읽는 이들과 대화를 나누고 있다고 생각합니다. 수업이든 아니든, 말이든 글이든, 젠더 주제이든 아니든 우리가 대화를 나눌 때는 최소한의 조건을 공유해야 한다고 믿습니다.

이 조건이 공유되지 않을 때(불가피한 경우가 아니라면) 대화, 하지 않아도 됩니다. 누구하고나 언제나 대화가 가능한 것은 아닙니다. 대화를 할 수 없는 상황도 있는 법입니다. 대화를 하려 노력하는 것이 반드시 늘 최선인 것은 아닙니다.

수업시간에 학생들에게 '솔직하게, 정확하게, 정중하게'라는 대화의 조건을 이야기합니다. 이 조건에 대한 상호 동의가 없다면 대화는 건강하고 생산적일 수 없을 겁니다. 반대로 이 조건이 갖추어진다면 우리가 얼마나 다른 생각을 하고 있느냐는, 대화를 지속하지 못할 이유가 되지 않습니다.

각각의 조건에 대해 살을 붙여가며 이야기해보도록 하겠습니다.

먼저 '솔직하게'입니다. 여기에 종종 '가능한 한'이라는 수식어를 붙이곤 합니다. 대화의 중요 조건 중 하나가 솔직함인 것은 분명하나 사실 100% 솔직함이라는 것은 논리적으로도 불가능합니다. 인간의 언어 자체가 한계가 분명한 매체이기 때문에 언어를 통해 자신을 있는 그대로 다 표현한다는 것은 가능하지 않습니다.

외부에 드러내고 싶지 않은 부분도 있을 수 있고, 시간의 제약도 있습니다. 제한된 시간에 생각의 아주 일부를 '편집'해서 소통할 수 있을 뿐입니다. 그러나 그럼에도 솔직한 언어(소통)가 힘이 있다는 것은 우리가 반복적으로 경험하는 일입니다. 문법도 맞지 않고, 논리적이지도 않은 시골 어르신들의 말과 글에 승복 당해 본 적이 있다면 아마 동의할 수 있을 겁니다.

그러니 우리가 할 수 있는 일은 '가능한 한 솔직하게'의 원칙을 지키려 노력하는 것입니다. 방법이 뭐냐고요? 가장 손쉬운 방법은 남의 이야기가 아니라 자신의 이야기를 하는 것입니다. 자신의 생각과 경험을 말과 글로 옮기는 것입니다. 자신의 이야기를 하는 것은 솔직함에 다다르는 지름길일 뿐더러 그 자체로 자신을 주체로 세우는 소중한 경험이기도 합니다.

더구나 젠더 이슈는 우리 모두의 일상 안에, 예외 없이 모두의 일상 안에, 녹아 있습니다. 어려운 말, 떠도는 글 가져다 그럴듯하게 가공하려 애쓰는 시간에 자신의 일상을 한 번 더 찬찬히 돌아볼 일입니다. 주의! 하고 싶지 않은 이야기, 밝히고 싶지 않은 이야기를 억지로 하라는 것은 아닙니다.

다음은 '정확하게'입니다. 어떤 주제로 대화를 할 때도 정확성은 중요한 덕목이겠지만, 젠더처럼 발화력이 높은 주제로 이야기를 할 때는 주장의 논거를 정확하게 하는 것이 무척 중요합니다. 숫자로 이야기하는 것이 능사는 아닙니다. 경험이나 주관적 의견을 이야기할 때에도 정확성은 필요하고도 중요합니다. '오늘 아침 밥을 먹고 나온 것 같습니다'라는 문장을 말하며 아무 생각이 없다면 성찰이 좀 필요하겠군요. 정확한 것은 정확하게, 모호한 것은 모호하게 말하는 것이 정확한 것입니다. 아무리 정확하게 말하려 노력해도 오해를 피하기 어려운데, 정확하게 말하지 않으면서 상대방이 정확하게 알아듣기를 기대할 수는 없겠지요?

마지막으로 '정중하게'입니다. 상대방을 나와 똑같은 존엄한 존재로 보고 있는지 자문해봐야 합니다. 이 조건만 갖춰져 있어도 갈등의 많은 부분은 이미 해결되지 않았을까요? 상대방에 대한 기본적인 존중이 없는 상태에서의 대화가 의미가 있을지 모르겠습니다. 그런 대화는 피할 수 있다면 피해야 한다고 생각합니다. 더구나 젠더 같은 주제에 대해 이야기를 하면서 이 조건이 갖춰지지 않는다면 그것은 그저 말싸움을 하겠다는 것에 다름 아니니 말려들 필요는 없다고 봅니다.

이 글을 쓰는 나도, 읽는 여러분도 이 세 가지 조건에 동의하고 노력하는 것이 필요하고 중요합니다. 그러면 우리는 끝까지 대화를 할 수 있을 겁니다. 우리의 생각이 끝까지 평행선을 달리더라도 말입니다.

이 조건들만 갖춰진다면 누가 어떤 말을 해도 인격 모독을 당하지 않는다는 최소한의 믿음이 우리 안에 전제되어야 합니다.

덧댐 1
기본 중의 기본은 물론 잘 듣고, 잘 말하고, 잘 옮기는 겁니다. 예를 들어 상대방이 "무엇이 무엇의 이유일 수 있을 것 같다"고 얘기했는데, "무엇을 무엇의 이유라고 주장하는 것은 부당하다"라고 받으면 안 된다는 겁니다. 상대는 추측이나 추론을 했는데, 그것을 확정적 주장으로 되받으면 다음 이야기를 할 수가 없습니다. "이유 중의 하나가 무엇이라고 생각한다"는 말을 "모두가 그 이유 때문은 아니다"라고 받으면 그것도 곤란합니다. 더 긴 설명이 필요한 것은 아니겠지요?

덧댐 2
덧붙여 대화나 토론할 때 몇 가지 금기어를 제시합니다! 절대, 결코, 원래, 당연, 모두, 100% 등의 단어는 사용하지 않도록 하지요. 이런 단어가 들어가는 문장은 이견이 부딪히는 토론 상황에서 더 이상 대화할 의사 없음, 대화가 불가능함을 보여주는 경우가 많기 때문입니다. 절대, 결코, 원래, 모두, 100%인 어떤 일은 인간사에 거의 없을 뿐 아니라, 그런 믿음을 가진 사람과는 이야기하기 어렵지요. 대화나 토론의 장은 신념이나 믿음의 선포장이 아닙니다. 특히 이런 단어를 부정적인 단정에 이용하는 일은 주의하도록 합시다. '내가 지금까지 만난 모든 사람은 선했다'는 류의 말은 물론 얼마든지 해도 됩니다.

젠더 대화법 1_
차라리 재미없는 것이 낫다

'상처를 주는 사람보다는 재미없는 사람이 되는 편이 낫다'는 말로 시작해보겠습니다.

위에서도 잠시 살펴보았지만, 젠더 이야기뿐 아니라 다른 어떤 주제의 이야기도 마찬가지일 겁니다. 대화는 쉽지 않습니다. 서로 다른 생각을 가진 사람과의 대화는 더구나. 그 사람을 설득까지 해야 한다면 그건 더 어려운 일이지요.

딱히 젠더에 관련되는 이야기는 아니지만 내 부끄러운 경험 하나를 말하고 싶습니다. 가끔 학생들에게 정말, 진짜, 순수 농담으로 "샘이 혹시나 암에 걸렸단 이야기가 들리면, 거기에 그대들도 아주 조금은 기여했을지도 모르니 꼭 병문안을 와야 한다"고 말하며 같이 웃곤 했습니다.

스트레스가 만병의 근원이라는 말을 빗댄 농담이었고, 선생 노릇하기가 쉽지 않다는 푸념이었고, 그 말의 밑바닥에는 암이라는 질병이 대단히 이상하고 특별한 병이 아니라 누구에게나 찾아올 수 있는 자연스러운 일이니 조금은 편안하게 이야기할 수 있는 소재로 삼아도 괜찮지 않을까 하는 나름의 '선의에 기초한 계산'도 깔려 있었습니다.

어느 수업에서 그 말을 했습니다. 지금 잘 기억은 나지 않지만, 아마 학생들 때문에 살짝 속상한 일이 있었겠지요. 그런데 수업시간에 제출하는 쪽글에 어떤 학생이 그 말이 듣기 불편했다는 내용을 적어 냈습니다. 물론 내가 한 말이 농담이었고 어떤 악의도 없었다는 것은 이해했으나, 그럼에도 불구하고 불편하다고요. 본인 어머니가 암으로 돌아가셨고, 암이 어떤 식으로든 농으로 표현되는 것이 마음 아프다고요.

나름 말조심한다고(수업시간에는 더욱) 생각하는 사람이지만, 잠시 살짝 불편한 생각이 지나갔습니다. 아니 내가 다른 사람의 질병을 농담의 대상으로 삼은 것도 아니고 일종의 '셀프 디스'를 한 셈인데, 이런 것조차 문제를 삼으면 도대체 무슨 말을 하고 살 수 있나 싶었지요.

그러나 곧 마음을 고쳐먹었습니다. 그것이 내가 꼭 해야 하는 말이었을까, 전하고 싶었던 의미를 꼭 그렇게 표현할 수밖에 없었나…, 아니었습니다. 더구나 학생이 명시적으로 본인에게 상처가 되는 말이라고 밝힌 글을 읽었는데, 농담이니 괜찮은 것 아니냐고 굳이 그 말을 계속 해야 할까에 대한 내 대답은 '아니오'였습니다.

누군가가 본인의 경험을 들어 상처가 되는 말이라고 정중하게 의견을 말해줬는데, 그것을 무시하며 계속 해야 할 만큼 꼭 필요한 말도, 썩 재미있는 말도 아니었습니다.

워낙 별로 유머러스한 사람은 아니지만, 더 재미없는 사람이 될 수도 있겠다는 생각이 들긴 했습니다. 그럼 그래야겠지요. 상처를 주는 사람보다는 '재미없는 사람'이 되는 편이 훨씬 낫습니다!

특히 젠더 이야기를 나눌 때 우리 모두 기억했으면 좋겠습니다. 무의식중에 또는 아무 악의 없이 한 말도 누군가에게 상처가 될 수 있는 가능성이 있다는 것을. 그러니 지나치다 싶을 만큼 조심하도록 하지요. 그러면서도 자기 주장 충분히 할 수 있습니다. 그것이 우리가 배워야 하는 중요한 덕목 중 하나 아닐까요.
　대화하며 극도의 예민함을 유지하는 일은 불편할 수 있고, 꽤 피곤한 일이기도 합니다. 그러나 해야 하는 일이라면 해야지 않을까요? 의식적으로든 무의식적으로든 타인에게 상처를 주는 것이 대화의 목적이 아니라면 말입니다.

젠더 대화법 2_
'약한 유대'로 충분하다

젠더와 같이 발화력이 높은 주제로 이야기할 때 우리는 자주 벽에 부딪히고 과연 이 벽을 넘을 수 있을까, 회의감에 빠집니다. 대화를 지속할 필요가 있을까라는 근본적인 의문도 들지요.

나는 우리 모두가 같은 생각을 하게 되는 것보다(물론 그것은 거의 불가능해 보이기도 합니다만), 대화 자체가 지속되는 것이 중요하다고 생각하는 편입니다. 다름을 지속적으로 확인할 뿐이라 하더라도 우리가 그 대화를 '성인답게' 이끌어갈 수 있다면 말입니다.

'서로 결코 타협할 수 없어 보이는 두 사람이 대화하는 방식'에 대해 영화 〈두 교황〉은 많은 생각을 하게 합니다. 베네딕토 당시 교황과 베르골리오 추기경(현 프란체스코 교황), 신앙에 대한 생각뿐 아니라 살아온 여정, 개인적인 취향까지 그 어떤 것 하나도 비슷한 것이 없어 보이는 두 사람. 기싸움이 대단합니다. 세면대 앞에서 노래를 흥얼거리는 추기경에게 무슨 노래냐고 물어본 교황이 아바의 노래라는 대답을 듣고 짓는 오묘한 표정, 꼭 눈 여겨 보시길 권합니다.

두 사람의 대화가 지속될 수 있었던 이유는 무엇이었을까요. 교회의 미래를 걱정하는 진심, 아니었을까요? 진심이어서 늘 같은 의견인 것은 아니지요. 그러나 바라보는 지점이 같다면, 그 믿음이 깨지지 않는다면 대화는 계속될 수 있고 계속되는 대화는 결국은 '생산적'인 결과를 낳을 수 있으리라 생각합니다.

자신과는 너무나도 다른 베르골리오 추기경이 자신의 전부인 가톨릭교회의 미래를 위해 최선이라는 것을 끝내는 받아들이는 베네딕토 교황. 영화를 보며(내가 썩 좋아하지 않았던 교황이셨고, 극화된 내용이었지만) 베네딕토 교황에게 더 깊게 감정이입이 되었습니다. 교황직에 앉을 만한 분이었구나. 성숙함이란 이런 것이구나.

그러니 첨예하게 의견이 갈리는 젠더 주제의 대화를 할 때에도 우리가 서로 바라는 궁극적인 지점을 늘 다시 확인할 필요가 있습니다: '성별에 관계없이 모두가 충분히 존중받는 사회.' 추상적인 선언으로 보일 수 있지만 그리고 모두가 충분히 존중받는 사회를 만들어가는 과정과 방법에 대한 의견이 많이 다를 수 있지만, 그럼에도 결국 우리가 가야 하는 곳이 그 '북극성'이라는 믿음만 놓치지 않는다면, 그것에만 동의할 수 있다면 우리는 대화를 계속할 수 있을 겁니다.

그리고 대화의 결과로 우리가 이루어야 하는 것이 '대통합'이 아니라는 것도 분명히 합시다. 아마도 우리는 끝까지 모두 같은 생각에 도달하는 데 '실패'할 겁니다. 아니 그것은 실패가 아니라 너무나 논리적이어서 흔쾌히 받아들여야 하는 일입니다.

아니 오히려 다양성과 개방성이 우리 사회가 애써서 추구하는 바, 아닌가요? 획일화된 자연 생태계는 자정능력을 잃어 생존에 불리하다는 이야기도 들은 적 있으실 겁니다. 그러니 합의할 수 없을 것으로 생각되니 대화할 필요가 없다는 결론이 도출되는 것은 아닙니다. 그리고 본디 대화는 사실 서로 다른 생각을 하는 사람들 사이에 더 절실한 것이지요.

자, 그러니 '강한 유대' 말고 '약한 유대'까지만 합시다. 오롯이 각자이면서도 동시에 서로의 안녕을 바랄 수 있는 관계, 그것만 합시다, 그것까지만 합시다. '틀렸어' 말고 나와 다른 생각을 하는 사람이 있구나, '이상해' 말고 나랑 다르게 느끼는 사람이 있구나, 그런 그들과 함께 내가 이미(!) 살아가고 있고 앞으로도(!) 살아가야 하는구나, 그러니 어떻게 우리가 같이 망하지 않고 같이 잘 살아갈 수 있을지 대화를 끊임없이 해가야 하는 것이구나 생각합시다. 그 정도만으로도 우리는 훨씬 생산적인 대화, 관계를 만들어갈 수 있지 않을까 합니다.

우리의 삶 안에서 '다름과 낯섦'과 어떻게 만나야 할까, 어떤 사회가 다름과 낯섦을 건강하게 만나는 사회일까라는 질문에 대해

한 학생이 전해준 답으로 마무리 해볼까 합니다. 본인을 이성애자라고 생각하는 그 학생은 만약 친구가 "있잖아, 실은 나 성소수자야"라고 하면 "그래? 그렇구나! 몰랐네. 근데 그건 그렇고 우리 오늘 저녁은 뭐 맛있는 거 먹을까?"라고 대답해주고 싶다고 하더군요. 학생으로부터 오늘도 한 수 배워갑니다.

젠더 대화법 3_
할 수 있는 일을 할 수 있는 만큼

　영화 〈벌새〉에서 영지샘은 은희에게 "누구라도 너를 때리면, 그냥 맞지 말고, 어떻게든 맞서 싸워"라고 말합니다. 그런데, 힘을 낼 수 없는 상황에 있는 사람에게 힘내라고 말하는 것은 심리학적으로 볼 때 잘못된 조언의 예일 수 있다고 들은 기억이 있습니다. 그것 자체가 '폭력'일 수도 있다고요. 영지샘의 대사가 맞지 말고, 맞서 싸워가 아니라, '그냥' 맞지 말고, '어떻게든' 맞서 싸워인 것도 우연은 아니라고 생각합니다. 쉽지 않은 일입니다.
　여학생들, 특히 젠더의식이 높은 여학생들이 자주 토로하는 감정 상태 중 하나는 '지친다'는 것입니다.
　"도대체 얼마나 더 정중하게 이야기해야 하나요? 진지하게 들을 마음이 전혀 없는 사람에게…."
　벽을 보며 얘기하는 느낌이 지속되며 그들은 깊은 무력감에 빠지곤 합니다. 그럴 것 같습니다.
　"페미니즘? 그래 어디 말이나 해봐, 어차피 말은 안 되겠지만…."

 페미니즘을 이해하고 싶은 마음은 1도 없으면서, 어떻게든 꼬투리를 잡으려는 태도로 날을 세우고 있는 사람들을 만나고 설득해야 하는 것은 힘든 일이지요. 어느 순간 젠더 이야기, 하기도 듣기도 싫어져 피하게 된다고도 합니다. 그래도 계속 끝까지 노력해야 한다는 독려가 그들에겐 많이 버겁습니다.
 젠더 이야기에 국한된 것은 아니겠지요. 명색이 선생 노릇을 하고 있는 사람이지만, 어떤 새로운 다른 것을 받아들일 생각이 없어 보이는, '마음의 철벽'을 치고 앉아 있는 학생을 만나게 되면 내가 어떤 이야기를 아무리 열심히 하든 무슨 의미가 있을까 싶어 기운이 빠지곤 합니다. 나라고 별 뾰족한 수가 있는 것은 아닙니다. 하지만 무슨 말이라도 해줘야 합니다. 명색이 선생 아닌가요. 이것은 내가 넘어야 하는 벽입니다.

 어느 순간 더는 못하겠다 싶은 순간이 오면, 상황이 그대 스스로를 피폐하게 만들고 있다는 생각이 들면 그만둬요. 괜찮아요. 자신의 안녕을 지키는 것보다, 자신을 망가뜨리지 않는 것보다 소중한 일은 없습니다. 열심히 해왔잖아요. 누구나 충전시간이 필요하지 않을까요. 이제는 다른 친구의 차례. 그것이 연대의 힘. 믿읍시다. 못 하겠을 때는 하지 맙시다. 혹시나 어느 날 다시 해볼 마음이 생기면 그때 다시 해도 늦지 않습니다.

아무리 '옳은 일'이라도 내가 다 할 수는 없습니다. 그러나 물론 나도 내가 할 수 있는 뭔가는 해야 합니다. 나도 이 사회에 살고 있는 한 우리 사회의 모습에 대해 책임이 있고, 세상에 공짜는 없으니까요. 내가 걸을 수 있는 한 걸음은 걸읍시다. 그리고 나서 이제 그 자리에 다른 친구가 와서 또 한 걸음을 걸어줄 것이다, 그리 믿읍시다. 내가 할 수 있는 뭔가를 했다면, 그리 믿을 최소한의 '권리'가 있습니다.

학생들에게 하는 말이고, 나 자신에게 하는 말입니다.

선체적 시각으로 보자면 젠더의식이 조금 높다고 생각하는 사람이 젠더의식이 조금 낮은 것으로 보이는 사람을 설득하려 노력해야 하는 것은 당위일 수 있습니다. 생각할 수 없는 사람에게 알아서 스스로 생각하라고 말하는 것은 무리 아닐까요. 생각할 수 없는 것을 생각할 수 있는 사람은 없으니까요. 그러니 생각의 크기 자체를 키워주는 자극이 필요할 겁니다. 때로는 선생이, 때로는 멘토가, 때로는 동료가 필요한 이유 아니겠는지요.

그리고 내가 선생이길 그만두지 않는 한 내가 만나는 학생 한 명이라도 더 마음을 열고 대화할 수 있는 상태가 되도록 노력하는 일을 그만둘 수는 없지 않겠는지요. 거듭되는 실패와 좌절과 맞닥뜨리더라도 말입니다.

젠더 이야기에 대한 내 답도 같습니다. 왜 늘 이해시키려 노력하는 쪽이 나/우리여야 하는지 속상할 때가 있겠지만, 같이 가야 갈 수 있는 길이기에 한 사람이라도 더 함께 같이 가야 한다는 목적을 포기할 수 없는 쪽이 나/우리라면, 할 수 있는 노력은 해야 한다고 봅니다.

서로 다른 생각을 가진 사람들이 만나 민감한 주제에 대해 이야기를 나누고 설득하려 노력하는 일은 지치고 힘들지만, 포기할 수 없는 일입니다. 그것이 우리가 가야 한다고 믿는 변화의 방향과 관련이 있다면 더구나.

물론 할 수 있는 노력만 하면 됩니다. 할 수 없는 노력은 안 해도 됩니다. 나의 자존과 안녕을 해쳐가며 해야 하는 일은 아닙니다. 나의 선의에도 불구하고 상대가 아무 마음의 준비도 되어 있지 않을 때, 계속해서 불필요한 해명을 요구하는 것처럼 보일 때, 그럴 때는(!) 맘 편히 쉬어 갑시다! 괜찮습니다. 오늘 하루에 내가 세상을 다 바꿀 것은 아니지 않나요?

그리고 고맙게도 이 일은 나 홀로 마라톤이 아닙니다. 이어달리기입니다. 그러니 나는 내가 할 수 있는 일을, 할 수 있는 만큼만 합시다. 그리고 다음 주자를 기다리도록 하지요. 그대는 그럴 자격이 있습니다.

Chapter 3

달라도 너무 다른
여성 청년과
남성 청년

젠더 논의의 가장 기본적이고 가장 큰 걸림돌이 이 질문에 있다고 믿게 되었습니다. 젠더 이야기를 하다 보면 결국 언젠가 이 지점에 도달합니다: "여성은 오늘에도 여전히 사회적 약자인가?"

여성이 아직도
사회적 약자라고요?

젠더 논의의 가장 기본적이고 가장 큰 걸림돌이 이 질문에 있다고 믿게 되었습니다. 젠더 이야기를 하다 보면 결국 언젠가 이 지점에 도달합니다: "여성은 오늘에도 여전히 사회적 약자인가?"

여성이 아직도 집단적으로 사회적 약자라는 사실에 동의하지 못하는 사람들과는 이후의 어떤 젠더 주제에 대해서도 원활한 대화 진행이 어렵습니다. 기본 전제에 대한 생각이 근본적으로 다르기 때문입니다. (예를 들어 장애인, 성소수자의 약자성에 대해서는 훨씬 더 쉽게 공감대가 형성됩니다. 노인에 대해서는 그보다는 살짝 어려움이 있습니다. 이 부분에 대해서는 따로 다룰 기회가 있을 겁니다.)

이런 입장을 가진 사람들은 주장합니다. "역사적으로 여성이 사회적 약자였던 것은 맞다. 그러나 지금은 아니다. 더 이상 기울어진 운동장은 없다. 울퉁불퉁한 부분이 있더라도 평탄작업을 하면 운동장은 평평하다. 오히려 부분적으로는 역차별이 존재한다. 아니 순수한 남성차별이 존재한다. 특히 2020년대 대한민국 20대에게는!"

여성이 여전히 집단적으로 사회적 약자라는 사실을 증명(!)해줄 수 있는 데이터는 차고 넘친다고 생각하는 사람들 입장에서 보면 대화의 시작 자체가 불가능해 보일 겁니다.

나는 여기서 조금 다른 방법의 설명을 시도해 보고자 합니다. 수업시간, 학생들에게 말합니다: "그대가 취업 면접에서 열 번쯤 미끄러졌다고 가정합시다. 그러면 그 이유에 대해 심각하게 고민하게 되겠지요? 아마도 다양한 가능한 이유를 찾게 될 텐데, 혹시 그 이유 중에 성별도 있을까요?"

이 질문에 여학생들은 다수가 즉각 공감의 뜻을 표합니다. 왜일까요? 실제로 그런 생각을 해봤거나, 그렇지 않은 경우에도 그럴 것 같다는 것이 쉽게 상상이 되기 때문이지요. 경험상 대부분의 남학생은 이 질문에 살짝 당황하는 것 같습니다. 겉으로든 속으로든. 생각해보지 않은 질문이기 때문 아닐까요? 남학생의 경우 아마도 같은 상황에서 내 인상이 별로인가, 언어능력에 문제가 있는가 등의 질문은 하게 될 가능성이 있지만,(특정한 직업군을 제외하곤) 내가 남성이어서 면접에서 떨어지는 것인가 자문하게 될 가능성은 여성에 비해 상대적으로 훨씬 적을 것 같습니다.

위 질문은 학생들을 면담하는 과정에서 내가 경험한 일에 기초합니다. 취업 준비를 하는 여학생들은(요즘 같은 세상에 나만 열심히 하면 되지라고 생각하며 성별적 차별에 대한 인식도 딱히 없었고 페미니즘에 특별한 관심도 없었던 여학생들조차) 어느 순간 내가 면접에서 떨어지는 까닭이 혹시 내 성별 때문일까라는 자문을 하게 되는 순간에 직면하게 됩니다. 주변을 돌아보니 본인보다 특별히 나은 점이 없어 보이거나, 본인보다 소위 스펙이 떨어진다고 생각하는 남성 동료들은 취직을 한 상황이 눈에 들어오는 겁니다. 그렇다면 혹시? 이렇게 적잖은 여학생들은 '젠더문제'에 비의도적으로 눈을 뜨게 됩니다.

여성이 아직도 집단적으로 여전히 사회적 약자인 것이 맞느냐고요? 나는 그렇다고 생각합니다. 소위 알파걸의 시대라 말해지고, 초임검사 중 여성 비율이 50%를 넘어서는 시대임에도 불구하고 말입니다. 이것은 일부 사람들이 자신의 일상 경험에 비추어(우리 집은 대단히 민주적이다, 심지어 우리 집은 엄마가 모든 것을 마음대로 한다, 그리고 내가 남성이어서 도대체 무슨 대단한 혜택을 보았단 말인가 등등) 동의하기 어렵다 느끼는 것과는 다른 차원의 문제입니다.

인종 문제를 빗대 말해보자면 첫 흑인 대통령이 나왔고, 첫 유색인(그것도 여성) 부통령이 등장했다 해서 또는 영화 〈히든 피겨스〉를 본 사람이라면 경악을 금치 못했을 백인 전용 화장실 같은 야만이 더 이상 한눈에 보이지는 않는다 해서 미국의 인종차별이 더 이상 존재하지 않는다고 말할 수 있을까요? 참고로 코로나19 사태에서만 봐도 코로나로 인한 사망자 중 다수는 흑인이었습니다. 흑인이 바이러스에 더 취약하다는 이야기를 나는 들어본 적이 없습니다만…. 그럼 물어야 하지 않을까요? 왜?

어떤 차별과 폭력의 주요 원인이 인종, 젠더, 종교 등 한 개인이 어찌할 수 없는 '정체성 요소'로 지목되는 한, 아직 아무것도 끝나지 않았습니다.[5]

그러니 젠더 이야기도 여기에서부터 다시 시작해야 합니다. 여성이라는 집단이 사회적 약자라는 담론이 여전히 유효한지. 그렇다면 왜, 어떻게 그런지. 2020년대 대한민국 20대에서도 말입니다!

"예전엔…, 그러나 지금은…." 그래서(!) 2020년대 대한민국 20대에 초점을 맞추어 이야기해보려 합니다.

앞에서 젠더 수업에 늘 여학생의 숫자가 많다는 이야길 한 적이 있습니다. 적어도 지난 20년 동안의 내 경험에서는 예외인 적이 없었습니다. 수강 이유도 여학생이 보다 적극적입니다.

나는 이 단순한 사실이 시사하는 바가 꽤 많다고 봅니다. 여성이 젠더 문제에 대해 보다 관심이 많고, 여성의 젠더의식이 남성의 그것보다 평균적으로 높다는 것은 그 자체로 아직도 여전히 집단적 여성이 사회적 약자라는 사실을 선명하게 보여줍니다. 일부 여성의 놀라운(?) 성취가, 어느 정도 이루어진 사회적 제도의 보완이 이 사실을 뒤집지는 못합니다.

비정규직 노동자와 정규직 노동자 중 누구의 노동의식이 더 높을까요? 장애인과 비장애인 중 누구의 장애인 복지의식이 더 높을까요? 흑인과 백인 중 누구의 인종의식이 더 높을까요? 노동의식이든 복지의식이든 인종의식이든 젠더의식이든 어떤 집단이 특정 상황/사안에 대해 보다 적극적인 관심을 갖고 있고 평균적으로 관련 의식 수준이 높다는 것은 그 문제에 대해 생각을, 질문을 많이 한다는 겁니다.

사회적 약자는 자신이 겪는 어려움, 불편함, 부당함에 대해 '자동으로' 생각이라는 것을 하게 됩니다. 비판적 문제의식을 가지고 배제와 차별 가능성을 제기하는 쪽은 '사회적 약자'일 가능성이 구조적으로 높다는 것은 거의 자명합니다.

어떤 문제에 대해 별생각을 해본 적이 없다면, 당신이 적어도 그 부분에서는 약자가 아니라고 생각해도 크게 틀리지 않을 것이라 생각합니다. 그것은 대단한 지식이 요청되는 것이 아니라 거의 '자동반사적인 자각'에 가깝기 때문입니다.

한 번도 다리를 다쳐본 적이 없으면서도, 한 번도 휠체어를 타고 대중교통을 이용할 수밖에 없었던 경험이 없으면서도, 장애인이 대중교통을 이용하기가 얼마나 어려울지 공감하고 그 문제 해결을 위해 동분서주해본 적 있다면, 당신은 정말 존경받을 만합니다. 내 문제, 내가 사랑하는 사람의 문제가 되기 전에는 그렇게 하기 쉽지 않다는 것을 당신도 아시리라 생각하기 때문입니다.

젠더문제가 여성문제이니 여성이 관심이 많은 것이 당연하지 않냐고요? 노동문제가 비정규직 노동자의 문제만이 아니듯 자본가와 노동문제가 아무 관련이 없는 것이 아니듯, 젠더문제는 당연히 여성만의 문제가 아닙니다. 물론 여성의 문제로부터, 질문으로부터 시작한 것은 맞습니다. 그것 또한 역사적으로 여성이란 성을 가진 사람들이 젠더 이슈에 대해 보다 큰 문제의식을 갖게 되었기 때문이겠지요? 이제 남성차별이 존재한다고 생각한다면, 남성이 젠더 이슈에 더 깊은 관심을 가질 중요한 이유가 생긴 겁니다. 그런데 아직은 젠더 이슈를 남성 이슈로 전유하는 사람들이 그리 많은 것 같지는 않네요. 왜일까요?

남성들이 본인들의 권익이 젠더적으로 침해당하고 있다고 생각한다면 보다 주체적으로 이 공론장에 참여하길 바랍니다. 남성차별 주장이 마치 여성차별은 더 이상 없다는 주장을 뒷받침하기 위한 수단으로 사용되는 느낌은 유감입니다. 설사 어떤 부분에 있어 남성차별이 존재한다 해도 그것이 여성차별의 부재를 증명하는 것은 아닙니다. '순수한' 남성차별이 존재한다면 여성차별 문제와 별개로 논의하면 됩니다. 본인들의 권익을 보호하기 위한 보다 적극적인 태도를 기대합니다.

내 젠더 수업에 남학생들이 보다 적극적인 수강의지로 참여하게 되는 날, 여학생과 남학생의 비율이 아무 의미가 없어지는 날, 그 날이 어서 오길 바랍니다.

젠더의식 격차가 말해주는
여성이라는 집단의 사회적 약자성

 단언하는 것을 좋아하지 않지만 경험적인 사실이니 강하게 말해보자면, 나는 지금까지 어떤 젠더의식 관련 지표조사에서도 남성의 젠더의식이 여성보다 평균적으로 더 높게 나타났다는 결과를 본 적이 없습니다. 이 말은 여성이 불편해하는 것을 남성은 덜 불편해하거나, 불편해하는 이유를 이해하지 못한다는 겁니다. 이것이야말로 이 사회에서 여성이 아직도 약자라는 부정하기 어려운 증거가 아닐까요?
 이리 말하면 어떤 이들은 젠더의식 측정 지표의 신뢰성과 타당성을 문제 삼기도 합니다. 물론 모든 조사지표의 객관성과 적절성은 학문적으로 검증되어야 합니다. 그런데 많은 예산과 오랜 기간이 투자된 각종 국가기관이나 국제기관의 젠더의식 조사지표들이 보여주는 일관적 결과들까지 의심한다면, 더 이상의 합리적 설득 시도가 가능한지 의문이 들긴 합니다.(예를 들어 2020년 대한민국 국회의원 선거 조작설을 주장하는 사람들, 도널드 트럼프가 주장하는 미국 선거 조작설을 믿는 사람들, 그 정도 사람들에 대한 설득은 깨끗이 포기하겠습니다.)

　재미있는 사실 하나는 주관적인 질문에 대한 응답 결과도 다르지 않다는 것입니다. 젠더 수업을 해오면서 매번 학생들에게 '나의 젠더의식' 정도(낮다/0~높다/10)를 주관적으로 대답해보길 부탁합니다. 이 과정에서도 남학생의 주관적 젠더의식이 더 높게 나타났던 적은 한 번도 없습니다. 엄밀한 과학적 절차를 거친 결과는 아니지만, 이런 결과는 정말 단순한 우연일까요?
　어쩌면 많은 예산과 노력이 투자된 설문조사보다도 이 단순한 주관적 설문조사의 설득력이 더 높을지도 모른다는 생각이 들기도 합니다. 이것은 옳고 그름의 문제가 아닙니다. 아주 단순한 사실의 세계입니다. 무엇인가가 불편한 사람은 생각이라는 것을 하게 되고, 그 부분에 대한 문제의식을 갖게 됩니다.

　오른손잡이가 사물의 세계가 오른손잡이를 중심으로 만들어졌다는 것을 인식하기는 쉬운 일이 아닙니다. 나는 알았습니다. 뭐가 우월해서 그걸 알았냐고요? 아니요. 왼손잡이(어릴 때 오른손으로 글쓰기를 교육받아 지금은 왼손으로 글을 못 쓰는, 그러나 가위질, 칼질, 바느질 같은 건 오른손으로 하지 못하는 반쪽 왼손잡이)이기 때문입니다. 불편했기 때문입니다. 나는 이 세상 거의 모든 물건이 오른손잡이용으로 만들어져 있다는 것을 누가 가르쳐주지 않아도 알게 되었고 문제의식을 갖게 되었습니다. 오른손잡이인 당신은 어떠신가요?

아이를 키우게 된 한 기자는 "나는 아이를 낳고서 문턱을 알았다. 겨우 걸음마를 뗀 아이가 방문턱에 걸려 넘어진 다음에야 나는 문턱이 높다는 것, 아니 문턱이 있다는 걸 알았다. 이 낮은 문턱이 누군가에겐 장애물이라는 사실을 아는 데 35년이 걸렸다"(손민호 기자, 중앙 140122)고 고백합니다. 안타깝게도 우리 대부분이 그렇습니다. 자신의 일이 되기 전까지 어떤 문제를 자신의 문제로 느끼는 사람은 흔치 않습니다. 이것은 뇌과학적으로도 쉽게 설명되는 이야기입니다. 우리의 뇌는 '인지구두쇠'라고 하더군요. 생각하지 않아도 될 일에 대해서는 가능한 한 생각을 하지 않으려는 확실한 경향성이 존재한다고 합니다.

그러니 여성의 젠더의식이 더 높다는 것은 어떤 점에서건 여성이 남성보다 우월하다는 것을 보여주는 것이 아닙니다. 다시 강조하지만 여성은 그저 불편할 뿐입니다. 그래서 그 불편을 '자연스레' 느낄 수 있을 뿐입니다. 그래서 말하고 행동할 뿐입니다. 그런 의미에서 젠더의식의 차이는 개개인으로 환원되지 않는, 상당 부분 사회적 위치 자체에 기인합니다.

그리고 여성이 젠더 이슈에 대해 아직도, 여전히, 평균적으로 더 민감하게 반응한다는 사실은, 그 문제에 대한 문제의식을 더 많이 갖고 있다는 사실은 다른 어떤 객관적 데이터보다 여성 입장에서 바라보는 젠더문제가 오늘까지도 충분히 해결되지 않았다는 것을 보여주는 명확한 증거라고 생각합니다.

이 말이 살짝 불편하게 들린다면 유감입니다만, 유감이 아니기도 합니다. 왜냐면 지금 당신이 느끼는 그 '불편함'이 이어지는 생각의 단서가 될 수도 있을 거라는 기대 때문입니다. "나/우리는 불편하지 않은 무언가에 대해 왜 너/그들은 불편해하는가?"

나아가 지금은 남성이 느끼는 차별과 상대적 불평등의 문제에 대해서도 진지하게 같이 고민할 때가 되었다고 느낍니다. 젠더 이슈에 대한 남성의 목소리가 커진다는 것은 적어도 어떤 면에서 어느 정도는 여성 불평등 문제가 해결되었거나 해소된 결과일 수도 있습니다. 그런 면에서 다행스러운 일이기도 합니다! 그러나 갈 길은 아직도 많이 남았습니다.

관련해서 성별적 젠더의식 격차가 줄어들기는커녕 더 커지는 것으로 보이는 것은 큰 걱정거리입니다. 그것은 남성의 젠더의식도 지속적으로 높아지고는 있으나 여성의 젠더의식이 높아지는 속도를 따라잡지 못하고 있기 때문으로 해석됩니다.

20대 여성은 본인들을 '능력적 약자'라고는 생각하지 않는 것 같습니다. 그렇기 때문에 사회적 차별을 더 크고 심각하게 느낍니다. 그 결과 전 세대에서 20대 여성과 20대 남성의 성평등의식 차이가 가장 큰 것으로 조사되기도 합니다.(한겨레 210506) 이 문제가 해결되지 않는다면, 한편으로는 젠더 문제가 어느 정도 해결 또는 해소되어 가는 부분이 있을 수 있음에도 불구하고 다른 한편으로는 젠더갈등이 더 심해지는 난감한 상황을 피하기 어려울 겁니다.

이제는 일관된 성별적 젠더의식 격차와 그 격차 확대의 원인이 무엇인지 조금 더 세심하게 들여다 볼 때입니다.

결혼에 더 부정적이고
더 우울한 20대 여성들

'이대남'(이십 대 남성)은 세상이 이미 많이 변했고, 앞으로도 계속 변할 테니 충분하다고 생각하는 것 같지만, '이대녀'(이십 대 여성)는 아직도 많이 부족하다 느끼는 것 같습니다. 이대남은 더 변화해야 할 이유를 모를 수도 있지만, 이대녀는 이대남의 변화를 충분하다고 느끼지 않습니다.

남성은 이미 많이 내줬다고 생각하고, 여성은 아직 멀었다고 생각합니다. 남성은 속도 조절이 필요하다 생각하고, 여성은 아직 가속도도 붙지 않은 상태라고 생각합니다. 이 괴리가 우리가 풀어야 할 숙제입니다.

사회 전 영역에서 진행되는 수평화 과정을 어른이, 남성이, 선생이, 비장애인이, 이성애자가 평균적으로 더 불편하게 느끼리라는 것은 논리적으로 쉽게 설명 가능합니다. 아무리 작은 기득권이라 하더라도 그것을 그냥 내려놓는 경우는 흔치 않습니다. 역사적으로 투쟁 없이 얻어진 권리가 있던가요? 갈등 없이 해결된 불평등이 있던가요?

우선 젠더 문제에서 남성들이 느끼는 주요 감정 중 하나가 박탈감이라면, 그것은 뭔가 가지고 있던 사람들만이 느낄 수 있는 감정이라는 것 기억합시다. 뭔가를 가지고 있었어야 뺏길 수도 잃을 수도 있지요. 내가 느끼는 것이 박탈감일 수는 있는데, 상대방은 아직 뭔가 손에 쥐어보지도 않았는데, '그만하면 됐다. 많이 묵었다 아이가'라는 이야기를 듣는 기분일 수도 있습니다.

이성애와 동성애로 설명해보면 이성애자라는 말을 사용하는 것 자체가 동성애를 불편하게 생각하는 일부 이성애자들에겐 거추장스럽게 느껴질 수도 있습니다. 이 구분 자체가 동성애자를 '가시화' 시키는 효과가 있다고 생각할 수도 있고, 자신을 동성애자와 구분되는 이성애자로 굳이 '지칭'해야 하는 것이 자신의 '자연스럽고 올바른' 정체성을 상대화시키는 느낌을 불러일으킬 수도 있습니다. 남성, 이성애자들은 젠더 논의를 상대적으로 더 불편하게 느낄 수 있습니다. 그 자체는 어찌 보면 자연스러운 일입니다. 그리고 바로 여기가 다시 생각하기의 시작점이 되어야 합니다.

미세공격(microaggression)이라는 말 들어보셨는지요. 아시나요? 세상 많이 좋아졌다지만, 요즘 많은 젊은 여성들은/도 여전히, 아직, 매일 미세공격 속에 삽니다.

"여성인 나는 여전히 오빠와 남동생 밥을 챙겨야 하고, 아침 택시 첫 승객이 여성이라 (재수 없다고) 타박 받지 않을까 걱정해야 하고, 공중화장실 들어갈 때마다 사방을 살펴야 하고, 밤길 걸을 때마다 불안에 시달리고, 너는 설마 페미 아니지라는 학교 선배의 말을 못 들은 척 넘겨야 하고, 음대 다니니 시집 잘 가겠다는 덕담 아닌 덕담을 웃어넘겨야 하고, 예쁘니까 홀에서 서빙하게 해주는 거라고 말하는 '친절한' 알바 사장님을 매일 만나야 합니다."(만들어낸 이야기가 아니고 2020년 전후의 여대생들이 작성한 글에 나오는 사례들을 모아 기록한 것입니다. 그리고 안타깝지만 이 문장에 공감하는 여학생들이 많을 것이라 생각합니다.)

마이크로라는 말을 곡해하면 안 되겠습니다. 큰 폭력은 폭력이고 작은 폭력은 폭력이 아닌 것이 아니듯, 마이크로라는 말이 물론 일상에서 일어나는 상대적으로 작은 공격성, 차별 등을 의미하지만, 여기서 우리가 더 주목해야 하는 부분은 일상성입니다. 일상을, 매일을 그리 산다는 것은 끝나지 않을 일이라는 것을 말하기에 더 끔찍한 일일 수 있습니다. 미세먼지의 결과가 결코 미세하지 않듯, 무한 반복되는 미세공격은 사람을 죽게도 합니다. 그러니 나쁜 의도는 아니었다, 가볍게 넘어갈 수 없는 일입니다.

이대남의 목소리에 사회가 귀 기울여줘야 한다고 생각합니다. 그러나 이대남들 또한 눈을 들어 주위를 둘러봐야 한다고 생각합니다. 군대라는 큰 변수에도 불구하고, 그것이 여성이 매일매일 겪고 있는 크고 작은 일상적 차별과 불평등의 현실을 다 덮지는 못한다는 것을 말입니다. 그러지 않고서는 왜 그들의 생각과 달리 이대녀가 이대남보다 삶의 만족도가 떨어지는지 왜 결혼에 부정적인지 왜 더 많이 자살하는지 설명도 이해도 어렵지 않겠는지요.

2019년 〈시사IN〉 조사에서는 66.3%에 이르는 20대 남성이 '결혼은 여성에게 더 유리하다'고 생각한다는 결과가 보고되었습니다. 전문여론조사기관에서 실시한 그 결과의 정확성을 크게 의심하지 않습니다만, 참 이상한 일이 하나 있습니다. 그렇다면 도대체 왜 20대 여성의 비혼 희망률이 남성의 그것보다 높은 것일까요?

한 조사에 의하면 결혼에 부정적인 20대 남성의 비율은 37.6%지만, 여성은 57.0%에 이릅니다. 결혼을 절대 하지 않을 것이라는 응답도 남성은 5.4%지만 여성은 그 2배에 이르는 10.6%입니다.(인구보건복지협회, 비혼 20대 1,000명 조사, '청년세대의 결혼과 자녀, 행복에 대한 생각') 그리고 실제로 여성의 비혼율이 더 높습니다.(결혼 기피 이유도 성별에 따른 차이가 있습니다: 여성은 '양성불평등문화가 싫어서'라는 항목을, 남성은 '혼자 사는 것이 행복하므로'라는 항목을 1순위로 지목했습니다.)

본인이 좋아하는 일, 본인에게 유리한 일을 기피한다는 것은 납득하기 어렵지 않나요? 나는 20대 남성의 자기인식은 정확히 측정되었을지 모르나 그 자기인식 자체가 현재의 상황을 제대로 반영하지는 못한다고 생각합니다. 다수 20대 남성의 생각이 맞다면, 여성이 결혼에 더 부정적이라는 통계, 그리고 실제로 높게 나타나는 비혼율은 여성 스스로가 사실을 제대로 보지 못한다는 것, 즉 실제로는 자신에 유리한 조건인데 그것을 인식하고 있지 못한다는 것인데… 칼 맑스가 얘기했던 집단적 허위의식에 빠지기라도 한 것일까요?

어떤 측면에서 남성이 현재의 결혼 관련 상황을 남성에게 불리하다고 인식할 개연성을 부정할 생각은 없습니다. 그러나 그 인식이 설득력을 가지려면, 말했듯이 여성이 남성보다 결혼에 긍정적이어야 하지 않을까 싶습니다.

관련해서 '평범한' 여학생과 남학생의 글을 나누고 싶습니다.

'성 역할 고정관념'과 '결혼은 여성에게 유리한가?'라는 주제로 토론을 했다. 토론 주제가 적힌 종이를 받고 내 눈에 가장 먼저 들어온 것은 '결혼'과 관련된 주제였다. 우선 나는 현재로서는 비혼주의를 선호하는 사람이다. 나는 결혼을 하는 게 득이 될 게 없다고 생각한다. / 첫째, 나는 한 사람을 평생 사랑할 자신이 없다. 내가 이렇게 생각하는 것처럼 내가 혹여나 후에 만나게 될 사람도 중간에 다른 사람을 사랑하는 일이 생길 수도 있지 않을까? / 둘째, 나는 내가 직접 돈을 벌어, 잘 먹고, 스스로에게 투자하며 내 인생을 살고 싶다. 결혼이라는 제도는 남녀가 정식적으로 부부 관계를 맺는 일이다. '부부'가 되면 중간에 헤어지지 않는다는 가정하에, 평생 함께한다는 것인데, 그 과정에서 전반적인 생활 패턴을 맞추어 가야 하며, 노후까지 함께 준비해야 한다. 중간에 아이가 생기게 되면, 아이가 성인이 될 때까지 책임을 져야 하는 것은 덤이다. 한 번 사는 인생에서, 나 스스로에 대한 투자는 줄어들게 된다. 물론 멀티태스킹이 가능하며, 그러한 일들을 가치 있는 일들이라 생각하는 사람들은 '결혼'해서 평생 한 사람과 아이가 생긴다면 아이를 기르고 오순도순 잘 살면 된다. 그런데 내 입장에서는 그게 가치있는 일인지 잘 모르겠고, 멀티 태스킹도 못 하겠고, 그냥 그렇게 살고 싶지 않다는 것이다. / 셋째, 나는 내가 노력해서 얻은 것들을 포기하고 싶지 않다. 내가 보고 듣고 경험한 우리 사회는 여자가 결혼을 해서 아이가 생기면 보통은 남편이 '경제적'으로 가장의 역할을 하고, 여자는 집에서 집안일을 하며 아이와 가정을 돌보는 것이다. 물론 요즘은 맞벌이 부부도 많고, 남편이 육아 휴직을 내고 집안일을 하는 경우도 많기는 하지만, 내가 결혼을 해서 어떤 상황에 처하게 될지는 아무도 모르는 일이다. 결혼을 해서 아이가 생기게 되면, '모성애' 때문에 내 '커리어'를 포기하게 될 수도 있지 않을까? 나의 어머니께서는 당신의 직업에 만족하며 직장생활을 하시다가, 아버지와 대화를 통해서 삼남매를 양육하는 데 집중하기 위해서 직장 생활을 그만두셨다. 가끔, 부모님께서 대화를 하시다가 대화 주제가 그쪽으로 흘러가면, 분위기가 이상해진다. 어머니께서는 우리에게 가끔 직장을 끊는 것을 후회한다는 말을 많이 하신다. 나는 결혼을 하면 내가 그렇게 될까봐 두렵다. (20 ㄱㅈㅅ)

    오늘은 우리 조의 토론 날이었다. 토론의 주제는 고정관념과 결혼이었다. 나는 성별에 따른 고정관념이 거의 없다고 생각했었다. 하지만, 이번 토론을 준비하면서 그렇지 못하다는 사실을 알게 되었다. 그래서 많은 고민을 했던 것 같다. 결혼에 대한 주제에 대해서도 여러 가지 자료를 찾아보았다. 그리고 친구들에게 질문을 던지기도 했다. 친구들의 대답은 토론에서 말했다시피 남성과 여성 두 집단 사이에 큰 차이를 보이고 있었다. 이를 보고 왜 이런 차이가 생기는지 궁금했다. 사실 나도 결혼에 대해서 여성이 유리하다는 생각을 가지고 있었다. 결혼할 때 보통 남성이 금전적인 부담을 더 지기 때문에 이러한 생각을 가지고 있었다. 하지만 이는 매우 편협한 생각이었다. 나는 아닐지언정 보편적인 사회의 세태는 결혼여성에게 더욱 많은 가사노동을 요구한다. 또한 최근에는 저출생으로 아이를 낳지 않는 부부가 많지만, 여전히 아이가 출생하면 여성들은 사회에서 설 자리를 잃게 된다. 만약 내가 그 여성이 된다면 굉장한 우울감을 느낄 것 같다. 이러한 생각을 하면서 나는 왜 주변 여자인 친구들이 비

혼을 추구하는지 어렴풋이 이해하기 시작했다.   (20 ㅅㅅㅎ)

　20대 여성의 삶의 만족도도 남성의 그것에 비해 낮은 것으로 나타나고 있는 것으로 보면(우울감(%): 2019년 여성 12.5, 남성 8 / 국가지표체계, 성별 우울감 경험률) 사회조사 결과들은 일관성 있는 메시지를 전해 주는 것 같습니다.

　우리나라 20대 여성의 자살률도 걱정스러울 만큼 높습니다. 전 세계적으로 볼 때 남성의 자살률은 여성 자살률에 비해 평균적으로 높습니다. 20대에서도 마찬가지입니다.(이 부분에 대해서는 좀 긴 대답이 필요합니다만, 이 글과의 직접적 관련성이 낮은 관계로 넘어가겠습니다.) 그런데 대한민국 20대 여성의 자살률은 남성 자살률에 버금가게 높습니다. 한국 20대 남성 자살률도 OECD 평균을 상회하지만, 여성 자살률은 그보다도 비율적으로 훨씬 높다는 것이지요.(인구 10만 명 당 자살률: OECD 2017년도 평균 11.5, 여성 5.2, 남성 18.7 / 한국 통계청 사망원인 통계자료 2020년 20대 평균 21.7, 여성 19.3, 남성 23.8) 20대 자살시도자 숫자 또한 여성 비율이 계속 더 높으며, 그 격차도 더 벌어지고 있습니다.(국립중앙의료원 2015~19년 자료)

　요약하면 2020년대 한국의 20대 여성들은 결혼에 더 부정적이고 더 우울하고 더 많이 자살합니다. 심지어 20대 여성의 '안녕지수'는 모든 성과 연령에서 최저로 조사된 바 있습니다.(서울대 행복연구센터 2020)

이것은 최소한 통계적 사실입니다. 20대 남성의 25%가 이제 여성 차별은 더 이상 존재하지 않는다고 믿는다는 것도 신뢰할 만한 조사 결과 자료입니다.

질문은 남습니다. 위 조사결과처럼 누군가는 더 이상 여성 차별이 존재하지 않는다고 믿을 수도 있습니다. 그런데 그럼에도 왜 대한민국의 젊은 여성들은 행복해 보이지 않을까요? 삶의 만족도가 낮고, 결혼 희망 비율도 낮고, 자살률도 높은 것은 어떻게 설명해야 할까요? 우리나라 여성들만 참을성이 없고 전체적으로 이상한 사람들일까요? 복에 겨워 상황 파악을 못하고 있는 걸까요? 오늘 한국의 20대 여성에게 집단적으로 심각한 문제가 있다고 보지 않는 한 '다른 사회적인 답변'이 필요해 보입니다.(우리가 '제3의 변수'를 보지 못하고 문제를 과잉 젠더화해서 이해하고 있는 것은 아닐까 추측해보게도 됩니다. 다른 대목에서 다시 부연설명될 수 있으리라 생각합니다.)

'학생이 행복한 대학', 이웃 대학의 슬로건이었습니다. 꽤 인상적이었습니다. 하지만 보면서 생각했습니다. 광고문안으로선 나쁘지 않아 보이지만, 사실 저 슬로건은 결과적으로 아무 말도 해주지 않는다고요. 학생만 행복한 대학이 가능할까요? 혹시라도 가능하다면 그것은 좋은 대학일까요? 학생이 행복한 대학에서 교수, 교직원은 행복하지 않을까요? 학생이 행복한 대학에서는 모든 구성원의 행복 가능성이 높아질 것이라고 봐야지 않을까요?

여성이 행복하지 않은데 남성은 행복한 사회, 가능할까요? 또는 여성만 행복한 사회라는 것이 논리적으로 가능할까요? 썩 행복해 보이지 않는 대한민국 20대 여성의 삶은 20대 남성의 삶도 퍽퍽하리라는 것을 짐작하게 합니다.

여성 이야기를 먼저 하는 까닭은 젠더적인 이유로 다치고 병들고 죽는 사람이 여성인 경우가 아직은(!) 더 많기 때문일 뿐입니다. 우리가 바라는 세상은 여성도 남성도 젠더적인 이유로 다치고 병들고 죽지 않는 사회입니다. 그렇다면 '함께 사는 삶'에 대한 기대도 자연스레 더 커지지 않겠는지요.

데이터로
말합시다

 '데이터 대 봐!' 어떤 주장의 근거, 중요하지요. 그중에서도 숫자는 힘이 꽤 셉니다. 통계가 때로 사실을 왜곡하고 사람을 현혹하기도 하지만 말입니다. 나는 '이 세상에 존재하는 세 가지 거짓말, 그냥 거짓말, 새빨간 거짓말 그리고 통계'라는 말에 더 마음이 가는 사람이긴 하지만, 잠시 숫자의 힘을 빌려 볼까 합니다. 모든 분야를 다 얘기할 수는 없고, 여기에서는 성 불평등지수, 고용지수 등에 초점을 맞춰 보지요.

 사실입니다. 요즘 한국에서 딸이라고 교육에서 차별 당하는 경우는 거의 없습니다. 학교 성적은 여학생들이 더 좋고, 각종 공무원시험 등에서 여성 합격률은 남성과 비슷하거나 더 높은 경우도 많습니다. 젊은 여성은 능력 면에서 젊은 남성보다 열등하다 생각하지 않습니다. 그러니 무슨 적극적 (평등 구현) 조치(affirmative action)가 더 필요한가라는 주장이 있을 수 있습니다. 맞습니다, 일부 사실입니다.

- **대학진학률**

  2005년부터 여학생의 대학 진학률이 남학생보다 높아짐. 2020년 일반계 고교 대학 진학률 여학생 81.4%, 남학생 76.4%(머니투데이 210722)

- **외교관시험**

  2005년 합격자 중 여성 숫자가 최초로 절반을 넘음. 16년 41명 중 70.7%, 규정상 최고치. 성적만으로는 여성 비율이 76.3% 되었어야 함. '양성평등채용목표제'로 남성 3명 추가 합격(중앙 161004) 참고로 17년 51.2%, 18년 60.0%, 19년 48.8%, 20년 52.9%

- **2017년 행정부 국가공무원 인사통계**

  행정부 국가공무원 중 여성 비율이 처음으로 50%를 넘음, 5급 이상 공직자 중 여성 비율 2007년 9.1%에서 19.8%로 증가

- **2020년 통계청 + 여성가족부 '2020년 통계로 보는 여성의 삶'**

  2019년 여성 고용률은 51.6%(09년 47.8%, 17년 50.8%, 18년 50.9%). 2009년에 비해 3.8% 상승. 남녀 고용률 차이 줄고 있음(03년 24.7%, 09년 22.4%, 14년 22%, 17년 20.4%, 18년 19.9%, 2019년 19.1%)

나는 우리 사회에서 젠더 문제가 합리적인 수준에서 소통되지 못하는 중요한 이유 중 하나가 여성의 사회적 약자성('능력적 약자'와 '사회적 약자'가 동의어는 아닙니다.)을 남성들이 어떤 의미에서든지(잘 모르든지, 잘못 알고 있든지, 개인적 경험상 그렇지 않다고 느끼든지) 충분히 인정하지 못하기 때문이라고 생각합니다. 여성의 인권 내지 권익 문제는 이미 상당 부분 해소되었고, 경우에 따라서는 역차별을 이야기

해야 할 상황이 되었다는 인식이 깔려 있는 것이죠. 이런 인식 이면에는 위에서 보는 통계 수치도 일조할 겁니다.

그런데 이것도 사실입니다. 아직도 한국의 성평등 수준은 여러 차원에서 낮은 것으로 평가됩니다. 특히 '젠더격차지수'(GGI, Gender Gap Index)에서 낮은 평가(2021년 156개국 중 102위)를 받고 있습니다.(여성권한척도(GEM, Gender Empowerment Measure)에서의 평가도 저조합니다. 좀 오래된 통계이지만 2009년 109개국 중 61위.)

국제적 성평등지수에는 그 외 '성불평등지수'(GII, Gender Inequality Index), '여성개발지수'(GDI, Gender related Development Index) 등이 있는데, 이 두 가지 지수의 평가는 상대적으로 좋은 편입니다. 한국은 두 지수 상 2017년 189개국 중 22위를 기록했습니다.

이런 차이가 나는 것은 물론 각 지수의 평가 기준과 내용, 방법 등이 다르기 때문이기도 합니다. 각 지수의 장단점이 있고 단순비교가 불가능한 부분이 있으며, 우리나라 현실 설명에 맞춤형이 아닌 측면도 있습니다.(예를 들어 젠더격차지수는 말 그대로 절대 수준이 아니라 해당 국가 내에서의 격차를 측정하는 것이므로 절대 수준이 한국보다 낮은 나라가 더 높은 순위에 위치하는 등의 문제가 있습니다.)

그래도 시계열 또는 횡단 비교를 통해 어느 정도의 상황 해석은 가능합니다. 여성의 경제활동 참여수준, 여성 고위관리직 비율, 임금 평등 정도 등을 잘 보여주는 '젠더격차지수'에서 낮은 평가 결과를 보이는 우리나라가 '성불평등지수'에서 비교적 높은 순위를 보이는 것(2020년 189개국 중 11위)은 경제적 불평등이 없어서가 아니라 이 지수가 생식건강 부분 점수에 영향을 많이 받기 때문이라 보입니다.

그리고 우리나라가 여성의원 비율, 여성행정관리직 비율, 여성전문직 비율, 남녀소득비율 등을 측정하는 '여성권한척도'에서 평균기대수명, 문자해독률, 취학률, 남녀 추정소득 등을 측정하는 '여성개발지수'에서보다 순위가 훨씬 더 낮은 이유도 어렵지 않게 설명 가능하겠지요. 한국 사회가 빠르게 여성의 기본적 보건 상황을 향상시켰고 상당한 정도의 교육성취를 이루어온 것이 사실이지만 주요 의사결정 권한과 정책 영향력 부분에서 아직은 성 불평등이 많이 있고, 보다 많은 개선이 필요하다는 점을 보여줍니다.

각종 지수의 장단점을 인식하고 분석적, 종합적으로 살펴볼 필요가 있겠습니다. 물론 지수에 잡히지조차 않는 많은 불평등 상황이 있다는 것도 잊지 말아야겠지요.

여성은 노동시장에서 여전히 취약하고 경제적 불평등도 심합니다. 특히 여남의 '경제활동 참여율 격차'와 '성별 임금격차'가 여전합니다.

- 영국 주간지 이코노미스트, '유리천장지수'[6]
  한국 2021년까지 OECD 29개 회원국 가운데 연속 9년 최하위
- 2019년 OECD 통계

소속 국가 중 한국 남녀 임금 격차 32.5%로 회원국 중 가장 심각. OECD 평균(12.8%)의 두 배 이상(중앙 210429)

- **OECD 주요국 노동 통계**

  2018년 저임금 여성 노동자 비율 한국 35.30%(평균 20.01%) / 2020년 OECD 국가 중 한국의 남녀 임금격차가 가장 큼(34.1%)

- **전국경제인연합회 산하 한국경제연구원, OECD의 여성 고용지표 분석 결과**

  2019년 한국 여성의 경제활동참가율 60.0%. 37개국 중 33위

- **고용노동부 '2020년 고용형태별 근로실태조사'**

  여성의 시간당 임금 총액 남성의 69.6%(그나마 2017년 65.9%에 비해서는 나아진 것임.)

- **통계청 '2019년 임금 근로 일자리별 소득 결과'**

  남성 평균소득 360만원, 여성 236만. 남자가 여자의 1.53배(파이넨셜뉴스 210224) / 여성 평균 임금: 1998년 남성의 63.1%, 2018년 68.8%(통계청) / 여성은 결혼 후 평균소득이 30대에서 정점을 찍고 급격히 줄어듦. 결혼과 육아 등에 따른 경력 단절이 주원인으로 보임 (중앙 190507, 뉴스웍스 21022)

- **통계청 '2019 일, 가정 양립 지표' 결혼 전후 벌어지는 성별 고용률**

  18년 비혼 여성의 고용률 52.1%, 남성 53.7%, 배우자가 있는 여성과 남성 고용률 각각 53.5%, 81.1%, 격차 27.6%로 벌어짐.

- **통계청 '생활시간조사' 맞벌이 가사노동시간**

  2019년 여성 187시간, 남성 54시간. 격차 줄어들고는 있음. 2014년 여성 193시간, 남성 41시간

- **고용노동부 '비정규직 고용 동향' 한국 근로자 중 비정규직 비중**

  2020년 기준 남성 29.4%, 여성 45%

- **여성정책연구원 조사**

  2020년 9월 취업자 감소폭 남성보다 여성이 3배 높았음 / 2020년 여성 취업 감소율 남성의 1.7배, 임시적 비중 남성의 2배(중앙 210309)

- **상장법인 임원 성별 현황**

  기업지배구조원: 2018년 기준 유가증권시장 상장사 중 이사회 내 여성 이사가 1명 이상인 기업은 7.6%, 19년 1분기 사업보고서를 제출한 상장법인 2,072개소의 경우로 한정하면 더 낮아 여성 임원 4.0%, 여성 이사는 3.1%(프랑스, 스웨덴, 캐나다는 30% 상회) (기업지배구조원, 중앙 191212)

  여성가족부: '2021년 상장법인 성별 임원 현황 조사결과' 상장법인 (2,246개)의 전체 임원 32,005명 중 여성은 5.2%(20년 4.5%)

이 중 어느 정도가 노동시장에 참여하는 여성들의 소위 '개인적 능력과 노력'에 따른 결과로 귀속될 수 있고, 어느 정도가 불평등한 노동시장의 구조 때문으로 귀속될 수 있는지 들여다봐야 할 것입니다. 그런데 조금씩 차이가 있긴 하지만, 어떤 연구결과도 이 차이가 전적으로 개인의 능력과 노력에 귀속된다고 설명하는 것을 본 적은 없습니다. 그리고 앞서 본 바와 같이 대학까지의 교육과정에서 여성이 남성보다 덜 우수하다는 결론을 낼 근거는 보이지 않습니다. 그러면 도대체 '왜?'라는 질문이 남을 수밖에 없습니다.

남성이 상대적으로 고위직에 있거나 생산성이 높은 일을 하기 때문이라는 주장도 나옵니다만, 그 또한 남성의 자연적 우월성에 기인한다기보다 유리천장으로 여성의 고위직 진출이 막히고 성차별적 인식과 제도가 공학 등 생산성이 높은 직종으로의 여성 진출을 막고 있는 것, 그래서 여성이 많이 종사하는 일자리일수록 불안정하고 임금이 낮은 경향이 더 많다는 것이 중론입니다.

기혼 남녀 고용률 격차가 큰 가장 중요한 이유 중 하나로는 결혼과 양육으로 인한 여성의 경력단절이 지목됩니다.(중앙 191219)[7] 예기치 못한 부작용일 수도 있는데, 정치권에서 '여성 우대'를 내세우는 것 같으니 뭔가 대단한 변화가 있는 듯 보일 수도 있으나 현실은 아직도 여전히 가정과 일터 모두 여성에게 불리한 구조인 것으로 확인됩니다.

물론 여성 안에서도 차이가 확인됩니다. 예를 들어 코로나19 상황에서 보면 서비스업종 비정규직 노동자 비율이 높은 20대 여성이 다른 연령대보다, 학력이 낮은 여성이 높은 여성보다 더 많이 노동시장에서 탈락했습니다.(오마이뉴스 200602. 성별에 더해 연령, 학력 변수까지 개입되고 있는 겁니다.)

젊은이들 상황을 좀 더 들여다보면 전 연령 대비 성별 임금 격차가 상대적으로 적긴 하지만, 20대 여성의 학력 수준과 성취 정도가 남성보다 낮지 않고, 군대 가는 남성보다 상대적으로 일찍 취업하는 경향에도 불구하고 성별적 임금격차가 존재하고 지난 10년 간 더 벌어진 것으로 나타난 것은 노동시장에서의 구조적 불평등이 현재진행형임을 말해줍니다.(김난주 한국여성정책연구원 부연구위원, 2017년 '한국의 성별임금격차 현황 및 과제', 한겨레 201203 + 조선 210803)

연령과 학력이 한국의 노동시장에서 아직도 여전히 하나의 유효한 변수로 작동한다고 보는 당신이라면, 어떤 근거에서 성별은 그러하지 않은지 데이터를 보여주셨으면 합니다.

참고로 우리 사회 남녀 성평등 수준 설문조사 결과, 여성에게 불평등하다고 보는 사람은 여성 77%, 남성 47.6%, 평등하다고 보는 사람은 여성 15.2%, 남성 29.1%, 남성에게 불평등하다고 보는 사람은 여성 4.6%, 남성 17.7%였습니다.(한국여성정책연구원, 매일신문 180710)

한국 대기업 직장인 80%를 가입자로 보유한 직장인 커뮤니티 블라인드가 2020년 11월 코스피 500대 기업에 재직하는 한국 직장인 3,493명을 대상으로 성평등 인식에 대해 설문 조사한 결과에 따르면 '재직 중인 기업의 성평등 수준이 낮다'고 응답한 비율이 남성 직장인의 경우 33%에 불과했으나, 여성의 경우 81%에 육박했습니다.(여성신문 201201) 이들이 서로 다른 세상에 살고 있거나, 다른 직장에 다니는 건 아니겠지요?

상황이 좋아지는 것을 보여주는 데이터도 분명히 있습니다. 허나 이 데이터들이 명백히 불평등한 현실을 다 덮어주기는 어렵습니다. 그리고 OECD 160개국 조사결과는 사회적으로 여성 인력에 대해 개방적이고 공정한 문화를 형성하고 여성의 경제활동 참여를

장려할수록 경제 성공도가 높은 것으로(중앙 191212) 보고하고 있습니다. 다양성은 기업의 생존, 경영 효율성 증가, 기업의 지속 가능한 성장을 돕는 주요 요소 중 하나로 보입니다.[8] 심지어 출생률 증가에도 긍정적 요인이라는 보고도 있습니다.[9] 그런데 왜 우리는 흔쾌히 성 평등을 위해 한 발을 더 내딛지 못할까요?

우연히 보게 된 사회역학자의 짧은 글에서 공감하는 부분이 있어 전합니다.

> 저는 데이터를 기반으로 세상을 해석하는 사람이기에, 한국이 성별 불평등이 심각한 나라이고 OECD 국가 중 여성이 가장 살기 힘든 나라인 것이 분명하다고 생각해요. 어떤 지표를 이용해도 결과가 달라지지 않아요. / 다만, 제 분야에서 캐나다나 유럽의 페미니즘 연구를 이해할 때 조심하려는 게 있는데, 당시 그 나라에서 남성들의 노동조건 등이 비교적 안전하고 안정된 위치였다는 거예요. 그런데, 한국은 남성들도 살기가 너무 힘든 나라에요. 대다수의 남성이 위험한 작업장에서 저임금과 고용불안에 시달리며 일하니까요. 한국 남성은 스스로가 기득권이라는 단어를 받아들이기가 너무 힘들어요. / 그런데 한국 여성들은 그런 한국 남성과 비교해서도 압도적으로 열악한 위치에 있는 거예요. 그게 데이터가 말하는 거예요. / 저는 남성이니까 여기 계신 남성분들께 말씀드리고 싶은 게 있다면 여성을 적으로 하는 싸움을 하지 마세요. 절대 그런 식으로 해서는 파이가 커지지 않고 남성들의 노동조건이 좋아지지 않아요. 그런 역사가 없어요. 잘못된 전략이에요. 당장 눈

에 보이지 않더라도 우리 삶을 망가뜨리고 있는 원인이 무엇인지 이해하고 그 구조를 겨냥하는 싸움을 하고 그 구조를 지속시키고 강화시켜서 궁극적으로 이득을 얻는 사람이 누구인지를 질문해야 해요.

- 《아픔이 길이 되려면》의 저자 김승섭 페이스북 170420 글

나는 위에서 남성이 여성이 처한 차별적 상황을 잘 인식하지 못하는 문제에 대해 지적했는데, 이 글을 읽으며 대한민국 남성들의 입장이 보다 잘 이해되는 측면이 있었고, 이 글을 읽는 남성도 공감하며 읽을 수 있지 않을까 생각했습니다.

누구는 어렵고 누구는 더 어렵습니다. 어려운 사람에게 더 어려운 사람 이해하라고 요구하는 꼴일 수 있다는 것이 안타까웠습니다. 그러나 그는 분명히 말합니다. 그럼에도 이런 상황을 만든 것은 여성이 아니고, 여성을 '적'으로 삼는 건 '잘못된 전략'이라고 말입니다. 사회구조적인 성격을 가지는 노동문제를 '을의 전쟁'으로 끌고 가선 안 되듯이, 젠더문제를 '성 대결'로 몰아가서는 안 됩니다.

군대 생각만 하면 울컥합니다, 역차별 아닌가요?

'이대남현상'이라고 들어보셨는지요. '이십대남자현상'의 줄임말입니다. 그렇습니다, 대한민국에서 20대 남성은 하나의 '현상'이 되었습니다. 언론매체들이 앞다퉈 이 현상을 분석했지요. 20대 남성들이 뭔가 집단적 특이성을 보인다는 것이 전제입니다.

그중 하나는 '보수성'입니다. 2020년 4월 총선에서도 20대 남자들은 30~40대보다 보수정당에 많이 투표했습니다. 젠더문제와 관련해서도 그들은 사람들의 기대(?)와는 달리 생각보다 보수적입니다. 20대 남성과 여성의 젠더 인식 차이는 상상 이상으로 커 보입니다.

'이대남'이 특정한 사유와 행위양식을 보이는 핵심적 이유 하나는 '박탈감'인 것으로 해석됩니다. 이십 대 남자들은 이렇게 생각하는 것 같습니다.

- 나는 나쁜 사람이 아니다.
- 나는 이성적이고 합리적이다.

- 나는 민주주의적인 사람이다.
- 나는 성평등주의자다.
- 나는 남성이어서 특별한 혜택 받은 것이 없다.
  그것은 아버지 세대의 일이다.
- 오히려 나는 남성이어서 적어도 가끔 역차별을 받는다고 느낀다.
  특히 군대.
- 이런 상황을 사람들이 알아주지 않는다.
- 그러면서도 사람들은 마치 내가 뭔가를 잘못하는 것처럼 말한다.

그래서 이대남은 화가 나있는 것처럼 보입니다. 이대남이 왜 그런 생각을 하게 되는지 이해할 수 있는 측면도 분명 있습니다. 그럼에도 아쉬운 부분이 있습니다.

우선 이대남뿐만 아니라 많은 사람이 범하는 실수 하나가 개인적 경험의 과도한 일반화가 아닐까 합니다. 물론 경험은 힘이 셉니다. 그러나 바로 그렇기 때문에 경험을 상대화시키는 훈련 내지 능력이 필요한 것입니다. 그것이 결여되면 나는 '나만의 세계'에서만 살 수 있을 것입니다.

예를 들어 이대남이 남성이어서 받은 특별한 혜택이 없다는 주관적 느낌은 '객관적' 사실이기도 할까요? 우선 2020년 기준으로 이대남이 태어나던 시기에도, 아니 그 이후인 2000년대 초반까지만 해도 셋째 아이에 가면 자연성비가 깨지는 것이 보입니다. 이것은 인위적인 개입이 있었으리라는 것에 대한 방증입니다. 즉, 일단 이대남도 여전히 남자여서 태어날 수 있었을지도 모른다는 겁니다!

이대남의 특성상 개인적 경험 상당 부분이 집과 학교에 머무르는 경우가 많은 것이 이대남현상의 이유 중 하나로 설명되기도 합니다. 집이나 학교에서는 상대적으로 집단적이고 구조적인 여성차별을 경험할 기회가 적었을 것이라는 말입니다. 특히 학교에서 여성과 경쟁하는 상황이 본인에게 특별히 유리하다고 생각하진 않았을 것 같네요. 그렇지만 물론 동일한 세대에 속하는 여성이 집이나 학교에서 하는 젠더 경험이 남성의 그것과 같거나 유사할지는 의문입니다.(누나나 여동생, 동료들에게 물어보기를 권합니다.)

물론 남성이어서 받은 불이익이나 불편, 있을 수 있습니다. 예를 들어서 아들로서의 책임감, 같은 경제적 상황에서도 데이트 비용을 더 내야 할 것 같은 압박 등등. 그 책임감과 압박의 유래와 정체에 대해서는 생각을 더 깊이 해야겠습니다만….(그리고 그것, 이제 내려놓을 수 있는 짐 아닐까요?)

이대남이 느끼는 박탈감의 결정적인 부분은 뭐니뭐니해도 군대입니다. 특별히 받은 것도 없다고 생각하는 상태에서 남성이라는 이유만으로 젊은 시절의 2년을 군대에 '바쳐야' 한다는 것은 부당하게 생각될 겁니다. 더구나 요즘 젊은이들이 애국심에 불타 기꺼이 군대를 가는 것으로 보이지는 않으니 말입니다. 가부장적인 책임감도 흐릿해졌습니다. 군대는 더 이상 '숭고한 의무'도 '거역할 수 없는 신화'도 아닙니다.

그 사이 적어도 제도적인 측면에서의 성평등은 어느 정도 이루어졌습니다. 어느 순간, 스멀스멀 질문이 머리를 듭니다. "군대를 왜 남성만 가야 하나?" 시선은 여성을 향합니다. 정황상으로도 이해가 되는 측면이 있습니다.

여기서 잠깐! 잊지 않아야 할 것이 있습니다. 남성만 군대를 의무로 가는 대한민국의 현재 상황을 여성이 만든 것은 아니라는 겁니다.(어떤 문제에 대해 때로는 '과잉 젠더화', 때로는 '과소 젠더화'가 관찰되는데, 군대 문제의 경우 전자에 해당한다고 생각됩니다. 젠더적으로 볼 수 없거나, 볼 필요가 없는 문제까지 젠더적 프레임을 들이대는 오류를 범하는 것 아닌가 우려됩니다.) 유래적으로 보면 여성은 군대를 안 가는 것이 아니라 못 가는 것에 가깝습니다. 내가 아는 한 여성이 군대를 가지 않겠다고 집단적 주장을 하거나 데모를 한 적은 없습니다. 지금도 많이 다르지는 않습니다만 남성이 지배세력의 대다수였던 시절, 여성은 군대라는 조직에 부적절한 성별로 여겨져 집단적으로 면제를 받은 '2등국민'이었고, 그런 관념은 적어도 부분적으로는 아직도 유효해 보입니다. 더 이상 가부장적 이데올로기로 무장되어 있지 않은 젊은이들이 이제 와서 보기에는 '왜 남성들만 군대를…'이라고 생각되겠지만 남성들만, 그것도 선택받은 '정상적'인 남성들만 군대를 갈 수 있(었)다는 것이 더 맞는 말일 겁니다.(불법이나 편법이 아닌 다양한 이유로 군대를 못 가거나 가길 거부하는 사람들이 있(었)습니다. 군대 갈 연령의 남성이 줄어들고 있는 요즘, 중졸이나 문신을 한 사람 등도 징병하자는 이야기가 나옵니다. 뒤집어 말하면 지금까지 그런 사람들은 군대를 가지 못했다는 겁니다. 건강상태나 장애로 인해 가고 싶어도 군대를 못 가는 이들도 있고, '종교적 양심' 등의 이유로 징집을 거부하며 옥살이를 자처하는 사람도 있습니다.)

그러니 앞뒤 맥락 없이 '여성은 왜 군대 안 가나? 여성도 군대 가라'는 식으로 얘기할 일은 아닙니다. 더구나 제반 조건이 확보되지도 않은 상태에서, 자발적으로 군대에 간 여성들조차 '2등 군인' 취급하는 분위기가 남아 있는데(여성군인들의 경험을 인터뷰한 결과물인 김엘리,《여자도 군대가라는 말》2021: 3~4장 참조) '너도 당해봐라' 식은 곤란하겠지요. 물론 군대가 더 이상 물리적 힘만으로 전쟁을 수행하는 시대도 아니고, 국가안보에 대한 시각도 바뀌고 있어, 실질적 성평등 상황이 전제된다면 여성 군대 문제에 대해 재론할 수 있다고 봅니다. 여성전투기조종사, 여성국방장관을 보고 싶은 마음이 있으면서 언제까지 이 문제를 '개인적 차원'에서만 다룰 수는 없을 겁니다. 현재까지는 헌법재판소가 남성만의 징집이 평등권을 침해하지 않는다고 보고 있지만, 2019년 한국여성정책연구원 설문조사에 따르면 여성의 53.7%는 여성도 군대 가는 데 동의한다고도 합니다.(중앙 210429) 그리고 군대를 가야 하는 남성의 생물학적 어머니는 여성입니다. 그러니 남성만 군대를 가는 현재의 상황이 여성에게 결코 강 건너 불구경일 수 없습니다.

그런데 논의의 왜곡을 막기 위해서는 군대 논의에서 젠더가 '기본문제'인지, 쟁점, 모순의 핵심인지 먼저 생각해 봐야지 않을까요? 군대 문제에 있어 가장 중요한 변수는 젠더가 아니라 국가(의 안보)입니다. 분단상황이라는 우리나라의 특수한 조건도 무시할 수 없습니다. 계층의 문제도 있습니다. 1999년 헌법재판소에서 군가산점제를 위헌 판결한 이유도 노동권의 평등 차원 확보 관련 문제의식이지 젠더 이슈와는 거리가 있습니다.(김엘리, 2021: 6)

그럼에도 이 사안이 젠더 문제로 '번역'내지 '변질'되고 '여성도 군대 가라'로 요약된 것에는 세태가 반영되어 있는 부분이 분명 있으나 잘못된 신호 내지 효과를 낳을까 우려됩니다. 군대를 젠더 문제로 끌고 가는 것은 타당하지도 않고 생산적이지도 않다는 것, 분명히 할 필요가 있습니다.

군대라는 주제에 있어 젠더 문제가 가장 중요한 변수처럼 취급되고, 이 부분이 가장 '시끄럽게' 논의되는 것은 일종의 '과대/과잉 젠더화'[10]이며, 논의의 흐름을 왜곡하고 정작 봐야 할 것을 보지 못하게 하는, 시선을 흐리는 '안개효과'를 가집니다.(이를 통해 정작 누가 어떤 '이득'을 얻는 걸까요?)

그러나 이 모든 것에도 불구하고, 위에서 잠시 언급했지만, 동시에 기억해야 하는 사실이 있습니다. 이대남 중 기꺼운 마음으로 군대에 가는 사람이 이제는 거의 없을 것이라는 겁니다. 이전 세대들은 나라와 민족을 위해서였건, 가족을 지키기 위해서였건, 가부장적 인습에 의한 것이었건 남성이 군대를 가야 하는 것을 당연하고 마땅한 의무이자 나아가 권리라고 생각했을 수도 있지만, 오늘의 젊은이들은 다릅니다. 이제 이대남은 왜 나만 나라와 민족을 지켜야 하는지 이해하지 못합니다. 군대는 피할 수 있으면 피하고 싶은 것이고, 신의 아들이 아니니 '어쩔 수 없이 행하는 의무'에 가깝습니다.

그러니 군복무기간이 점점 짧아지고 있고, 군생활도 여러 면에서 유의미한 개선이 이루어지고 있음에도 개인이 느끼는 주관적 무게는 가벼워지지 않고 있습니다. 그것을 우리 사회도 압니다. 여전히 군대를 가는 것은 의무이고, 의무에 대해서는 별도의 보상이 필요치 않음에도 불구하고, 군복무를 하는 사람들에게 무언가를 해줘야 한다고 느끼는 것이 그 방증입니다. 국가의 굉장히 게으른 전략이라고 생각되고 실효성도 별로 없고 앞서 말했듯 헌법재판소도 기각한 일입니다만 틈만 나면 군가산점 논의가 불거지는 것이 대표적인 예지요. 분단 상황도 문제이고 국가 재정도 문제라 시기를 장담하긴 어렵지만, 우리는 이미 현재의 징병제에 근본적 변화가 필요하고, 언젠가는 어떤 방식으로든 (부분)모병제 논의 쪽으로 갈 수밖에 없으리라는 것을 알고 있는지도 모릅니다.

어차피 가는 것이니 몸과 마음 건강하게 잘 지내고 오라고, 어떤 상황에서도 배울 것이 있지 않겠냐고, 그러니 가능한 한 긍정적인 성장 경험을 하고 돌아오길 원한다고 말은 하지만, 군대 가는 남학생들을 보는 선생의 마음도 편치 않습니다. 흔쾌한 마음으로 가는 길이 아닌 것을 알기에. 더구나 예전보다는 많이 나아졌다고는 하나 '군대'라는 매우 특이한 위계적이고 성별적인 조직에서 경험하게 될 '부조리'들이 젊은이들에게 어떤 상흔을 남기게 될지, 그것이 또다시 어떻게 군대 밖 사회에 부정적 영향을 미칠지 상상만으로도 괴롭기 때문입니다.(여성 징병이든 모병제든 진지하게 이야기를 하려면 군대라는 조직의 근본적 변화가 우선되어야 할 겁니다.)

군대 문제에 대해서는 여학생들에게도 하고 싶은 이야기가 많습니다. 군대에 대해 깊이 생각해본 적 있는지요? 남자형제나 남친이 군대 가는 것 마음 아프게 생각하는 정도 말고요. 군대라는 이슈가 청년들의 젠더 소통에 얼마나 왜곡되어 등장하는지 알고는 있지만, 군대에 대해, 국가에 대해 정면으로 진지하게 생각해주길 부탁합니다.

어쨌거나 결과적으로 여성은 군대라는 옵션을 선택할 수는 있지만, 의무로 이행해야 하는 것은 아닌 현실, 그러니 여성들은 군대에 대해 생각을 하지 않아도 되는 현실. 그런데 이 시간에도 또래 남학생들은 의무라는 이름으로 '희생'을 계속하고 있습니다. 그들이 만든 제도도 아니고, 그들이 더 이상 그 제도에 기꺼이, 흔쾌히 동의하는 것이 아닌데 말이지요.

남학생들에게 물어본 적이 있습니다. 연봉 얼마를 받으면 군대에 다시 가겠냐고. 1억 얘기하더군요. 1억이라는 숫자를 곧이곧대로 들을 건 아니라 하더라도 그 마음이 읽히지 않나요?

물론 앞서도 잠시 언급했듯 군대 문제라는 것이 간단한 일이 아니라는 것, 거시적 시각에서 다각적으로 신중하게 검토해야만 하는 일이라는 것, 압니다. 대한민국에서는 더구나. 그러나 그렇다고 해서 현재 주어진 의무를 이행하는 사람들이 말하는 큰 어려움을 외면해서는 안 될 것 같습니다. 다른 부분에서 여전히 여성들이 불이익을 보는 부분이 많은데, 그것은 외면하면서 왜 군대만 문제 삼느냐는 식으로 대응한다면, 계속 비생산적인 쳇바퀴를 돌 가능성이 높습니다.

일단 군대 문제에 대해서 인정할 부분은 인정하고, 같이 반걸음을 가야 한다고 생각합니다. '너도 군대 가라', '너도 애 낳고 키워봐라'의 무한 반복 수렁에서는 빠져나와야 하지 않겠는지요.

관련한 여학생들과 남학생들의 이야기를 공유합니다.

군대 문제를 이야기할 때 고개를 힘차게 끄덕이면서 몸을 앞으로 빼 집중하는 남성 학우들이 보였다. 왠지 뭔가 아니꼬운 감정이 올라왔다. 그런데 반대로 나의 반응에 대해서도 생각해보니, 여성 문제를 이야기할 때는 전적인 지지와 집중을 하지만 남성의 주제에 대해서는 공감을 하지 못하고 나도 모르게 선을 긋고 있었다. 조심해야겠다는 생각이 물씬 들었다. 지금까지 여러 차례 수업을 하고, 토론을 들으며 정말 여성과 남성 사이 존재하는 벽을 계속해서 마주하게 된다. 전제 자체에서 이미 출발이 너무 다르고, 그렇기 때문에 서로의 격차와 주장이 점점 벌어지는, 좁힐 수 없는 간극처럼 느껴질 때가 많았다. 그러나 선생님께서 이야기 해주신 것처럼 욕하지 말고, 싸우지 말고 견뎌본다면, 더디지만 조금씩 조금씩 자신과 다른 입장에 대해서도 알고 이해하게 되리라! (20 ㄱㅈㅇ)

　　선생님께서 생물학적 여성들이 군대에 대해 진지하게 고민할 필요가 있다고 하셨다. 일상에서 일어나는 크고 작은 일로 인해 생물학적 여성들에게 사소한 트라우마들이 박히듯, 많은 남학우에게 군대는 굉장한 상처일 것이고 간단히 얘기할 주제가 아니라고 하셨다. 나는 이 말에 굉장히 동의한다. 원래 나는 군대에 대해 아무 생각이 없었다. 이런 나의 생각은 '여학생들의 경우 군대 문제에 대해 생각을 안 한 경우가 많을 것'이라고 하셨던 선생님의 말과 일치했다고 본다. 그런데 남학우들이 2년 동안 군대를 가고 전역을 하는 과정을 모두 지켜보니 군대에 대해 꽤 깊이 생각해 볼 수 있었다. 군대에 가는 것은 힘든 훈련을 통한 육체적 피로나 고통뿐만 아니라 그들의 20대의 기회비용을 날려 버리는 큰 불이익이 있다. 또 군대를 가는 것은 남성들에게 의무이기 때문에 적절한 보상도 없다. 군대를 다녀와서 사회에 다시 적응해야 한다는 것 또한 그들에겐 부담이다. 그렇기 때문에 나는 군대란 것이 남성에게 정말 큰 하나의 위기로 다가오지 않을까 싶다. 그런 것에 대해 누군가가 쉽게 얘기해 버린다면 문제가 되지 않을까? 나 또한 내 어린 시절부터 남자들은 모두 군대를 갔으니 남자들은 마땅히 그래야 한다고 생각했다. 이런 생각들이 누군가에겐 얼마나 불편했을까? 나도 군대에 대해 많은 것을 알진 못하지만 최소한 그것에 대해서 가볍게 생각하지는 않아야 된다고 생각한다. (20 ㄱㅈㅇ)

　　택배기사 과로사 사건을 노동자 또는 근로자의 이슈로 바라보고 심각성을 인지하면서도 피해자가 여성인 것만큼 열렬히 관심을 가지지는 않았다. 피해자가 남자니까 관련 법이 재빨리 제정되고 물 흐르듯이 해결되겠지, 하는 자조 섞인 적당히 무관심한 태도를 보였다. 국민청원도 하지 않았다. 내가 비난하던, 여성의 문제에는 관심이 없는 남자들의 태도와 나의 태도가 다를 바 없었던 것이다. 이 사건 외에도 피해자나 주체가 남성이면 관심을 덜 보였던 적이 많았을 것이다. 지금까지는 의식하지 못해서 그랬다고 치더라도 문제를 인식한 지금부터는 현재까지의 태도를 견지해서는 안 될 것이다. 나와 직접적인 관련이 없는 문제라고 하더라도 나의 문제와 최대한 동일한 관심을 기울이려고 노력해야겠다. 그래야 나의 문제에도 다른 사람들이 관심을 가지고 지지해주지 않을까? 그렇게 관심과 지지라는 것이 돌고 도는 게 아닐까? 항상 내가 생각하지 못한 것을 성찰하고 바라보려고 노력하는 사람이 되어야겠다.

(20ㅎㅇㅎ)

나는 군대에서 발목 인대 파열을 당해 왼쪽 발목 인대의 70~80%가 없다. 이런저런 이유로 군대를 생각하면 좋은 이미지가 생각나지 않는다. 그래서 군대 이야기가 나오면 욱하는 기분을 받을 때가 있으며, 기끔 여지(대다수의 여성들은 그런 생각을 가지지 않을 것을 알고 있다.)가 군대 뭐 별거 있나라는 뉘앙스로 말을 할 때는 화가 난다. 그런데 이러한 감정을 젠더 문제에서 여성이 느낄 수 있다고 생각해보니 여성학우들의 기분을 조금이나마 이해할 수 있었다.

(20ㅅㅅㅎ)

잠재적 범죄자가 된 기분이라고요!

여학생들도 남학생들도 일상생활에서 느끼는 젠더적 불편으로 흔히 예를 드는 것이 밤길 걷기입니다. 여학생들은 밤길 안전이 큰 걱정이고, 남학생들은 밤길 안전도 안전이지만("남자도 무섭다"는 항변이지요. 그렇죠, 남성이 모두 슈퍼맨은 아니지요.) 잠재적 범죄자 취급받는 느낌이 불편합니다.

남학생들이 자주 예로 드는 것은 밤길에 앞에 가는 여성이 갑자기 빨리 걷거나 뛰는 경우입니다. 기분이 '엄청 더럽다'고 합니다. 그럴 것 같습니다. 쫓아가서 나는 당신에게 아무 관심이 없다, 나쁜 사람 아니라고 말하고 싶어질 것 같기도 합니다.

그런데 앞에 묘사된 상황에서 물론 앞에 가는 사람이 여성, 뒤에 가는 사람이 남성이어야만 하는 것은 아닙니다. 앞에 가는 사람은 어린이일 수도, 노인일 수도 또는 기분 나쁘다고 말했던 남학생 본인일 수도요. 한밤중 외진 골목에서는 누군가를 만나도 만나지 않아도 살짝 무섭습니다.(왜 한밤중에 외진 골목을 걷느냐는 질문은 하지 않으시기를요. 누구나 이런저런 사유로 그럴 일이 생길 수 있으니.)

밤길에 등 뒤로 누군가가 오는 것이 느껴지는데 그 타인에 대한 정보가 전혀 없는 상태에서 자연스레 방어적 태도를 갖게 되지 않을까요. 우리 모두 알고 있지 않은가요. 살인자, 강도라고 얼굴에 쓰고 다니진 않는다는 것을. 그리고 확인되지 않는 공포가 더 무서운 법입니다.

남학생들의 입장, 이해하기 어려운 것은 아닙니다. 극히 일부 남성의 범죄 때문에 아무 나쁜 일을 하지 않은 본인까지 잠재적 범죄자 취급을 당하는 것이 언짢지 않을 사람이 있을까요.

그리고 특정 범주에 속하는 사람들 전체를 잠재적 가해자로 단정하는 일은 대단히 조심해야 하는 일임이 분명합니다. 나도 평소에는 특정한 범주를 부정적으로 절대화하는 것에 대해 우려를 표명하곤 합니다. 특히 운명적 변수, 본인의 자발적 의지로 선택되지 않은 변수 아니 상수인 성별, 나이, 지역, 인종 등을 매개로 특정인들을 싸잡아 매도하는 것은 비논리적일 뿐더러 비윤리적입니다. 특정 직업 종사자들을 통틀어 폄훼하는 것도 궤를 같이 하는 일로 피해야 할 것입니다.

그런데 밤길 안전을 말하다 보면 조금 다른 결의 이야기를 하는 나를 발견합니다. 밤길에 일어나는 강력범죄 가해자의 다수가 남성이고 피해자가 여성이라는 '통계적 사실'(잠재적 범죄자 취급에 화가 나는 남성들도 그들이 아끼는 여성에게 밤길 조심하라 하고 집까지 데려다주거나 택시

번호를 적거나 도착하면 연락하길 부탁하거나 하지 않나요? 아끼는 남성에게도 그리 하는지요? 남성들도 알고 있는 것 아닌가요. 여성이 성별적 범죄의 피해자가 될 가능성이 더 높다는 것을.) 그리고 상대방에 대한 신뢰할 만한 정보의 부재가 합쳐지며 여성이 경험하는 공포. 이것은 순간에 일어나는 일이며 차분하게 얼굴을 마주 보고 앉아 이성적으로 설명할 수 있는 일이 아닙니다. 이 공포는 생명 위협 가능성까지 포함하고 있기에 가벼이 여길 수 없다는 점도 고려해야 합니다.

경험 하나 말씀드리고 싶습니다. 대낮 동네 산에서 홀로산행을 하다 나처럼 홀로산행을 하는 남성들을 띄엄띄엄 계속 마주쳤고 결국 발길을 돌려 내려온 경험이 있습니다. 그때의 일은 내게 '상처'로 남았습니다. 아주 낮은 동네 산이었고 대낮이었고 홀로산행을 하던 남성들 거의 모두 '선량한 시민'이었을 텐데, 나는 왜 길을 돌아서야 했을까. 오지는 아니더라도 꽤 많은 홀로여행 경험이 있는 나이고, 어릴 적부터 씩씩하단 소릴 듣고 사는 편인데 말입니다.

그때 감정은 슬픔, 그 비슷한 것이기도 했습니다. 세상에는 나쁜 사람보단 좋은 사람이 훨씬 더 많다는 믿음으로 살아왔고 산에 가는 사람치고 나쁜 사람 없다 떠들었는데, 그 믿음의 실체가 있나 싶었지요. 일면식도 없는 그분들에게 죄송한 마음까지 들었습니다.

그러나 목숨을 담보로 '도박'을 할 수는 없었습니다. 이미 공포는 와 있었고, 의지로 어찌 되는 것이 아니었지요. 남성들의 기분

나쁨, 이해가 됩니다.(이해한다는 말, 잘 안 쓰는 말인데 좀 쓰겠습니다.) 그럼에도 이해를 구하고자 합니다. 당신이 기분이 나쁘다는 감정을 느끼는 그 순간, 당신 앞을 걷고 있는 여성(다시 말하지만 이런 상황은 스스로 자신을 방어하기에 충분하지 않다고 느끼는 모두의 경우에 해당할 수 있습니다. 어린이일 수도, 노인일 수도, 장애인일 수도, 때로 당신 자신일 수도요.)이 느끼는 감정은 두려움일 겁니다. 물론 그것은 당신 잘못이 아닙니다. 당신에게 어떤 문제가 있는 것도 아닙니다. 그저 상황적 조건과 통계적 사실이 겹쳐지며 발현되는 문제상황입니다.

누구의 잘못도 아닌 이 문제적 상황에서 당신은 기분이 나쁘고, 상대방은 두렵습니다. 남성에겐 '언짢음'이라는 감정이, 여성에겐 물리적인 폭력에 대한 실제적인 위협 가능성이 있습니다. 양자를 동일 저울에 올려놓을 수 있을지요? 사회적 약자의 불안함과 공포가 생존의 문제라면, 이것을 사회적 강자의 정서적 불편함과 동일 선상에 놓을 수는 없지 않겠는지요. 상대방에게 감정이입을 좀 해줘도 되지 않을까요? 무게는 이럴 때 달라고 있는 것 아닐까요?

과장되었다고요? 모든 사건, 사고는 물론 확률입니다. 다만 그 일이 내게 일어난다면 그건 100%입니다. 그리고 강력범죄의 피해자 다수는 여성, 어린이, 노인이고, 성별적 강력범죄의 경우 그 비율은 훨씬 더 올라갑니다.[11] 남의 나라 일이지만, 선진국 독일에서조차 2020년 일어난 부부 사이의 살인 범죄 중 피해자의 80%는 여성이었습니다. 이런 상황에서 겁먹지 말라는 건장한 젊은 남성의 말은 위로가 될까요? 지뢰밭을 지나야 하는 사람에게 모든 지뢰가 다 터지는 것은 아니라는 말이 힘이 될까요?

상대방이 되지 않고도, 그 사람의 입장을 상상하고 나아가 공감 (emphathy)할 수 있는 것이 인간만이 가진 탁월한 능력. 그 좋은 능력은 이럴 때 쓰라고 있는 것 아닐까 싶습니다.
내 손톱 밑의 가시가 더 아픈 것이 인간사이긴 하나 당신 앞에 가는 여성이 느끼는 감정 상태를 '논리적'으로 이해할 수 있는 데까지 갈 수 있다면 참 좋은 일이겠네요. 좀 길지만 남성이며 백인인 사회학자 앨런 존슨의 책(2016: 342~344)에 나오는 사례를 인용해 보겠습니다.

몇 년 전 시원한 봄날 밤에 내가 겪은 일이다. 당시 나는 내가 살고 있던 작은 도시의 거리를 걷고 있었다. 어둑어둑해질 무렵이라 거리에는 사람이 많지 않았다. 길을 걸어가다 나는 반대 방향에서 걸어오는 젊은 여성과 마주쳤다. 처음 보는 여성이었지만 그 여성과 가까워지면서 나는 놀랍고 당혹스러운 일이 생겼다는 느낌을 받았다. 그리고 그때의 기억은 수년의 시간이 지난 지금도 생생하게 떠올라 나를 불편하게 한다. 우리가 서로 지나쳐 갈 때 그 여성은 고개를 떨어뜨리고 시선을 피하며 발걸음을 빨리했다. 다른 쪽으로 방향을 틀고 나와의 거리를 넓혔다. 그녀는 나와 최대한 떨어지려는 듯 몸을 움츠리는 것 같았다. 문득 나는 그 여성이 나를 두려워하고 있음을 깨달았다. 이렇게 좋은 날

평화롭게 거리를 걸어가고 있었을 뿐인, 그녀에게 해를 끼칠 의도가 전혀 없던 나를 말이다.

그렇지만 그녀의 반응은 내 의도와는 아무런 상관이 없다. 그녀의 반응은 내가 소속된 '성인 남성'이라는 사회적 범주와 관계가 있다. 세상에서 벌어지는 폭력의 대부분은 성인 남성이 일으킨다. 여성에게 폭력을 휘두르고 괴롭힘을 가하는 사람은 거의 모든 경우 성인 남성이다. 그 여성이 나에 대해 아는 정보는 성인 남성이라는 것뿐이었지만 그것만으로도 우리가 지나치는 그 짧은 순간 그녀가 불안을 느끼기에 충분했으며, 그래서 그녀는 걷고 있던 인도를 내게 넘겨준 것이다. 그것은 내가 바라는 바가 아니었으나 내가 원하는 게 무엇인지는 문제가 아니었다. 그것이 이 이야기의 사회학적 요점이며, 개인으로서 내가 가진 딜레마의 핵심이다.

(중략)

내가 한 번도 누군가를 성적으로 괴롭히거나 폭력을 휘두르지 않았다는 것은 사회학적으로 보면 의미 없는 사실이다. 그 여성이 '성인 남성'을 보며 연상하는 힘과 위협의 이미지는 우리 둘이 모두 참여하고 있는 남성지배적이고 남성지향적이며 남성중심적인 세계에 그 근원을 두고 있다. 폭력을 휘두르고 사람을 괴롭히는 '전형적인' 남성이란 없다. 따라서 나의 위험성을 알려 주는 지표는 없지만 내가 위험하지 않은 사람임을 보장해 주는 지표도 전혀 없다. 피해자가 될 가능성을 지닌 입장에 있는 그 여성 역시도 마찬가지다. 성적 괴롭힘과 폭력의 희생자가 되는 이들의 가장 큰 공통점은 그저 여성이란 것뿐이다. 간단히 말해 우리가 살고 있는 이 사회에서는 내가 남성이라는 사실만으로도 위협으로 간주되기에 충분하며, 그녀는 여성이라는 사실만으로도 피해자가 될지 모른다는 기분을 느끼기에 충분한 것이다.

당신 앞을 걷고 있는 여성은 당신을 무서워하는 것이 아닙니다! 당신에 대해 무엇을 안다고 당신을 무서워하겠습니까.

가끔은 우리가 어떤 범주에 속해 있다는 것 자체가 '특권'이 되기도 하고, 어떤 범주에 속해 있다는 사실 자체가 누군가에게는 '위협'으로 느껴질 수도 있다는 것에 대해 성찰적 사고를 한다는 것은 쉽지 않은 일입니다.

사회학 공부, 이럴 때 잘 써먹을 수 있습니다. 남성인 "내가 한 번도 누군가를 성적으로 괴롭히거나 폭력을 휘두르지 않았다는 것은 사회학적으로 보면 의미 없는 사실"이라는 것, "성적 괴롭힘과 폭력의 희생자가 되는 이들의 가장 큰 공통점은 그저 여성이란 것"은 개인으로서의 나와 사회적으로 위치 지워진 나를 구분하게 도와주고, 그 관계 안에서 벌어지는 일을 객관적으로 바라볼 수 있게 도와줄 겁니다.

당신 말이 다 맞다, 동의하신다고요? 그런데 그러니 여성은 한밤중에 돌아다니지 않는 것이 좋겠다고요? 음, 과연 그것이 최선의 대답일까요? 개인적 차원에서 조심할 수 있는 부분은 조심하자는 말까지 비판할 생각은 없습니다. 그러나 우리가 원하는 사회는 구성원 누구나, 언제나 안심하고 길을 활보할 수 있는 사회 아니던가요.

시각장애인에게 나다니지 말라고 하는 것이 부당하다고 생각하는 당신이라면, 시각장애인이 어려움 없이 이동할 수 있는 권리를 보장하는 것이 사회가 해야 하는 일이라고 믿는 당신이라면, 지금 당신 앞을 걷는 사람은 당신이 '착한 사람'이라는 것을 알 수 없으며, 상황을 판단할 수 없는 상황에서 막연한 불안감을 갖고 있으며, 그것은 때로 목숨을 담보하는 공포일 수도 있다는 것을, 그리고 그런 상황에 놓이게 되는 사람이 여성일 가능성이 높다는 것을 '논리적'(!)으로 이해해주길. 그리고 나의 기분 나쁨과 누군가의 불안감과 공포를 동일선상에 놓는 것이 타당한지, 모두의 안전한 밤길을 위해 내가 할 수 있는 일이 무엇인지 다시 한 번 깊이 고민해주길 바랍니다.

오늘 밤 당신 앞에서 서둘러 길을 재촉하던 그 여성, 바리스타인 그녀가 내일 낮에 카페 손님으로 방문한 당신과 정중한 대화를 나누고 있을지도 모르겠네요. 다시 말하지만, 밤길에 당신 앞을 걷던 여성은 당신 개인이 어떤 사람인지를 판단할 어떤 근거도 갖고 있지 않으며 당신을 범죄자로 여기는 것이 아닙니다. 당신이라는 사람을 두려워하는 것이 아닙니다.(그리고 또 한 가지! 목숨까지 위협받을 수 있다는 두려움에 떠는 사람들, 밤길에 '남성인 나'를 힐끗힐끗 보며 발길을 재촉하는 사람들. 그들은 다름 아닌 남성들의 어머니, 부인, 연인, 누나, 여동생, 친구, 동료들입니다.)

Chapter 4

일상 속 젠더 풍경

일상은 제도보다 힘이 세다는 것을, 일상을 바꾸는 일은 생각보다 훨씬 더 지루하고 고된 싸움이 될 수 있다는 것을 다시 한 번 확인하게 됩니다. 성고정관념은 오늘도 열심히 재생산되고 있습니다

고정관념에 대하여 1_
분홍색은 한때 남성의 색이었다!

가끔 깜짝깜짝 놀랍니다. 귀를 의심합니다. 예를 들면 2020년대 20대 젊은 엄마 입에서 나오는 "우리 아이는 여자아이라 공주옷을 좋아하고 분홍색 옷만 입어요" 같은 말 때문입니다. 그분이 생각 없다 말하는 것도 아니고, 거짓말을 한다고 생각하는 것도 아닙니다.

다만 일상에 스며든 어떤 고정관념들은 참 힘이 세구나, 쉽게 변하지 않는구나, 라는 생각을 하게 됩니다. 그리고 여자아이는 어떻게 공주옷과 분홍색을 좋아하게 되었는지, 여자아이는 모두 공주옷과 분홍색을 좋아해야 하는지, 그 여자아이가 공주옷과 분홍색을 좋아하지 않았다면 어땠을지, 아이 엄마는 그것 또한 자연스레 받아들였을지, 이런저런 생각이 꼬리에 꼬리를 뭅니다.

색에 대한 이야기를 좀 더 해보기로 하지요. 여성은 분홍색, 남성은 파란색이라는 도식은 언제 어떻게 만들어진 것일까요? 그 도식은 인간 유전자에 내장된 것일까요? 물론 인간도 동물이고, 유전자의 영향으로부터 자유롭지 못합니다. 그리고 어떤 측면에서는 유전자의 영향을 보다 강하게 받는 면이 있다고 생각합니다. 가끔 모습이나 성격이 그 부모와 너무 흡사해 아이와 부모를 서로 다른 기회에 알게 되었는데도, 놀랍게도 단박에 알아볼 수 있지요. 하지만, 여성은 분홍색, 남성은 파란색이라는 도식을 유전자 때문이라 설명하는 것은 무리가 아닐까요?

어떤 관념이 굳어져서 상식 비슷한 것이 되면, 그것으로부터 벗어나는 것은 이상하게 받아들여지고, 잘못된 것이 되기도 하고 더 나아가서는 크고 작은 '처벌'까지 받게 되는 경우가 있습니다. 일단 사람들은 더 이상 왜 여성은 분홍색, 남성은 파란색인지 묻지 않습니다. '원래' 그런 것이고, 당연한 것이니까요.

이런 상황에서 분홍색을 좋아하는 남성, 파란색을 좋아하는 여성은 자신이 좋아하는 색의 물건을 사기가 쉽지 않을 수도 있을 겁니다. 여성이 왜 분홍색을 좋아하지 않는지 사람들이 이상하게 생각한다고 느끼게 될 수도 있죠. 자기검열도 시작될 겁니다. 나는 여성인데, 왜 파란색이 더 좋을까, 내가 뭔가 좀 이상한 것일까. 나중에는 나도 모르게 분홍색을 여성의 색으로 받아들이고 있을지도요. 공기와도 같은 사회적 압력은 힘이 셉니다.

물론 색에 대한 집단주의적인 강박 비슷한 것은 오늘날 많이 옅어졌습니다. 그래서 내가 들은 20대 엄마의 말은 더 충격적입니다. 그리고 아직도 우리 일상 곳곳에서 '여성=분홍, 남성=파랑'의 고정적 이미지가 재생산되고 있다는 사실을 다시 한 번 인지하게 됩니다. 꼭 부모가 아니더라도 '온 사회'가 나서 성고정관념 교육에 몰두하는 것 같습니다. 이런 사회화 과정은 아주 성공적이어서 대여섯 살만 되어도 스스로 '성고정관념 전파자'가 되는 경우가 많습니다.

2014년에 태어나 이세민은 "모든 색을 좋아합니다. 핑크 빼고! / 어린이집 친구들이 핑크색을 좋아하라고 강요해요. / 예를 들어서 "야, 이세민! 너는 핑크 좋아해야 해! 여자잖아!" 이렇게 소리 지르면서요. / 그래서 핑크색이 싫어졌어요. / 그 외에는 다 좋아합니다"(2021: 21)라고 하네요.

이 책의 초고를 읽은 학생이 자신의 유치원 교육봉사 경험을 보태줍니다.

A(6세 여아): 선생님은 남자예요? 여자예요?
→ 왜 물어봤을까? 바로 이 몸이 숏컷을 하고 있기 때문이다. 짧은 머리를 한 할머니들을 보고는 성별을 묻지 않지만 젊은 여성의 숏컷에는 성별을 묻는 아이들. 그렇게 사랑스럽고 귀여운 아이들이 벌써 성고정관념에 허우적대고 있음에 심히 안타까웠다.

B(7세 남아): 선생님은 왜 남자 머리를 하고 있어요?
→ 역시 이 또한 내가 숏컷을 하고 있기 때문에 생긴 질문이라고 추측할 수 있다. 아니 명백하다.

C(6세 여아): 이 공룡(?)은 여자예요.

→ 왜 여자라고 했을까? 속눈썹이 있어서란다. 마스카라와 뷰러를 통해 아름답게~ 속눈썹을 펼친 여성상….

D(6세 남아): 선생님은 왜 남자 옷을 입어요?

→ 왜 물어봤을까? 바로 내가 무채색 옷, 검정색 반팔 티셔츠와 남색 반바지를 입고 갔기 때문이다. '왜?'라고 물어봤더니 D의 답변, 검정색은 남자 색깔이란다. 나는 은은하게 미소를 지으면서 '에이, 아니에요. 색깔에 여자, 남자가 어디 있어요'라고 답해주었다. 과연 아이는 이 말을 이해했을까?

애고, 이를 어쩌나 싶었습니다. 놀랍게도 지금은 2022년입니다. 일상은 제도보다 힘이 세다는 것을, 일상을 바꾸는 일은 생각보다 훨씬 더 지루하고 고된 싸움이 될 수 있다는 것을 다시 한 번 확인하게 됩니다. 성고정관념은 오늘도 열심히 재생산되고 있습니다.

영화배우 봉태규는 핑크색을 좋아하고 공주가 되고 싶어하는 자신의 아들에 대해 "응원하고 지지해주려 한다. 중요한 건 사회가 만들어놓은 기준이 아니라 시하의 행복"(중앙 191205)이라 했지만, 나는 그의 아들이 자라며 알아서 핑크색을 싫어하고 공주가 되고 싶어했던 자신을 부끄러워하게 될 것이라는 슬픈 짐작을 합니다. 부디 내 짐작이 어긋나길 바랍니다. (요즘엔 뒤집힌 상태로 문제가 생기기도 합니다. 색에 대한 고정관념을 깨야겠다는 생각이 있는데 마음대로 되지 않아 모종의 '죄책감'을 느낀다는 거죠. 난 여성이고 분홍색이 좋은데 그러면 안 될 것 같은….

그런데 이것도 재밌는 가정인데, 파란색이 좋은 남성이 이런 종류의 '죄책감'을 가진 경우, 본 적 있으신지요.)

수업에서 만난 남학생들만 해도 상당수는 분홍 계통의 의상을 부담스러워 했습니다. 그중에서도 특히 더 여성스러운 것으로 간주되는 '꽃분홍색' 옷을 입고 수업에 와보길 권하면, 기겁을 합니다. 마치 타고난 '본성'에 어긋나는 일을 하라는 것처럼요. 설사 본인은 입을 수 있다 생각하더라도 놀림감이 될 수 있다는 생각을 하지 않을까요. 요즘의 여성 젊은이들이 파란색 옷에 대해 어떤 거부감도 갖고 있지 않은 것과 비교해보면 살짝 의외이기도 하죠.('지체'는 사회 곳곳에서 관찰됩니다.)

한 남학생은 "나는 빨간색이 좋다. 그런데 파란색도 좋다. 분홍색은… 좀 부담스럽다. 하지만 길거리에 분홍색 옷을 입은 남자를 본다고 욕하진 않는다"라고 하더니, 갑자기 "사실 욕할 것 같다. 그렇다. 이렇게 편견을 인지함에도 가슴속에서 스멀스멀 올라오는 이 거부감을 떨치기 힘들다는 것이 오랫동안 박힌 인식의 무서움인 것 같다. 어디서부터 어디까지를 바꿔야 할지 아직은 잘 정리가 안 된다"(20ㄱㅇㅎ)고 고백 아닌 고백을 합니다.(이런 인식은 아주 좋은 첫걸음이지요!)

적어도 색에 관한 한 남성들의 선택지가 훨씬 적다 할 수 있습니다. 재미있는 것은 많은 남성이 아직은(!) 그것을 문제상황이라거나 박탈이라고 생각하진 않는 것 같다는 겁니다. 남성은 이러이러하다, 그리고 그것이 당연하다는 관념에 상대적으로 강하게 물들어있기 때문으로 보입니다. 그러나 이 또한 사라지는 중입니다. 남성 연예인들이 핑크색 슈트를 입기 시작한 것을 보니 생각보다 가까운 시일 내에 우리는 길거리에서 분홍색 의상을 입은 남성들의 물결을 보게 될 수도요. 패션 트렌드 분석가 이정민에 의하면 핑크색에 대한 해석이 "주변의 시선에 연연하지 않고 자기 주장을 드러내는 상징적 색"(중앙 190507)으로 바뀌는 중이라니….

아, 그리고 혹시 아시나요? 100년 전 영국에서 분홍색은 남성의 색이었다고 하더군요. 분홍색은 단호함과 진취성의 상징이었기 때문이었다 합니다! 특정한 색에 특정한 상징이나 의미를 담는 행위는 인류 역사상 오래된 일입니다. 그것은 '나쁜 일'이 아니며, 되려 특정한 사유체계를 표현하는 아주 간단하면서도 훌륭한 방법 중의 하나입니다. 그래서 더욱 '여성=분홍색, 남성=파란색'의 경직된 도식이 오늘에도 유효하다는 것이 살짝 의아하면서도 안타깝게 느껴집니다.

덧댐 ....
캐나다에서는 매년 2월 마지막 주 수요일 '핑크 셔츠 캠페인'이 열립니다. 2007년 당시 9학년(중 3)이던 남학생이 분홍 셔츠를 입고 왔다는 이유만으로 괴롭힘과 폭행을 당한 후, 같은 학교 12학년(고 3)이었던 남학생 두 명의 제안으로 시작된 '핑크 셔츠의 날'입니다. 이런 캠페인이 소위 선진국 캐나다에서도 아직 필요하다는 것이 안타깝기도 하지만, 이 캠페인 우리나라에서도 해야 할 것 같습니다.

고정관념에 대하여 2_
"치마, 입고 싶은 생각 1도 없습니다만"

치마를 좋아합니다. 치마를 입는 날이 3/4은 되는 것 같습니다. 여름철에는 거의 늘 치마를 입습니다. 편하고 시원하다 느낍니다. '여성성' 뭐 이런 것하고 별 상관은 없고 기능적인 측면에서 선호하지요.

여성들끼리는 여름에 원피스만큼 편하고 시원한 옷이 없다는 얘기도 종종 합니다. 그런데 젊은 여성들은 보통 바지를 훨씬 선호하는 것으로 보입니다. 수업시간에 보면 바지를 입은 여학생이 보통 4/5를 넘는 것 같습니다.

가끔 남학생들에게 묻습니다. 여름엔 치마가 바지보다 훨씬 시원하다고. 혹시 치마 입고 싶지 않냐고. 치마를 못 입는 것이 아쉽지 않냐고. 남학생들의 살짝 어이없다는 표정은 '아니 뭘 저런 걸 질문이라고 하시지…' 이렇게 말하는 듯합니다.

거기서 한 발 더 나가 이리 묻기도 합니다. 여학생들은 치마도 바지도 입지 않냐, 남학생들은 실질적으로 선택권이 없는 셈인데 그것을 차별이라고 볼 수도 있지 않을까? 그럼 꼭 한두 명은 이리 말합니다. '원하지 않는데요. 원하지도 않는데, 무슨 차별을 얘기할 수 있겠습니까'라고요.

아마 그 학생들은 남성이 치마를 못 입는 것이 아니라 당연히(!) 안 입는 것이라 생각하겠지요. 아니 치마를 입을 수 있다는, 입고 싶다는 생각조차 해보지 않은 비율이 95% 정도 되지 않을까요?

하지만 진짜 그럴까요? 남성들은 원래, 워낙 타고나기를 치마를 싫어할까요? 한여름에 시원한 치마를 경험하고 나면 다르게 생각을 할 수도 있지 않을까요? 밝고 화사한 색상의 옷을 마다하지 않는 남성들이 늘어나는 것처럼, 귀걸이를 하는 남성이 늘어나는 것처럼, 남성 화장이 더 이상 이상하게 받아들여지지 않는 것처럼, 치마 입는 남성도 조만간 길거리에서 보게 되지 않을까요?

그럴 것이라고 생각합니다. 지금이야 불편한 것 없다, 그런 것 바라지 않는다, 말도 안 된다고 생각하는 남성이 많겠지만, 더 말도 안 되는 일 중 현실화된 것이 엄청 많은 것을 보면 그건 정말 별일도 아니지 않을까요?

우선 여성에게 금기였던 바지 이야기로 돌아가 보지요. 여성들은 왜 바지를 입기 위해 '투쟁'해 온 것일까요? 오랫동안 여성에게는 바지가 금기였습니다. 직접적인 처벌과 연결되어 있지는 않았으니 금지는 아니라 하더라도, 실질적 금지사항이었다고 할 수 있습니다. 여성이 바지, 특히 바지 정장을 입고 공식석상에 서는 것은 몇 십 년 전만 해도 대단히 낯선 일이었습니다.

모든 금지(또는 금기)가 차별로 바로 연결되는 것은 아닙니다. 예를 들어 청소년 흡연과 음주 금지는 청소년 보호라는 대의로 아직은(?) 정당한 것으로 받아들여집니다. 타인의 권익을 침해하는 권리에 대한 금지의 경우도 그렇습니다.

그런데 여성의 바지 금기는 무엇에 근거한 것이었을까요? 여성을 보호하기 위한 것이었나요? 여성의 바지입기가 누군가의 권익을 침해하나요? 소위 시대적으로 형성된 '여성다움' 위반 외에 다른 이유를 찾을 수 있으신지요? 나는 찾지 못했습니다. 그리고 그 여성다움의 기준이 언제 어떻게 누구에 의해 만들어졌는지에 대한 질문 또한 해야 한다고 생각합니다. 암튼 여성들은 당시의 상식(편견)에 도전했고 결국 기능적인 편리함이 있는 바지를 입을 수 있는 권리를 얻어냈습니다. 여성이 바지를 입는 것은 '의심되지 않는' 일상이 되었습니다.

그런데 여기서도 '지체'가 관찰됩니다. 지금도 여전히 다수 중고등학교 여학생의 교복은 치마, 남학생의 교복은 바지인 것이 그중 하나입니다. 겨울에는 바지를 입을 수 있게 한 학교도 있고, 교복 치마 밑에 운동복을 겹쳐 입는 경우도 많다지만, 암튼 이런 규칙은 일상과는 괴리가 있습니다. 또 하나 흥미로운 지체는 여학생들의 태도에서 보입니다.

여학생들이 밝은 모습으로 어깨동무를 하고 있는 대학 졸업식 사진을 신문에서 본 적이 있습니다. 사진을 보면서 내 눈에 들어온 것은 그들 모두가 치마를 입고 있다는 것이었습니다. 그들 스스로도 그 사실을 인지하고 있었을까요? 평소에는 바지를 더 선호하는 여학생들이 왜 졸업식에는 거의 100% 치마를 입고 나타나는 것일까요?(여전한 현실입니다.)

특별한 날 아니냐고요? 왜 특별한 날에는 치마를 입어야 하는지요? 그렇다고 믿는 그대, 혹시 '아무리 세상이 변했어도 프로포즈는 남성이 해야지'라고 생각하나요? 팔짱은 여성이 남성에게 끼는 것이라 생각하나요? 여성이 호감을 먼저 표현하는 것은 자존심 상하는 일이라고 생각하나요? 왜죠? 생각해보시길요!

여학생들이 어느 특정한 날 갑자기(!) 집단적으로 치마를 입고 나타난다는 사실(심지어 새로 옷을 장만하기도 하지요.)을 비난할 의도는 물론 없습니다. 다만 이들이 졸업식날 무의식적(!)으로 치마를 입지는 않았으면 좋겠습니다. 치마건 바지건 입고 싶은 옷을 입으면 됩니다. 다만 우리가 언제 어디서 무엇을 입고 싶어 하고 입어야 하는지는 내 착각과 달리 100% 자유의지는 아닐 수도 있다는 것. 우리의 아주 사소한 말과 행위 안에도 '젠더의식'이 스며들어 있을 수 있다는 것. 그것을 바꾸는 일은 어쩌면 사회의 제도와 구조를 바꾸는 것보다 더 어려운 일일 수도 있다는 것을 기억했으면 합니다.

다시 남학생의 치마입기로 돌아오지요. 여성이 치마와 바지 둘다 자유롭게 입을 수 있는 세상이지만, 치마는 여전히 여성스러움의 상징으로 남아 있고, 그런 구시대적 인식은 여성과 남성 모두에게 살아남아 있습니다. 그렇다면 남성스러움을 증명해야 하는 남성은 치마를 입을 수 없는 것일 수도요.

그들 생각엔 아직도 어디 남자가, 왜 남성이 치마입기를 바라야 한다는 것인지, 그것에 대해 생각이라는 것을 해야 하는지 어이가 없을지도요. 그러나 이미 여름이면 조금씩 얘기가 돌아다닙니다. 치마가 바지에 비해 얼마나 시원한지. 극소수의 남성은 치마를 입고 싶다고 말하기도 하지요. 물론 지금 당장 실천하기는 쉽지 않겠습니다만….

하지만 스코틀랜드 전통 복장 기억하시지요? 그거 치마 아닌가요? 우리나라 전통 남성 의상 중에도 지금의 눈으로 보면 치마처럼 보이는 것도 있지 않나요? 근대사회에서 남성에게 치마라는 의복이 다른 누군가에 의해 금지당한 것이 아니라, 어찌 보면 스스로의 남성다움을 규정하는 과정에서 만들어진 것이라 아직까지는 남성이 그것을 '박탈'로 느끼지 못할지 모릅니다. 그러나 어떤 이유에서건 치마를 입고 싶은 남성들이 많아질수록 그것 또한 '차별'로 여겨지게 될 가능성이 있지 않을까요?

귀걸이도 이미 그런 과정을 지나왔습니다. 십수 년 전만 해도 남성의 귀걸이 착용은 아주 낯선 것이었고 심지어 배척되지 않았나요? 여전히 아주 일반적이지는 않지만 남성의 귀걸이는 비교적 연착륙을 한 것 같습니다. 물론 재미있게도 귀걸이의 종류에 따라 보다 쉽게 용인되는 귀걸이가 있고, 그렇지 않기도 한 것 같습니다만….(귀걸이에도 남성이 착용하기에 적절하다고 여겨지는 특정 모양과 크기가 있는 거지요! 누가 어떻게 정한 기준일까요?)

다른 이야길 좀 해보죠. '사내는 울면 안 된다'는 오래된 말, 지금도 종종 쓰입니다만, 현재의 20대는 이 말에 대해 아마 이중적 마음을 갖고 있지 않을까 합니다. 한편으로는 그 말에 어느 정도 세뇌되어 스스로 자유롭지 못한 부분도 있을 것 같고, 다른 한편으로는 남성에게만 이런 것이 요구되는 것은 부당하다고 생각하는 부분도 있을 듯요.

남성들끼리의 손잡기 얘기를 조금 해볼까요? 경험상 보면 이 부분에 대한 남학생들의 거부반응이 제일 격합니다. 무슨 말도 안 되는 소리를 하느냐는 표정이지요. 그러나 지금까지 해 온 이야기에 비춰보자면 여성들 사이에서 허용되는 일상적인 스킨십이 남성들 사이에는 금지되는 것은 어떤 사회적 명분도 없는 일입니다. 그저 '어디 남자가'. 그것 외에 다른 합리적 이유가 있는지요? 설마 유전자에 각인되어 있다고 생각하시는 것은 아니겠지요?(궁금증 하나! 남성끼리 손잡고 다니는 게 비정상적으로 보이는 것은 몇 살부터일까요? 혹시 아시는지요?)

물론 성인 남성끼리 손을 잡고 다니는 것은 성정체성 문제와 결부되어 이해되는 관념이 이미 형성되어 있어서 일부 사람들이 쉽게 받아들이기 어려운 지점이 있을 수 있지만, 논리적으로만 보자면 남성이 치마를 못 입고 남성이 서로 손을 잡고 다니지 못하는 것은 남성이어서 울면 안 되고 남성이어서 귀걸이를 하면 안 된다는 고정관념과 무엇이 어떻게 다른지 나는 모르겠습니다.

심지어 그것이 결과적으로 남성의 '권리'를 침해하는 부분이 있다고 생각합니다. 다른 사람에게 피해를 끼치지 않는 한 보다 많은 자유를 보장하는 방향으로 사회가 이동하기를 우리가 바라고 있는 것 아닌가요?

남성도 울어도 되고 귀걸이를 해도 이상하지 않은 세상이 되었습니다. 그리고 이제 치마 입은 남성들, 성적인 의미가 있든 없든 서로 손을 잡고 다니는 것으로 상대방에 대한 친밀감을 표현하는 성인 남성들, 그리고 자연스레 여성의 팔짱을 끼는 남성들을 곧, 생각보다 빨리(!) 길거리에서 보게 되지 않을까 내심 기대하고 있습니다.

고정관념에 대하여 3_
성폭력 피해자=여성?
성을 파는 사람=여성?

성폭력 피해자를 부녀(婦女)가 아닌 '사람'으로 적시하게 된 것은 2013년 법 개정 이후의 일입니다. 우리 사회에서 일종의 '지체현상'이 여기서만 관찰되는 것은 아니지만 놀라운 일 아닌가요? 성폭력 피해자의 다수가 여성인 것은 안타깝게도 예전이나 지금이나 변하지 않았습니다. 그러나 소수의 남성 피해자 또한 예전에도 존재했고 지금도 존재합니다.

그럼에도 남성 성폭력 피해자는 오랫동안 우리의 시선에서 가려져 있었습니다. 남성이 성적 피해자가 될 수 있다는 생각을 하지 못했던 것일까요? 더 정확히 말하면 그런 생각을 하고 싶지 않았던 것은 아닐까요? 남성을 '보호의 대상'으로 생각하는 것은 낯선 일이었습니다.

뒤늦게 법적으로 그 존재가 가시화되긴 했지만 여전히 남성 피해자들은 성폭력 피해로 인한 상처에 더해 남성이 얼마나 못났으면 성폭력의 피해자가 되었냐는 편견까지 견뎌내야 합니다.

　수업시간에 남학생들이 자신이 겪은 성희롱, 성추행 등에 대해 어렵게 말을 꺼낼 때가 있습니다. 식당 알바를 할 때 함께 일하는 아주머니들이 아들 같다며 아무렇지도 않게 엉덩이를 툭툭 쳤던 경험, 학교에서 선배에게, 군대에서 선임에게 성희롱을 당했던 경험….

　불쾌했고 문제를 제기하고 싶었지만 '남자여서' 내색을 하기가 어려웠다고 합니다. 그까짓 것, 별거 아닌 일을 시끄럽게 만드는 '쪼잔한 남자'가 될까봐 두려웠고, 학교에서 왕따를 당할까 걱정되었고, 군대라는 '억압적 집단'에서 침묵할 수밖에 없었답니다.

　남성뿐 아니라 성소수자, 노인, 장애인에 대한 성폭력 문제 또한 충분한 관심을 받지 못하고 있고 수면 아래 가라앉아 있는 부분이 많을 겁니다.

　숫자가 적다고 해서 문제가 아닌 것은 아닙니다. 더구나 피해자이면서 남성, 성소수자, 노인, 장애인이어서 겪는 추가적인 고통까지 있다면 우리 사회가 좀 더 깊은 관심을 기울여 살펴야 한다고 생각합니다.

　젠더적 고정관념이 강하게 작용하는 또 하나의 예는 '성판매자=여성' 간주하는 데서도 찾아볼 수 있습니다. 성매매여성이라는 말은 자연스럽게 들리지만 성매매남성이라는 말은 낯설지 않으신가요?(그런데 사실 성매매라는 것이 성을 사고파는 일을 통칭하는 용어니 성매매 여성 또는 남성이라는 말은 적절하지 않아 보입니다. 물론 성판매자, 성매수자라는 표현을 불편하게 생각하는 분들도 있을 겁니다. 성을 사고팔 수 있는 것으로 보는 시각 자체가 불편할 수도 있고, 성매수자라는 표현은 현상적으로 받아들이면서도, 명백한 약자라 볼 수 있는 성을 파는 사람을 무색무취 '판매자'로 부르는 것이 불편할 수도 있겠습니다. 성노동이라는 입장에서 이 문제를 바라보는 이도 있지요. 토론이 필요한 문제입니다만, 일단 여기에서는 성을 상품처럼 사고파는 행위가 존재하는 상황에 기초해 조심스레 이 용어를 사용하겠습니다.)

암튼 수업시간에 보면 여학생이든 남학생이든 보통 '성판매자=여성'으로 간주하고 있다는 것을 확인하게 됩니다. 거의 자동반사적으로 그리 합니다. 왜 그런 말을 사용했냐고 물으면 그때서야 아차, 하지요. 성판매자의 다수가 여성이고, 성매수자의 다수가 남성인 것은 역사적으로 거의 예외가 없는 것으로 압니다. 그러나 물론 100%는 아닙니다, 남성 성판매자도 여성 성매수자도 있습니다.

그러니 성판매자 모두가 여성, 성매수자 모두가 남성인 것으로 가정해 논의를 하는 것은 피해야 할 일이라 생각합니다. 사실에 부합하지 않는 고정관념 중 하나입니다. 게다가 이런 고정관념으로 인해 생기는 사각지대에서 '그늘의 그늘'로 남아있는 사람들이 있을 것이기에(성판매 남성뿐 아니라 레즈비언, 양성애자, 성전환자 등) 그냥 간과할 수 없는 일입니다.(성매매 문제에 대한 보다 자세한 논의는 다른 꼭지에서 다루도록 하겠습니다.)

양육비 관련 피해자 또한 모두 여성일 것으로 가정되는 경우가 많습니다. 이 또한 양육의 1차적인 책임을 여성이 진다는 고정관념의 결과일 수 있을 겁니다. 그런데 양육비 관련 실제 피해자의 20%는 남성이라고 합니다. 여러분은 어떻게 생각하셨는지 모르지만, 나는 생각보다 비율이 높아 처음에 좀 놀랐습니다. 어쩌면 우리 사회는 이미 많이 변화했는데, 우리가 보고 들으려 하지 않았던 것 아닌가 반성했습니다.

어떤 면에서든지 간에 고정관념으로부터 벗어나려는 노력은 늘 중요하다 생각합니다. 고정관념은 사실 또는 현실을 적어도 어느 정도 반영할 수 있으나 늘 그런 것은 아니고, 그것에서 벗어난 사유를 막아서는 큰 단점을 갖고 있습니다. 사실 내지 현실은 거의 언제나 생각보다 복잡하고 미묘합니다. 부당한 단순화와 일반화의 유혹으로부터 벗어나는 지름길 중 하나는 고정관념을 말랑말랑하게 하는 일입니다.

여성은 소심하다?
여성은 세심하다?

수업시간에 가끔 여학생들에게 물어봅니다. 여성은 남성보다 소심하다는 말에 동의하는 사람? 다시 묻습니다. 여성은 남성보다 세심하다는 말에 동의하는 사람? 신기하게도 거의 늘 후자에 더 많은 학생이 손을 듭니다.

소심하다는 말에는 어딘가 부정적인 뉘앙스가 있는 반면, 세심하다는 말은 긍정적으로 들리지요? 여성이 세심하다는 말에 여학생들이 보다 많은 긍정적 의견을 표하는 것은 아마도 이 단어에는 부정적인 낙인이 따라붙지 않기 때문일 것 같습니다. 그러나 조금만 더 생각하면 뭔가 이상합니다.

전자에 동의하지 못하는 사람은 후자에도 동의하지 않아야 한다고 생각합니다. 논리적으로 말이죠. 범주에 따른 집단적 특성이나 차이가 존재할 수 있다는 것에는 나도 동의할 수 있습니다. 그러나 그것이 부정적 의미에서 단정되는 것에 대해 동의할 수 없는 사람이라면, 긍정적 의미에서 단정적으로 묘사되는 것에 대해서도 동의할 수 없어야 하는 것이 맞다고 봅니다.

소심하다면 발끈하고, 세심하다면 반색을 해야 할까요? 여성이어서 소심하다는 주장이 문제가 있다고 생각된다면, 어떤 이유로 여성이어서 세심하다는 주장이 긍정될 수 있는 것일까요?(대구 폐렴이란 말이 적절하지 않다면, 우한 폐렴이란 말 또한 적절하지 않아야 하지 않을까요? 대구랑 우한이랑 상황이 똑같지 않다고요. 예, 그렇게 생각할 수 있을 듯요. 그럼에도 범주적 일반화와 절대화를 통한 낙인이라는 동일한 메커니즘을 보여준다고 생각합니다.)

같은 맥락에서 예를 들어 '코로나19 상황에서 전세계적으로 여성적 리더십이 빛났다'는 식의 기사 제목을 좋아하지 않습니다. 여성적 리더십이란 네이밍은 보통 여성이 집단적으로 공유하는 것으로 여겨지는 어떤 긍정적 특성을 전제로 합니다. 그래서 또 다른 기사에서는 '여성의 세심하고도 포용적인 리더십의 승리', 이런 제목을 달기도 하더군요.

재밌는 기사도 봤습니다. 기사의 제목은 "위로 메시지, 어린이 회견… 코로나 '여성 리더십' 달랐다"였는데, 내용 중에는 "코로나19 사태 초기에 적극적이고 단호하게 대처한 사람은 대부분 여성 지도자"라는 인용문도 있습니다.(중앙 200424) 음, 그럼 따뜻하고 수평적이면서도 적극적이고 단호한 것이 여성 리더십의 내용이라는 것, 맞지요? 완벽하군요!

그런데 말입니다, 특정한 성을 부정적으로 낙인을 찍는 것보다야 긍정적으로 묘사하는 것이 나쁘지 않아 보이지만, 논리적으로는 동일한 구조를 가지고 있는 언명이고 좋아할 일만은 아닙니다. 어떤 부정적인 특성을 특정 성별에 귀착시키는 것이 논리적으로 부당하다면, 긍정적인 특성 또한 특정 성별에 배타적으로 속해 있다 보는 것 또한 논리적으로 타당성을 인정받기 어렵지 않을까요?

그리고 이 또한 궁극적으로는 또 다른 배제의 메커니즘으로 작동할 여지가 다분합니다. '여성이라면 세심해야 한다'까지 갈 테니까요. 남성의 세심함은 그 사람의 개인적 특성으로 여겨지지 않고, 여성스러운 것으로 여겨질 테니까요.

> 한 개인에 대한 미화나 폄하는 그 기능에 있어서 동일하다. 각 개인이 지닌 실제의 모습이나 개별성(singularity)을 보지 않으며, 개인들 사이에 존재하는 각기 다른 이질성(heterogeneity)을 외면하고 부정적 기능을 하기 때문이다. (중략) 한 인간을 개별적 존재로 보지 않게 하는 그 장치 자체가, 바로 한 존재에 대한 폄하의 정치다.
>
> - 강남순, 중앙 210617

여성성 또는 남성성이라고 하는 것이 과연 무엇인지, 그리고 그것을 긍정적이든 부정적이든 간에 일반화, 절대화하는 것이 어떤 인식론적 결과를 낳는지 더 깊게 고민해봐야 할 것입니다.

이런 태도는 존 그레이의 저서 《화성에서 온 남자, 금성에서 온 여자》에서 전형적으로 보여지는데, 소위 '젠더 프로파일링'(gender profiling, 노골적인 성 고정관념)이라는 이분법적 사고는 관계를 폭력적 기반에 올려놓습니다. "여성과 남성의 고유한 본성(그리고 역할)에 대한 진부한 가정들로 가득한 세계에서 살아갈 때 우리는 어떻게 관계를 맺어야 하는지 잃어버림으로써 진정한 관계를 맺을 가능성 자체를 잃어"버리게 되기 때문입니다. 더구나 젠더 프로파일링은 필연적으로 "성차별주의를 조장"합니다. "이분화된 양자 가운데 하나가 나머지 하나보다 우월하다고 암시하는 것이 이분법적 사고의 속성"(루티, 2017: 285~286)이기 때문입니다.(예를 들어 젊은이와 노인의 구분, 백인과 흑인의 구분 또한 '결백하지'않습니다.)

> "무엇이 남성과 여성을 다르게 만드는가에 시선을 고정할수록, 우리는 (중략) 타인의 특이성을 볼 수 없게" 되고, "좁은 시야를 통해 사람들을 판단하려는 유혹에 빠지고, 그 결과 어떤 한 사람이 남성 또는 여성 외의 다른 무엇이 될 수 있는 천 가지 이상의 방식을 놓치게" 됩니다.
>
> - 루티, 2017: 284

《나는 과학이 말하는 성차별이 불편합니다》의 저자 마리 루티는 말합니다. (진화심리학이 말하는) 젠더 프로파일링은 문화와 과학이 만든 판타지라고. 그리고 우리가 타인과 보다 윤리적인 관계를 맺길 원한다면 우리에게 필요한 능력은 이분법적인 단정이 아니라 "불투명하게 남아 있는 부분을 인내"(2017: 288)하는 능력이라고 말입니다.

덧댐 ....

참, 내가 생물학적 여성이라는 것을 의심해본 적 없지만, 때로 소심하고 때로 씩씩하다고, 때로 세심하고 때로 덜렁댄다고 생각합니다. 그리고 열심히 노력 중이긴 합니다만 포용성하고는 거리가 좀 있어 보입니다. 나름 고집이 있는 편이라서요. 그렇다고 내가 여성이 아닌 것은 아니겠지요?

여성성 또는 남성성,
타고날까요? 길러질까요?

한 남자가 벨파스트의 어두운 길을 걸어가고 있을 때, 총을 든 한 사나이가 불쑥 튀어나와 그에게 총을 들이대며 물었다. "당신 구교도야, 신교도야?" 그 남자는 더듬거리며 "글쎄요, 사실 난 무신론잔데요"라고 답했다. 그러자 그 사나이는 되물었다. "오호, 그래, 그렇다면 신교 무신론자야, 아니면 구교 무신론자야?" - 버거, 2002: 33

북아일랜드 상황을 묘사한 위 '유머'는, 총이 나와서 좀 무섭기는 하지만, 머릿속에 단 두 개의 범주밖에는 갖고 있지 않은 사람의 예를 보여줍니다. 이청준의 소설 〈소문의 벽〉에는 국군과 인민군이 낮과 밤을 번갈아 들이닥치던 한국전쟁 시기의 어느 날 깜깜한 밤중에 총구를 들이대며 불빛 뒤에 숨어 어느 편인지를 묻는 장면이 나옵니다. 말 한마디에 목숨이 왔다 갔다 하는 상황입니다.

우리는 일상 중에서도 세상을 깨끗하게 정리하고 싶어합니다.

그중에서도 이분법은 세상을 '예쁘게' 정리하는 강력한 기제입니다. 내 편인지 아닌지, 좌파인지 우파인지, 콩을 먹는지 안 먹는지. 모든 것이 서랍에 딱딱 들어가 있을 때의 안정감이 분명 있습니다.

편을 나눠야 게임을 해도 재미있지요. 그런데 범주 구분, 특히 이분법은 때로 그 무서운 발톱을 드러냅니다. 세상을 단 두 개의 깨끗한 범주로 구분하고 그 구분 안에 모든 것을 우겨 넣으며, 그 안에 들어가지 않는 모든 것을 단죄하는 최악의 상황은 전쟁에서 잘 드러납니다. 아군인지 아닌지를 구분해내는 것은 생사가 걸린 일이니 그럴 수밖에 없는 부분이 있습니다. 그래서 인간은 전쟁 상황에서, 자신이 인간인지 아닌지, 시험대에 오르곤 합니다. 극한 상황에서 '본성'이 드러나는 법이니까요.

그런데 전쟁도 아닌 일상적 상황에서도 우리는 이분법을 매우 사랑하고, 이분법에 매우 의존적인 것 같습니다. 여성성, 남성성을 구분하기도 좋아하지요. '여성답다', '남성답다'는 규정을 넘어 그 규정에 속하지 않는 것은 불편함의 대상이 되곤 합니다. 회색지대는 보통 사랑받지 못합니다. 이분법의 마법에 속하는 것이기도 한데, 그 사이라는 건 마치 없는 것같이 보이기도 합니다.

이런 이야기를 나누기 위해 우선 '우리가 소위 여성성, 남성성이라고 말하는 것은 어느 정도 타고 나는 것일까'라는 질문을 학생들에게 해 보면 답변 스펙트럼은 생각보다 매우 넓습니다. 거의

100% 타고 난다고 보는 이들도 있고, 그 반대편에 서는 이들도 있습니다. 영역별로 차이가 있다고 보는 경우도 많습니다.

이 질문에 대해 '생물학'적인 답을 할 능력은 없습니다. 다만 사회학적 측면에서 답을 할 수 있는 부분도 생각하고 그 측면에서 바라볼 뿐입니다.

우리의 일상 대화를 잠시 들여다보지요. "남자아이와 여자아이는 뱃속에서부터 노는 게 달라요", "어휴, 아들 둘 길러보세요. 딸 둘 기르는 것은 비교도 안 됩니다", "여자애라 어려서부터 공주놀이만 해요", "아무래도 딸이 좋지요. 애교도 많고, 아들은 무뚝뚝해서…" 등등.

어린 자녀를 둔 부모들의 대화는 남자아이와 여자아이가 어떤 공통점을 갖는가보다는 어떻게 다른지를 확인하는 데 방점이 찍힙니다. 여자아이인데 탱크를 좋아하고 부산스럽다거나, 남자아이인데 인형을 좋아하고 얌전하다면 그건 '문제'로 소통될 가능성이 높지요. 이 점에 대해서 좀 더 살펴보기로 하지요.

미국에서 일란성 쌍둥이로 태어난 남자아이들이 있었습니다. 생후 8개월 무렵의 포경 수술 과정에서 의료사고로 한 아이의 성기에 문제가 생겼고, 부모는 유아의 성을 환경과 호르몬으로 바꿀 수 있다고 믿었던 한 의사와의 상의 끝에 아이의 성기를 완전히 제거

하고 여자아이로 기르기로 합니다.

이 아이가 '정상적'으로 자라길 바랐던 부모는 아이에게 가능한 한 온갖 '여성적'인 환경을 제공했습니다. 그러나 기대와 달리 아이는 전형적인 남자아이의 성향을 보였고, 사춘기가 되어서는 심각한 정체성의 위기에 빠졌다고 합니다. 본인은 여성인데 너무 남성스러웠기 때문에 큰 혼란을 겪게 되었다지요. 결국 부모와 의사는 아이에게 사실을 알려주게 됩니다. 이 아이의 반응은 뜻밖이었습니다. 내가 '미친 것'이 아니었구나라는 안도감을 고백했다죠. 그러나 성전환 후 어렵사리 삶을 이어가던 그는 안타깝게도 결국 자살했습니다. (콜라핀토, 2002)

이 이야기는 타고나는 것이 얼마나 강력한 힘을 가지는지를 보여주는 예로 자주 제시됩니다. 물론 그렇게 볼 수도 있겠습니다만, 조금 다르게 볼 수도 있겠습니다.

만약 이 아이가 소위 여성스러운 남성, 남성스러운 여성이 아무런 문제가 되지 않는 사회에서 자랐다면, 그래도 심각한 정체성의 위기를 겪었을까요? 아니었을 수도 있지 않을까 싶습니다. 적어도 혼란의 정도가 상당히 적지 않았을까 합니다.

사람을 대상으로 실험을 할 수는 없지만, 이 아이가 있는 그대로 온전히 받아들여지는 사회였다면, '내가 미친 건 아닐까'라는 고민은 하지 않지 않았을까 생각해 봅니다. 그렇다면 이 예는 반드시 '선천성의 승리'를 말해주는 것은 아닐 수도 있습니다.

물론 성별적 특성의 어떤 부분은 유전적 영향이 보다 강력한 힘을 발휘하는 경우가 있을 것 같습니다. 무한 연습을 한다고 누구나 모차르트가 되는 것은 아닐 겁니다. 일란성 쌍둥이의 경우 다른 환경에서 자라도 비슷한 습관, 행동 나아가 유사한 인생 경로를 보이는 경향이 있다는 조사 결과도 본 적이 있습니다.

반면 사회적 환경의 영향이 강한 부분도 있을 것입니다. 예를 들어 빈곤층 아이들에게 보다 적절한 양육 및 교육환경이 주어진다면 지금보다 훨씬 더 높은 교육적 성취가 있을 것이라 거의 장담할 수 있습니다. 현재의 교육 성취 격차 상당 부분은 환경적인 요인으로 설명될 수 있다고 생각합니다.

위에서 설명했던 여아와 남아의 차이 인식에 대한 얘기로 돌아가 보지요. 발달심리학자 크리스티아 스피어스 브라운은 여아와 남아의 차이를 밝히려는 목적으로 시행된 많은 연구에서 결과적으로 성별 차이보다 유사점이 훨씬 더 많이 발견되었다는 점을 알려줍니다. 특히 우리가 여남의 차이가 크다고 생각하는 감정, 언어능력, 수학능력에서도 별다른 차이가 발견되지 않았다고 합니다. 차이가 나온 경우에도 '무시해도 될 수준' 정도였지요.(2018: 116)

그런데도 우리가 여남의 차이가 크다고 지각하는 건 인간의 심리적 특성이 빚은 결과라고 봅니다. 사람은 집단 간에 약간의 차이만 있어도 서로의 차이를 극대화해서 인식하는 경향성을 가지고 있다는 겁니다. 관련해서 브라운이 학생들에게 임의로 빨간 티셔츠와 파란 티셔츠를 나눠주고 "오늘은 빨강 팀이 잘했어"라는 식으로 구분 짓는 실험을 했더니 아이들은 4주 만에 "파랑 팀은 빨강 팀만큼 똑똑하지 않아"라거나 "빨강팀은 모두 그런 식으로 행동해" 같은 집단 간 고정관념을 형성했다고 합니다. '에이, 아니거든요, 분명한 차이가 있거든요' 이런 소리가 와글와글 들려오는 것 같네요. 성별 차이가 전혀 없다는 이야기는 물론 아닙니다. 그러나 존재하는 차이를 확대재생산하는 심리적 메커니즘이 있다는 사실에 대해 생각해보는 계기를 제공하는 연구라 하겠습니다. 저자도 나와 같은 신념을 공유하고 있더군요: "집단 간 차이가 아무리 커도, 개인 간 차이를 넘어서지 못한다."

생물학자들은 평균적으로 보아 여성성/남성성을 어느 정도 타고난다고 볼까요? 잘 모르겠습니다만, 사회학자인 나는 최대 49.9% 타고난다고 생각합니다. 짐작하시겠지만 이 수치는 엄밀한 과학적 데이터를 근거로 한 것은 아닙니다. 그러나 분명한 논리적 이유는 있습니다. 49.9% 타고난다고 봐야 우리는 '변화'를 이야기할 수 있습니다. 노력할 이유가 생깁니다. 타고나는 것이니 어쩔 수 없다는 '운명론적' 사유에 빠지지 않을 수 있습니다.

그래서 앞으로도 계속 그렇게 믿을 예정입니다!

일상 속에 스며있는
젠더 역할 고정관념

    수업시간 강의실에 들어갔더니 뒤편 벽에 걸린 시계의 바늘이 맞지 않는 것이 보였습니다. 미안하지만 시계 바늘을 좀 맞춰주겠냐고 시계 바로 앞쪽에 앉아 있던 여학생을 콕 찍어 부탁을 했습니다. 그런데 그 옆에 있던 남학생이 벌떡 일어납니다. 그저 단순한 우연이었을까요? 물론 그 여학생이 내 부탁을 잘 못 들었을 수도 있고, 남학생의 반응속도가 여학생보다 살짝 빨랐을 수도 있습니다. 키 때문이었을 것이라고요? 뭐 그럴 수도 있겠지만, 강의실에 넘치는 것이 의자니까 그것은 별문제가 아니라 생각합니다. 그런데 어쨌든 내가 그 남학생에게 부탁한 일은 아니었습니다.
    그 여학생을 비난하기 위해 말을 꺼내는 것이 아닙니다. 그저 너무 자연스럽게 젊은이들의 일상에조차 스며있는 젠더 역할에 대한 고정관념에 대해 이야기해보고 싶어서입니다. 사실 내가 여학생을 특정해서 부탁한 까닭이 있었습니다. 비슷한 경우에 거의 늘 남학생이 문제를 해결하는 것을 봐왔기 때문입니다.

남녀공학 대학에서 무거운 짐 옮길 일이 있을 때 보통 누가 옮기나요? 여대에서는 같은 상황에서 어떨까요? 남성 용역이라도 고용해서 짐을 옮길까요? 보통의 성인이라고 하면 성별에 관계없이 어느 정도의 짐들은 옮길 수 있지 않나요? 남학생 혼자 할 일을 여학생 둘이 하면 되지 않을까요? 각종 도구를 사용할 수도 있겠군요.

문제로 느끼는 것은 무거운 짐 나를 일이 있으면 남학생들이 드는 것을 여학생은 여학생대로, 남학생은 남학생대로 '당연하게' 받아들이지 않는가 하는 겁니다.[12]

> 수업구성원들의 성 고정관념 경험을 들으며 남성과 여성 사이 구분이 없는 '이상 사회'가 너무 아득하게 느껴져 자꾸만 손으로 눈을 가리게 되었다. 인식하지 못했으나 여전히 진득하게 눌러앉아 있는 우리 삶의 성 고정관념에 대해 정면으로 마주한 듯했다. 등잔 밑이 어둡다더니, 제도적인 것은 많이 바뀌었을지라도 삶에 스며든 습관은 길고도 오래 지속돼 오고 있었다. / 내가 고정해왔던, 재생산해왔던 여러 성 고정관념에 대해 생각해보았다. 너무너무 익숙하고 많았다. 당장 어제 봤던 한 남자 후배와의 두 시간 안에도 그런 요소가 많이 스며들어 있었다. 여자인 내가 더 많이 떠들었고 더 많이 웃었으며 남자 후배는 늘 갓길 쪽에 서서 걸었으며 지도를 찾아서 길을 안내했다. 어디까지가 타고난 것이고 어디까지가 사회화 과정에서 비롯된 것인지도 가늠하기 어려웠다. 과연 이 모든 게 바뀔 수 있을까? 영영 못 바뀔 것 같다는 절망적인 의심도 들었다. (20 ㄱㅈㅇ)

앞의 '시계사건'은 키 때문이라고 치고, 다른 예를 들어보지요. 대학에서는 조별 과제도 많이 진행되고, 그 외 각종 그룹 활동할 일이 많기에 종종 조장이나 팀장을 뽑습니다. 어떤 학생이 조장/팀장이 될 확률이 높을까요? 짐작대로일 겁니다. 학번이 높은 남학생. 여기서도 암묵적 상호작용이 일어난다고 보입니다. 학번 높은 남학생은 자신이 해야 하나, 자신이 하게 되겠구나라는 일종의 책임감 내지 부담감을 느끼는 것 같고, 여학생들은 자주 그렇게 결정되어 왔기에 그러려니 하는 경우들이 있는 것 같습니다. 본인이 하지 않아도 될 것 같은 상황에서 굳이 나서고 싶지 않은 마음도 있겠지요. (물론 변화가 생기고 있지만 더딘 것 같네요.)

남녀공학을 기준으로 이야기할 때 학생대표가 남학생, 부대표가 여학생이 되는 것도 여전히 흔한 일입니다. 이런 일이 지속되는 데 물론 성별이라는 변수만 작용하는 것은 아닙니다. 남학생들만 군대를, 그것도 주로 저학년 때 가는 상황에서 생기는 학번 차이가 추가 변수로 작용하지요.

내가 대학 다니던 시절에도 공학대학 여학생들보다 여대 학생들이 평균적으로 더 적극적이고 진취적이라는 말을 들은 적이 있습니다. 공학 출신인 나는 그 말을 부정하고 싶었으나, 그럴 수 있을 것 같다는 '느낌적인 느낌'이 없지 않았기에 찜찜했습니다. 여대는 총학생회장부터 여학생일 것이고, 교수님들도 여학생을 제자로 보지 않을 수 없으셨겠지요.

반면 나는 여학생이 총학생회장은커녕 과대표를 하는 것도 보지 못하고 졸업을 했습니다. 인문사회계 여학생 숫자 자체가 1/10도 되지 않는 경우도 허다했지요. 그리고 나는 나름 열심히 대학생활을 했으나, 돌이켜보면 가끔 의심이 됩니다. 나를 가르치셨던 교수님들이 여학생을 '키울 제자'로 보셨을까 하는…. (여학생이 대학원 오려면 결혼은 꿈도 꾸지 말아야 한다는 조언 아닌 조언을 들어야 했던 때입니다.)

우리 대학 여학생들을 보며 가끔 수십 년 전 내가 들었던 그 말이 아직도 사실일지 모르겠다는 우울한 생각을 하게 됩니다. 공학에서 여학생들은 학번 높은 남학생들 뒤에 숨어도 되리라는 '무의식적 학습'을 하게 되는 순간들이 있는 것 아닐까요?

학교, 학과마다 사정이 다르겠지만, 내가 재직하는 학과에서 아직까지 한 번도 여학생이 과대표를 하는 것을 보지 못했고, 정년 전에 볼 수 있으리라 장담도 안 됩니다. (내가 재직하고 있는 학교가 있는 지역이 '보수적'인 곳으로 알려져 있으나, 여기서 굳이 지역색을 얘기할 필요는 없다 판단합니다.) 쓰다 보니 이것이 도대체 뭔 말인가 싶기도 하지만, 분명 2020년대에도 관찰되는 일들입니다.

2016년 11월, 단대 선거에 출마했을 때 "역시 남자가 정 후보로 나오고 여자가 부후보로 나와야 그림이 예뻐"라는 발언을 들음.　　　(젠더폭력자료집 ㅇㅎㄱ)

아직도 이런 이야기를, 그것도 동료들로부터 들으며 학생들이 학교를 다녀야 하다니요! 여학생들이 적극적이지 않아서라고요?

일부 '사실'일 수 있다고 생각합니다. 그러나 만약 여학생이 이런 상황에서 평균적으로 덜 적극적인 것이 사실이라면, 그것 또한 개인적인 이유로만 환원될 수는 없다고 생각합니다.(우리나라의 경우 상당히 오랫동안 인구 대비 비율로 볼 때 전라도 지역의 대학(원) 진학률이 경상도보다 낮았습니다. 전라도 사람들이 공부하길 싫어하는 사람들이어서일까요? 미국에서 코로나19로 인한 사망률은 흑인이 백인보다 확연히 높았습니다. 흑인이 바이러스에 더 취약해서였을까요? 사회경제적 지위가 낮아서라고요? 그렇기도 합니다. 그런데 그 또한 흑인 개인들의 역량 부족에서 연유한 것이기만 할까요?)

여학생은 여학생대로 남학생은 남학생대로 그 이유에 대해 한번 고민해봐 주길요. 사회적 이유가 있다면 제도/구조적인 변화도 필요하겠고 여학생, 남학생 모두 변할 필요가 있을 겁니다. 남학생은 '갖지 않아도 되는' 책임감을 좀 덜어내도 좋겠고, 여학생은 자기성찰을 좀 할 필요가 있지 않을까요.

이런 불편한 일상이 편재하는데도 대한민국 20대의 젠더 운동장은 평평할 수 있을까요? 평평하다 주장할 수 있을까요? 여성만의 불평등을 이야기하는 것이 아니라 아직은 더 들여다보고 더 고민하며 갈 길이 멀다는 이야기를 하는 겁니다.

학생의 목소리를 전합니다. 이런 일은 부디 내가 재직 중인 학교에만 있었던 아주 예외적인 일이길 바라면서요.

제가 속한 학과에서는 학생회장은 그 이전 해에 회장을 했었던 남자 학우가 찍은

한 학번 아래의 남자 학우가 했었습니다. 학과의 성비가 거의 반반이기 때문에 학생회장을 물려줄 남자 학우가 많아서 이러한 관례가 가능했을지도 모르겠습니다. 그런데 제가 속한 학번은 다른 학번과는 조금 다르게 정원 30명 중에서 남자 학우가 3명뿐이었습니다. 그리고 그 세 명 모두 과 생활에 참여하지 않았기 때문에 과 생활을 열심히 했던 여자 학우가 '우리 학번 차례가 온다면 내가 학회장을 하고 싶다'고 적극적으로 자신의 의사를 밝혔습니다. 그런데 그 이야기를 들은 다른 남자 선배가 '여자가 학생회장을 하는 건 현실적으로 어렵다'라고 하면서 이유를 말했는데 그 이유가 너무 터무니없어서 아직도 기억에 남습니다. 그 선배가 말한 이유는 행사를 진행할 때 여자 학생회징이 선배들에게 참석해 달라고 하면 듣지 않는다는 것이었습니다. 심지어 그 여자 학우와 남자 선배가 친한 관계였음에도 불구하고 그런 이야기를 하는 것이 조금 놀라웠습니다. 행사 참석 인원이 줄어드는 것을 행사 진행이 매끄럽지 못해서, 참석하기에는 학번 차이 때문에 조금 껄끄러워서, 이런 이유가 아닌 단순히 여자 학생회장이 부탁해서라고 하니까 살짝 어이가 없었습니다. 일어나지도 않은 일에 대해서 섣불리 판단하고 마음대로 생각하는 것이 조금 의아했습니다. / 심지어는 당시 다른 과에서 여자가 학생회장을 하니까 그 과의 분위기가 엉망이 되었고 그래서 남자가 학생회장을 해야 한다는 식으로 이야기하니까 더 어이가 없었습니다. 당시에 그 이야기를 들은 여자 학우는 그게 무슨 상관이냐면서 자신이 열심히 한다면 문제가 되지 않는다고 했었습니다. 그러나 그 남자 선배는 끝까지 자신의 의견을 굽히지 않고 과 생활을 하지 않는 남자 학우가 꼭 회장을 해야 한다는 식으로 이야기를 했었습니다. / 저는 이 남자 선배의 의견에 동의하지 못하는 바입니다. 제 생각에 학생회장을 하는 데 있어서 남자와 여자 같은 생물학적 성별보다는 '일을 얼마나 깔끔하게 잘 처리하며 사람들과 원만하게 잘 지낼 수 있는가'와 같은 요소들이 더 중요하다고 생각합니다. 그 이후 어떤 남자 선배가 으레 그래왔던 것처럼 학생회장을 물려받고 행사를 진행했었는데 행사 진행이 매끄럽지 못 했고 참여하는 인원은 이전 해보다 더 줄었습니다. 만약에 그 남자 선배의 논리대로라면 남자 학생회장이 진행하는 과 행사는 수월하게 마쳐야 하며 참여율도 높아야 합니다. 그러나 실제로는 그렇지 않았습니다. (문화와일상 19 ㅈㅈㅎ)

내가 학교신문에 썼던 짧은 글 하나도 덧붙입니다. 2007년에 쓴 이 글이 오늘도 낡아 보이지 않는다는 사실을 슬퍼하면서….

대구 사람은, 경대 출신은, 여자는… 범주적 사고의 내재된 폭력성에 대한 지레 걱정 때문에 그런 말을 해야 하는 경우 참 조심스럽다. 어떤 언명도 그 굴레를 피해가기 어렵다는 것을 이미 잘 알고 있음에도 말이다. 지금 쓰는 이 글도 왜 '여자선배'만 없는가? '선배'가 없어지는 세상에 살고 있는 건 아닌가? '여선생'이어서 이런 예민한 생각을 하는 건 아닌가? '여학생'들이 소극적이어서 그런 것 아닌가? '모든 남학생들'이 그러는 건 아니지 않은가? 이런 질문들로부터 자유롭지 못하리라는 걸 짐작하면서도 이 글을 쓰기로 맘먹었다. 사실 우리가 일상에서 구사하는 거의 모든 말들이 '범주적' 성격을 직간접적으로 띠고 있기 때문에 말조심하다 말을 아예 못하게 될지도 모르지만, 아무리 생각해도 뭔가 부당한 것 같아서 말이다.

학과 엠티에 참여할 때마다 느끼는 이상한 일이 하나 있었다. 여학생 수가 사회학과 재학생의 절반이 넘는데, 조장은 늘 복학생이고 3학년 이상 여학생들은 찾아보기 어렵다. (의무감에서건 주인의식에서건 간에 군대 갔다 온 남학생들은 선배 노릇을 하는데, 여학생들은 늘 후배 노릇만 한다. 고학년이 되거나 휴학을 했다 복학할라치면 뿔뿔이 흩어져 혼자 생활하는 경우가 태반인 것 같다.) 3~4학년 여학생한테 물어보면 안 가는 게 예의란다. 가봤자 쟤는 왜 왔냐는 시선이 느껴진단다.

3학년이 되면 과방에 가는 것도 많이 불편해진다고들 했다. 이번 봄 엠티를 '눈치 없이' 따라갔다 온 몇 안 되는 고학번 여학생들도 가서 내내 자기자리 없이 헤매다 '아줌마', '할머니' 소리만 듣고 왔다며 볼멘소리를 했다.

엠티에 따라온 고학년 여학생들을 '아줌마', '할머니'라고 놀려먹는 것을 남학생들은 그저 장난삼아 하는지 모르겠다. 아마 그럴 것이다. 악의 없는 농담일 거다. 그러나 빈총도 안 맞으니만 못하다는 말과 좋은 말도 반복해서 들으면 짜증난다는 말이 있는 것처럼, 한 사람, 두 사람을 넘어 열이면 열 사람이 반복적으로 하는 농담은 그 자체로 농담의 수위를 넘어 버린다. 그런 말은 계속 회자되면서 '고정된 사실'이 되어 버리고 여학생들은 고학년이 되면 스스로 알아서 빠져주는 '미덕'을 자발적으로 학습한다. 개인의 악의 없음에도 불구하고 집단적 폭력이 되어버리는 일들의 예는 허다하다. 더구나 버스에서 흘러나오는 시끄러운 라디오 소리도 '폭력'으로 느껴지는 오늘의 상황을 고려한다면, 이건 명백한 '폭력'이다. 특정 사람들의 사고와 행위를 규정하는 힘으로 작동하는 '권력'이다.

별생각 없이(특히나 '사회학과' 학생답지 않게!) 그런 '악의 없는 농담'을 즐겨온 남학생들에게 부탁한다. 그게 정말 농담이었다면 이제 그런 농담 그만하자. 그리고 복학생들이 나서서 적극적으로 후배들에게 '여자선배'를 만들어주자. 남학생 후배들은 누나들을 '선배'로 적절하게 대접해주자. 위계질서를 다시 세우자고 하는 말이 아니다. 여성상위를 부르짖기 위한 건 더더구나 아니다. 그건 대학구성원의 절반가량이 여학생인 학교에서 3~4학년 여학생들을 집단적으로 따돌림하는 건 남학생들 스스로에게 커다란 손실이 될 것이기 때문이다.

저학년 여학생들은 '남자선배'만 있는 현실을 당연시하지 말자. 그것에 대해 의문을 가지자. 그리고 고학년 여학생들에게 부탁한다. 스스로 선배의 자리를 꿰차자. 자리 만들어줄 때까지 기다리지 말고, 그런 말도 안 되는 말들의 홍수 속에서 스스로를 '자발적으로' 고립시키지 말고, 주눅 들지 말자. (내가 선생으로서 여학생들을 좀 더 배려하는 듯한 몸짓을 보여왔다면 그것은 여학생들을 더 예뻐해서가 결코 아니다. 그건 오히려 이런 바보스런 행태조차 깨지 못하는 여학생들에 대한 연민 때문일 것이다. 그리고 보잘 것 없는 기득권을 손에 쥐고 내어놓기를 거부하는 '일부' 남학생들에 대한 나의 작은 항의표시일 것이다.)

그런데 실은 이런 일이 아직도 우리의 일상적 현실이라는 사실이 서글프기까지 하다. 이런 현상이 대구경북지역에만 있는 일이라 해도, 전국적인 현상이라고 해도 서글프긴 마찬가지다. 그리고 소위 여성의 시대라는 21세기에, 언론에서는 '알파 걸'들의 전성시대를 노래하는데, 내일을 살아갈 대학생들을 상대로 이런 말을 하고 있어야 하는 내가 한심하게 느껴진다. '남자선배'가 있으면 '아줌마', '할머니'가 아닌 '여자선배'도 있다. 그 훌륭한 자원들을 왜 적극적으로 끌어안고 가지 않는가.

일상적 사유의 변혁이 혁명보다 어려울 수 있다는 걸, 훨씬 더 지루하고 고된 싸움이 될 수 있다는 걸 다시 확인하는 어느 늦은 봄날 아침이다.

- '여자선배의 부재'에 대하여, 경북대신문 070528

'평균'이라는 폭력:
남성의 아킬레스건, 키

'못생긴 건 참아도, 키 작은 건 못 참는다'는 웃픈 이야기가 돌아다녔지요. 외모에 대한 강박은 그 종류도 다양한데, 키에 관한 한 훨씬 너 큰 스트레스를 받는 것은 아마 남성일 겁니다. 남성 키 얼마 이하는 '루저'라고 말한 어떤 여성 유명인이 여론의 뭇매를 맞기도 했었습니다.

크고 강한 수컷. 동물의 세계에서도 낯선 이야기는 아닙니다. 그러나 여성의 다양한 특성들이 '예뻐?'라는 한마디 말 앞에서 무화되어 버리듯, 남성의 다양한 특성들이 '키 커?'라는 말 앞에 무화되어 버린다면, 그것이 우리의 건강한 젠더적 일상을 위협한다면 진지하게 돌아볼 필요가 있습니다. (여성들의 경우는 보통 몸무게가 더 큰 스트레스로 다가올 겁니다. 통계상 정상에 속하는 몸무게를 가진 여성도 스스로를 비만으로 인식하는 경우가 많고, 건강을 위한 식이요법이 아닌 무작정 살빼기를 위한 다이어트에 평생을 몰두하기도 합니다. 식이장애를 경험하는 비율도 여성이 압도적으로 많지요.)

우선, 남성의 평균 키가 여성보다 크다는 것은 사실입니다. 그러나 평균은 평균일 뿐, 그것이 모든 남성이 여성보다 크다는 것을 말하는 것은 아니며, 더구나 여성보다 작은 남성, 남성보다 큰 여성이 자괴감을 가질 타당한 이유가 되는 것은 아닙니다. 나아가 우리가 보다 큰 남성과 보다 작은 여성의 조합에 아주 익숙하고, 반대의 경우 한 번 더 쳐다보게 되는 것은 '자연스러운' 일이 아닙니다. 우리의 눈이 그렇게 길들여졌을 뿐입니다.

옛날 사진을 보면 어떻게 저런 옷을 입고 돌아다녔을까 싶을 때 있지 않으신가요? 혹시 그때도 그리 생각하셨나요? 아닐 겁니다. 그땐 자연스러웠을 일이 왜 지금 촌스러워 보이는 것일까요? 우리가 자연스럽다고 느끼는 일 중 생각보다 많은 부분은 만들어진 관념일 가능성이 있습니다. 그것 자체를 '인식'하는 것도 매우 중요한 일입니다.

수업을 함께했던 176.2센티미터의 키를 가진 여학생의 이야기를 전해드리고 싶습니다.

새로운 사람들을 만날 때에 가장 먼저, 그리고 가장 많이 듣는 말은 "와, 키가 도대체 몇이나 되세요?"다. "176.2센티미터에요"라고 대답하면 모두 놀라워하며 입을 다물지 못한다. 초등학생 때부터 유달리 큰 키 때문에 사람들의 주목을 받아왔는데 사춘기에 접어들자 나는 '너무' 큰 키에 대해 고민을 하기 시작했다. 사람들은 손쉽게 자신들의 편견이라는 필터로 제멋대로 나를 특징지었고 나는 '타인의 시선'이라는 틀 안에서 자랐다. '키 큰 사람은 싱겁다'부터 시작해서 '키 큰 사람은 힘이 세다'라는 근거 없는 이유로 매 학기마다 나는 무거운 식판을 나르고 칠판을 닦고 천장의 선풍기 날개를 청소해 갈아 끼우곤 했다. 그래서 나는 또래 아이들보다 머리 하나 이상은 컸던, '평균'에서 한참 벗어난 내 키가 싫었다. / 그저 그 키에 해당하는 사람들이 한국에 많다는 뜻일 뿐인데 난 이십 년 넘게 그 '평균'으로의 실현 불가능한 수렴을 갈망했었다. 키가 작은 친구가 5센티만 떼어달라고 하면 진심으로 그렇게 해줄 과학적 방법이 없는 걸까 고민했을 정도니 말이다. 지금은 나를 다른 이들과 구별 짓고 더욱 특별하게 만들어주는 나의 큰 키를 사랑하고 내 다른 장점들을 개발하며 콤플렉스를 어느 정도 극복했지만 키뿐만 아니라 여러 가지 많은 부분에 있어서 수많은 사람이 '평균'에서 벗어난 자신에 대해 고민하고 있을 것이라 생각한다. / 사람들은 이런 식으로 사회가 만들어 낸 그릇된 통념을 스스로 내면화시킨다. 평균, 대체 그게 뭐길래, 도대체 사람들은 왜 이토록 '평균'이라는 말에 집착하고 무의식적으로 자신을 그 사회적 편견과 권력의 틀 안에 기꺼이 집어넣는 것일까. 나는 '키가 너무 큰 스물넷의 한국 여자'가 아니라 '에디뜨 삐야쁘를 듣고 김승옥을 읽으며 빈속에 마시는 아침의 커피 한 잔을 좋아하는, 이찌다 보니 님들보다 키가 좀 너 큰 ○○○'이다.

글에서 읽을 수 있듯이 고맙게도 이 친구는 문제를 건강하게 멋지게 '자체 해결' 했지만, 얼마나 많은 사람이 서로가 서로에게, 그리고 스스로에게 소위 평균이라는 이름으로 상처를 주고 있을까요. 그리고 좋은 사례라 여학생 글을 소개하긴 했지만, 키에 관한 한 우리 사회에서 남성이 겪고 있는 어려움이 여성보다 훨씬 더 크리라고 생각합니다. 가장 큰 문제가 되는 부분의 차이도 유의미해 보입니다. 남성의 경우 키가 너무 큰 것보다는 작은 것이, 여성의 경우 키가 너무 작은 것보다는 큰 것이 더 문제로 보여지는 것이죠. 이 또한 여성과 남성의 평균적 생물학적 차이를 과대 일반화하면서 나온 '편견'일 겁니다.

동물의 세계이기도 한 인간의 세계가 갑자기 어떤 경쟁도 없는 세계가 되길 기대할 수는 없습니다. 더 매력 있는 존재가 되기 위한 사람들의 노력을 비난할 수도 없습니다. 그러나 우리가 동물이지만은 않다고 주장하려 한다면, 어떤 생래적인 차이들이, 그것이 키든, 몸무게든, 고향이든, 인종이든… 한 인간의 일상을 심각하게 위협하는 일이 생겨서는 안 된다고 생각합니다.

그것이 어떤 사회의 '건강지수'를 측정할 수 있는 좋은 근거 중 하나가 되지 않을까요? ('너무'의 기준을 정확하게 특정할 순 없지만) 키가 '너무' 큰 여성이나, '너무' 작은 남성, 키가 보다 큰 여성과 키가 보다 작은 남성 커플을 보게 되면, 부디 다시 돌아보는 '무신경'한 일은 하지 않으시길 빕니다. 당신의 어떤 '약자성'이 타인에 의해 무심하게 여겨지길 바라신다면 말입니다.

조금 더 일반적인 이야기로 연결해보면 평균의 감각은 '정상성'과 맞닿아 있습니다. 그리고 정상성이란 말은 힘이 상당합니다. 정의, 공정이라는 말과 유사하게 무엇이 정상이란 주장에 토를 달기가 쉽지 않습니다.

그게 정상이야? 그건 정상이 아니지! 표준, 상식이라는 말과 이어지며 그 궤를 같이 하는 정상이라는 말은 사람을 주눅 들게 할 수 있습니다. 정상이 아니라는 말을 듣고 싶어 하는 사람은 많지 않을 겁니다. 사는 동안 우리는 사람들이 말하는 소위 그 정상의 범위에서 벗어나지 않기 위해 발버둥치며 살고 있는지도 모릅니다.

정상의 기준이 무엇인지, 정상의 기준은 누가 어떻게 정하는지, 정상에서 벗어나는 것이 정말 늘 '나쁜' 일인지는 오래 깊이 생각해 봐야지만, 그럼에도 정상이란 말은 그 단어만으로도 마땅히 그리 해야 함을 상상하게 합니다.

정상성이 옳음이나 보편성과 늘 일치하는 것은 아님을 알면서도 우리는 여전히 다른 사람이 많이 하지 않는 말과 행위, 태도 등에 대해 조심스러워합니다. 이런 경향은 사회적 동물인 인간이 무리에서 외면 받지 않으려는 아주 오래된 습성으로 설명되기도 하더군요. 다수의 편에 서는 것이 생존확률이 높기 때문입니다. 상당히 설득력 있는 주장이고, 그러니 정상성의 범위를 맴도는 스스로를 너무 자책할 필요까지는 없습니다.

그러나 이를 넘어설 수 있는 것 또한 인간 아닌지요. 정상과 비정상의 구분 자체에 의문을 제기할 수 있는 능력, 때로는 정상의 범주를 자발적으로 넘어설 수 있는 능력, 그런 능력을 배우고 기르는 것이 우리가 해야 할 중요한 일입니다.

더구나 우리 모두는 언제든지 비자발적으로 비정상의 영역에 놓일 가능성이 있습니다. 예컨대 누군가는 장애인과 비장애인이라는 구분에 이의를 달며, 우리 모두는 장애인이거나 예비장애인이라고 말하더군요. '사실'이어서 그 말에 공감하지 않을 도리가 없었습니다.

다시 젠더로 돌아와 정리해보면 키나 몸무게처럼 눈에 보이는 정체성 요소든, 동성애나 이성애처럼 눈에 보이지 않는 정체성 요소든 간에 평균, 표준, 정상의 이름으로 이루어지는 차별과 배제 가능성에 대한 예민한 감각과 비판적 사고가 요청됩니다. 현재의 '나/우리'나 미래의 '나/우리'를 위한 일이니 마다할 이유가 없겠지요?

젠더적 언어:
유모차? 유부차? 유아차!

유모차라는 말은 너무 익숙하지만, '유부차'라는 말은 들어본 적 있으신지요? 유모차를 유아차로 바꿔 부르자는 움직임이 있다는 이야길 접하고서야 아차, 싶었습니다. 나름 언어에 둔감하진 않은 사람이라 자부하는데, 미처 생각하지 못했습니다. 유모차라는 단어에 뭔가 이상한 점이 있다는 것을….

유모차라는 말에는 적어도 두 가지 문제가 있지요. 육아의 책임이 여성에게(만) 있는 것으로 가정되는 문제, 그리고 어른을 기준으로 한 시각이라는 문제. 그래서 '유아차'라는 대안어가 제시되었을 겁니다. 뜻도 분명하고 좋은 것 같습니다. 비슷한 맥락에서 출산이라는 말을 출생으로 대체하려는 노력도 있습니다. 낙태라는 단어를 임신중단이란 단어로 바꾸려는 것 또한 여성의 성적 자기결정권을 반영하며 여성에게(만) 덧씌워지는 낙인을 걷어내고 보다 객관적으로 상황을 바라보고자 하는 시각과 관련이 있습니다.

관련해서 할 이야기는 차고 넘칩니다. 동생은 아이들에게 말할 때 외가, 친가라는 단어를 의도적으로 피합니다. 인문사회과학 전공자도 아니고 별도로 젠더 공부를 한 것도 아니라고 알고 있지만, 본능적(?)으로 뭔가 살짝 이상했던가 봅니다. 왜 어머니 쪽 가족들에게는 바깥 외(外)자를 사용해야 하는지. 그래서 아이들에게 ○○동 할머니, ○○동 할머니… 이런 식으로 말을 하는 동생을 보며 '생활 속에서 자연스럽게 생겨난 젠더의식'에 대해 생각했던 적이 있습니다.

부인의 형제는 처형, 처제, 처남이라 부르면서 남편의 형제에게는 아가씨, 도련님, 서방님이라는 용어가 잔존해있는 것도 의아합니다. 조금 더 시대를 거슬러 올라가면 생각할수록 끔찍한 단어, '미망인'이 있습니다. 남편을 따라 아직 죽지 않은 사람, 미망인(未亡人). 그런데 분명 사람 인(人)자가 쓰이는데, 이 말을 들으며 남성을 떠올리는 경우는 없을 겁니다. 전통시대 때 여성을 지칭하며 사람 인자를 쓴 단 하나의 경우가 미망인이라는 말을 들었던 것도 같습니다. 알고는 사용할 수 없는 말 중 하나이지요.

강간이라는 말 또한 해괴한 단어 중 하나입니다. 강간의 한자어는 '强姦'입니다. 간음이라는 한자어도 '姦淫'이라 씁니다. 간(姦)자의 뜻은 간사하다, 옳지 않다, 나쁘다로 풉니다. 한문 전공자는 아니지만, 전통사회에서 여성을 어떤 존재로 보았는지 쉽게 유추할 수 있는 하나의 예가 아닌가 합니다. 간음, 강간이 마치 여성 때문에 벌어지는 나쁜 일로 본 것 아니었나 '합리적 의심'이 듭니다. 더 이상 써서는 안 되는 말입니다.(법에서 아직 이 용어가 사용되고 있는 것은 대단히 유감입니다.) 강간은 폭력일 뿐입니다.

관련해서 문화사회학 전공자로서 대단히 불편한 말이 또 하나 있습니다. 소위 '강간문화', 뭐 이런 식의 말입니다. '문화'라는 말에 우리가 늘 대단한 긍정성을 담아 쓸 필요까지는 없다 하더라도 문화라는 개념의 핵심이 '인간이 무언가에 의미를 부여하고 발견하고 만들어가는 일'과 관련된다면, 강간문화, 폭력문화… 이런 표현은 상당히 부적절하다고 봅니다.

그리고 젠더적으로 볼 때 많은 부분에서 여전히 남성적 용어가 '기준값'인 경우가 많습니다. 혹시 아셨나요? 이 책에서 계속 '남성과 여성' '남녀'라고 하지 않고 '여성과 남성' '여남' 이리 호명하고 있다는 것을. 눈 밝은 당신이라면 이미 눈치채셨을 것 같습니다만, 익숙하지 않아 살짝 어색하고 가나다순으로 봐도 남녀로 적는 것이 괜찮을 듯하나, 그 이유로 남녀라는 말이 굳어졌을 것 같지는 않으니 작은 노력을 하는 겁니다.(비슷한 맥락일 것 같은데 발달심리학자 크리스티아 스피어스 브라운(2018)은 학교에서 '흑인-백인 순으로 서라'고 지시하는 건 말이 안 된다고 생각하면서 왜 '남자-여자 순으로 서라'는 지시에는 문제의식을 느끼지 못하는지 묻습니다.)

이것도 일종의 '미러링'인가요? 왜 거의 항상 남성이라는 성이 우선되고, 기준값인지에 대한 성찰을 촉구하는 것이니 말입니다. 독일에서는 여성인 안젤라 메르켈이 총리가 되고 나서야 이 사람을 'Kanzlerin'(총리의 여성명사)으로 불러야 할지 'Frau Kanzler'(총리라는 남성명사 앞에 여성에 대한 일반 호칭을 추가)로 불러야 할지 고민하기 시작했습니다. 그전까지 총리는 당연히 남자였고, 이 용어가 남성명사 'Kanzler'였던 것이 사회적 고민의 대상일 필요는 없었기 때문입니다.

이 외에도 젠더적 관점에서 볼 때 바꾸거나 없애야 할 언어는 꽤 많습니다. 문제의식이 공유되어 이미 상당 부분 바뀐 말들로는 편부모 → 한부모, 미혼 → 비혼, 몰카 → 불법촬영 등을 들 수 있겠습니다.[13]

언어를 '사유의 집'이라 하지요. 서로의 머릿속을 들여다볼 수는 없지만, 어떤 말을 쓰는지는 확인 가능합니다. '같은 단어나 개념'을 써도 서로 정말 '같은 사유'를 하는지 알기 어려운데 다른 단어나 개념을 쓰는데 같은 사유를 한다고 보긴 어렵습니다.

그리고 언어가 바뀐다고 세상이 다 바뀌지는 않겠지만 언어를 바꾸지 않고 세상이 바뀌는 일은 없을 겁니다. 언어를 바꾸지 않으면 안 되는 이유입니다. 아무 말이나 하면 안 되는 이유입니다. 우리가 무언가를 바꾸고 싶을 때 제도를 바꾸는 노력과 더불어 언어를 바꾸려는 노력은 필요하고도 중요한 일이 아닐 수 없습니다.

(젠더 관련 문제적 언어를 바꾸기 위해 고군분투하던 순천 시민운동 참여자 분들의 마음을 기억합니다. 여행 중의 우연한 만남이었지만 고마운 기억으로 남아있습니다. 그런 노력의 씨앗이 어디선가 싹을 틔우고 있으리라 믿어 의심치 않습니다.)

여성/남성? 아니
스스로를 여성/남성이라고 믿는 사람들

보다 근본적인 사유의 변화 가능성을 희망하며 내가 수업시간에 사용하는 아주 긴 단어 중에는 '스스로를 여성 또는 남성이라고 생각하고 믿고 있는 사람'이라는 것도 있습니다. 학생들은 저건 또 뭔 소리래, 하는 표정입니다. 그래도 번거로움을 감수하고 꿋꿋하게 매번 다시 말합니다. 시간이 지나며 학생들이 내 의도를 저절로 '깨닫는' 순간이 올 때까지.

수업시간에 '스스로를 여성/남성이라고 생각하는 사람, 손을 한 번 들어봅시다'라고 하지요. 학생들은 이게 뭐지, 하면서도 쭈뼛쭈뼛 손을 듭니다. 그러면 다시 묻습니다. '확실해요? 증명할 수 있나요?'

본인의 성별을 갑자기 의심하라는 것은 아닙니다. 그러나 다른 언어(구분)를 사용해 봄으로써 우리가 어떤 구분법을 아무 의심 없이 받아들여 왔는지는 의심해보는 기회가 되어도 좋겠습니다. "언어는 오랫동안 반복된 일련의 행위이며, 그 행위는 마침내 '사실'로 잘못 인식된 실제 효과를 생산"(조현준 2016: 78)할지도 모르기 때문입니다.

하여 이런 황당한 질문을 하는 1차적 목적은 '나는 여성/남성이다'라는 문장을 '나는 내가 여성/남성이라고 생각하고 그리 믿고 있다'라는 문장으로 대체하는 겁니다. 물론 우리 대다수는 자신의 성별을 의심해본 적이 없을 겁니다. 그러니 성별 판정을 위해 유전자 검사를 할 생각도 해보지 않았을 겁니다. 다른 사람의 성별을 판정하는 데도 아무 문제가 없다고 믿고 있을 테지요.

당연성은 의심을 지웁니다. 원래 그런 일에 왜라는 질문을 하는 사람은 없습니다. 그런데 근대를 사는 우리는 성별이 딱 두 가지로 깨끗이 나뉘는 것이 아니라는 것을 '의과학적'으로도 알고 있습니다. 여성/남성 단 두 개로 나뉜 성별 체크 칸을 마주할 때마다 혼란을 느끼는 사람들이 있다는 것을 알고는 있습니다.

성별 구분이 전적으로 생물학적인 특성에 의한 것이라고 해도 보통 우리가 생각하듯 그리 분명하진 않다는 것 역시 의과학자들을 통해 어렵지 않게 확인할 수 있습니다. 호르몬의 구성은 사람마다 다르고, 나이에 따라 달라진다지요. 적은 수이지만 여성과 남성의 성징을 모두 갖고 태어나는 사람들(UN평등보고서(2017)에 따른 간성(間性)의 비율은 0.05~1.7% 정도)도 있습니다. 설사 생물학적으로 명백한 여성/남성이라는 결과지를 받아들었다 해도 그것이 본인의 마음자리와 일치하지 않을 가능성은 없을까요? 성정체성 문제까지 더해지면 수식은 더 복잡해집니다.

위에서 성별 분류의 명확성이라는 언급을 했지만, 어쩌면 여성/남성이라는 구분 자체를 선천적이고 절대적인 것으로, 보편타당한 것으로 받아들이는 한, 그것에 대한 의심으로부터 시작하지 않는 한 먼 길을 가기 어려울지도 모르겠습니다.

우리는 우선 여성/남성의 구분이라는 것이 자연/문화의 구분처럼 인간의 작업이라는 것을 기억할 필요가 있습니다. 우리는 무엇이 자연인지 아닌지 잘 알고 있는 것 같지만, 생각해보면 그 구분 자체가 '문화적 작업'이었다는 것을 알게 됩니다. 성별을 구분하는 방법 또한 지금 우리가 사용하고 있는 구분법이 최선인지, 유일한 것인지 장담할 수 있을까요?

아무튼 관련해서 우선적으로 하고 싶은 이야기 중 하나는 여성/남성의 깨끗한 이분법이 실제로 존재했고, 존재하는, 아마도 계속 존재할 어떤 사람들을 시야에서 사라지게 한다는 겁니다. 여성/남성의 이분법은 마치 이들이 없는 것처럼 만듭니다.

양성 성징을 갖고 태어나는 사람들도 있고, 성인이 된 후 자신의 성정체성 혼란을 느끼게 된 사람들의 이야기도 아마 들어보신 적 있을 겁니다만, 우리의 성(정체성)은 이렇게 생물학적인 측면에서도 젠더적인 측면에서도 생각보다 깔끔하게 양분되지 않습니다. 내 '믿음'도 흔들리지 않으리라고 확신할 수는 없는 겁니다. 그렇게 믿는 것을 막을 수는 없지만 그것도 하나의 믿음이라는 것은 '사실'이지요.

특정 존재를 눈앞에서 사라지게 하는 이 신기한 마법은 '모든' 인간의 동등한 존엄을 인정하는 사회에서 더 이상 정당화될 수 없다고 생각합니다. 우리가 이 '모든'을 백인, 남성 또는 내국인, 이성애자, 비장애인 등만 포함한다고 이해하는 것이 아니라면 말입니다.

더구나 젠더 논의의 시작점에 성이라는 것이 단순히 생물학적인 요소로만 구성되지 않으며 사회문화적 요소의 역할에 대한 충분한 인정이 요청되었다는 것을 기억한다면, 여성/남성의 단호한 이분법부터 질문의 대상으로 소환해야 할 것입니다. 설사 생물학적 요소만 고려한다 해도 이 이분법에 문제가 있음을 밝혔습니다만….

성별 구분의 당연성에 대한 질문은 앞으로의 젠더 논의를 보다 생산적으로 진행하는 데도 하나의 좋은 출발점이 될 수 있다고 봅니다.

지금까지 해 온 이야기를 언어사회학적 측면에서 조금 더 진전시켜 보도록 합시다. 누군가는 기존의 성별 구분 안에서 편안함을 느끼지만, 누군가는 불편합니다. 불편한 이들은 자신의 '언어', '이름'을 찾아 나섭니다. 기존 구분은 자신을 충분히 설명해주지 못하고, 마땅한 안식처를 제공하지 못하기 때문입니다.

불안정했던 나에겐 언어가 없었다. 사랑이 남성과 여성 간에 일어나는 감정인 세계에서 나는 같은 남성에게 느끼는 감정을 표현할 수 없었고 그저 친해지고 싶은 친구로 생각했다. 동성애자라는 언어를 얻고 난 이후에야 나는 우정과 사랑을 구분할 수 있게 되었다.   (21ㄱㅇㅈ)

물론 언어로 된 구분과 범주라는 것 자체가 완전하지는 않습니다만, 성소수자 관련 호칭은 LGBT에서 LGBTQ로 LGBTQ+ 등으로 계속 진화, 확장 중입니다. 당사자가 아닌 입장에서는 조금 복잡해 보이지만 당사자가 특정한 방식으로 불리길 원한다면 존중되어야 한다고 생각합니다. 이름은 단순한 기호일 수만은 없으며, 정체성의 표상이기 때문입니다. 자신의 정체성을 확인하는 방법으로서 '나는 이런 사람이다. 이렇게 불리 달라'고 하는 요청을 외부에서 복잡하다는 이유로 거절하는 것은 온당치 않아 보입니다.

누군가는 너무 길고 복잡하니 아예 모든 구분을 없애면 되지 않겠냐는 의견을 내기도 하지만, 그 또한 '강자의 말'이 될 가능성이 있습니다. 내내 이름을 갖고 있던 사람이 이름이 없던, 이제 막 이름을 가지려는 사람에게 다 똑같은 이름을 갖자, 그러면 되지 않냐고 하는 격이 될 수 있고 성소수자들의 현실을 사회적으로 가시화하려는 노력에도 찬물을 끼얹는 결과가 될 수도 있을 것 같습니다.

이름(호명)은 사회적으로 구성된 것이며 긍정적으로든 부정적으로든 '이데올로기적 성격'을 갖는다는 사실을 기억할 필요가 있습니다.

(혼전)동거 찬성의 이유:
결혼의 안정성 증가?

(혼전)동거에 대해 요즘 젊은이들은 별 거부감이 없을 겁니다. 설사 스스로 적극적으로 동거를 할 생각은 없다 하더라도 말입니다. 'So What'이겠죠. 성의 개방성 증가는 젠더 이슈 중 상당히 빠른 변화가 관찰되는 부분입니다.

그런데 학생이 아닌 다른 동거 옹호자들도 비슷한 이유를 대는 것 같기도 합니다만, 학생들이 말하는, 동거를 긍정하는 이유가 내게는 좀 의아합니다: '동거가 결혼의 안정성을 증가시킬 수 있다는 것.'

같이 살아보기 전에는 알 수 없는 것들이 있다, 동거를 통해 진짜 서로 같이 살 수 있는지, 잘 맞는지 알 수 있다, 그 후에 결혼을 하게 된다면 이혼율이 줄어들 거라는 겁니다.

진짜 그럴까요? 몇 가지 의문이 생깁니다. 한번 가볍게(?) 같이 살아보는 것과 결혼 생활이 동일할지도 의문이지만, 설사 동거가 이혼율을 낮추는 데 영향을 미친다고 해서 이를 결혼의 안정성이 증가한 것으로 해석할 수 있을지, 어떤 사람이 열 번의 동거 후 결혼한 뒤에 이혼을 하지 않았다면 그것이 과연 함께 사는 삶의 안정성을 보여준다고 볼 수 있을지…. 나는 아니라고 봅니다. 그것이 보여주는 건 그 사람의 경우가 공적 통계상 이혼으로 잡히지 않는다는 것뿐이죠. 열 번의 동거는 어떻게 설명할 건가요?

그리고 그렇게까지 해서 낮게 나타나는 공식 이혼율이 왜 중요하지요? 이혼율이 낮아지는 것은 꼭 좋은 일인가요?

결혼 전에 얼마나 개방적 성생활을 했던지 간에 그건 아무 문제가 안 되고, 결혼을 하면 갑자기 그리고 영원히 일부일처제 신봉자가 되어야 하는 건가요? 그게 가능은 하고요?

결혼의 안정성이 증가해야 하고, 그것을 긍정적으로 보는, 논의의 '전제' 자체에 의문이 듭니다.

20대의 절반이 비혼 의사를 가지고 있는 것으로 조사되고(2020년 가족실태조사, 중앙 210531), '동거할 수 있다'에 동의하는 비율이 56.4%(20대 74%)에 달하고, '결혼은 꼭 해야 한다'는 비율은 처음으로 절반 이하(48.1%)로 떨어졌고, '결혼하지 않고 자녀를 가질 수 있다'에 동의하는 비율은 30%를 넘긴 세상(2018 통계청 사회조사)입니다. 2017년 기준 1인 가구 비율은 전체 가구의 28.6%에 달했습니다. (중앙 181110~11)[14]

프랑스 사상가 자크 아탈리는 "2030년이면 (현재의) 결혼제도가 사라지고 90%가 동거로 바뀔 것"이라고도 했고, 미국 인류학자 헬

렌 피셔는 "과거 1만 년보다 최근 100년 간 결혼관습이 더 변화했다. 앞으로의 변화는 더 극적일 것"이라 했습니다.

이렇게 전반적으로 성적 개방성이 증가하고, 결혼/이혼/재혼/동거/비혼/공동체 등 같이 사는 삶의 다양한 형태를 있는 그대로 받아들이는 경향도 증가하고, 결혼이란 제도 자체의 유효성이 의문시되는 마당에 (혼전)동거를 긍정하는 가장 중요한 이유가 '전통적'인 결혼의 안정성의 증가라고 말해지는 것은 '관성의 힘'인가요?

'전통이란 이름을 가진 기만'으로 자신을 (속이 다 들여다 보이게) 포장하려 애쓸 일이 아니라 내/우리 삶 안에서 좋은 사람들과 좋은 관계를 갖고 사는 방법이 생각지도 못한 정도로 다양해지고 있음을 그 자체로 긍정하면 될 일 아닐까 합니다. 그리고 나와 남에게, 여성과 남성에게 '같은 잣대'를 가지면 되지 않을까요?(이 부분이 우리 사회에서 상당히 취약한 부분 중 하나라고 생각합니다. 학생들이 전해주는 이야기는 이렇습니다(19 젠더프리토크 자료 중 발췌): "과 커플의 경우, 남자가 정말 쓰레기이지 않은 이상은 여자가 욕을 먹는다. 여자에 관한 정보가 모든 술자리의 안주가 된다. 헤어질 때나 안 좋은 소문은 오롯이 여학우의 몫이다. 또한 남자는 여러 명 돌아가면서 사귀어도 크게 욕을 먹지 않는 반면, 여자가 과 커플을 여러 번 하면 '남자에 미친 년'이라는 소리를 듣기 십상이다." 이런 이야기들이 현실이라면 '진정한 의미'에서의 성개방은 아직이네요.)

결혼을 하지 않거나, 평생 동거 관계로 지내거나, 공동체 안에서 살아가거나… '함께 살아감'의 형태는 앞으로 점점 더 다양해질 겁니다.(참, 혹시 아셨나요? 모든 혈연가족은 비혈연으로부터 시작된다는 것 말입니다. 이들이 가족이 아니면 누가 가족이란 말인가라는 질문을 하게 해주는 일본 영화 〈어느 가족〉을 권합니다.) 사회가 할 일은 그 다양한 관계들이 사회 안에서 잘 융합되면서 누구도 소외당하지 않고 충분히 보호받을 수 있게 도와주는 일이겠지요. 서구에서는 이미 각종 법적 장치와 정책들이 마련되고 있습니다. 변화에 따라 프랑스의 시민연대계약법, 독일의 파트너등록법 같은 정책과 법적 보호책이 생기는 겁니다.(한국에서도 2014년 '생활동반자법'이 제안되었으나 입법되지는 못했습니다. 황두영, 2020)

다양한 삶의 형태는 어떤 목적 달성이나 특정 가치 실현을 위한 도구가 아니고, 삶 그 자체입니다. 그 다양성의 확대 속도가 우리가 넋 놓고 따라갈 수 있는 정도를 넘어설 것 같은데, 정신을 조금 더 단단히 챙기는 것이 좋겠습니다.

젠더적 공간_
배려 또는 배제?

 공간이라는 주제에도 관심이 많은 사람입니다. 첫 수업시간에 들어가면(수업을 진행하면서는 세미나 대형으로 공간을 바꿉니다.) 차례로 길게 놓여 있는 책걸상에 학생들이 어떻게 앉아 있는지만 봐도 학생들의 마음이 조금은 읽힙니다.
 맨 앞자리는 대부분 비어있습니다. 예의상(?) 비워놓은 걸까요? 그렇다기보다는 처음 만나는 선생과 최소한의 심리적, 물리적 거리를 확보하겠다는 의지가 아닐까 합니다. 그래도 2~3번째 줄에 앉은 학생들은 '수업에 열심히 참여하고 싶습니다'는 마음을 슬며시 내비치는 거라 봐야겠지요. 학생들의 2/3는 보통 중간 이후 자리를 빼곡히 채웁니다. 일단 뭐하는지 보자, 관망하고 싶은 마음 아닐까요? 특히 맨 가, 맨 뒤에 앉은 학생들은 '저, 어쩌다 왔는데요, 여차하면 도망갑니다'라는 태도를 온몸으로 보여줍니다.
 이렇게 물리적 공간은 언제나 사회성을 갖습니다. 당신이 읽는 책이, 당신이 먹는 음식이 당신이듯, 당신의 공간 또한 당신을 보여줍니다. 사실이 사회적 구성물이듯 공간 또한 사회적 구성물입니다. 권력투쟁의 적나라한 장이기도 하지요. '높은 자리'는 '높은 사람들'의 공간입니다. 장대비가 오는 것이 캠핑 취소의 이유가 되는 사람들이 사는 '높은' 공간이 있고, 바로 그 시간에 생존을 위협받는 사람들이 사는 '낮은' 공간이 있습니다.

혈기방장하던 초짜선생 시절, 학생들과 '기싸움'을 한 적이 있습니다.(이제는 기운도 없습니다만, 나름 한고집하는 인간이라…) 학생들이 사용하는 과방이 문제의 발단이었습니다. 당시에 과방이 두 개가 있었습니다. 큰 과방, 작은 과방이라 불렸지요.

어느 날 2~3학년 여학생들이 찾아와서 대화를 나누던 중에 과방에 대한 불만을 토로했습니다. 큰 과방은 1학년들이 차지하고 있고, 공부방으로 쓰는 작은 과방은 복학생들(과 그들과 커플인 여학생들)이 차지하고 있다는 겁니다. 당시 학과장이던 나는 여학생 편을 들어서가 아니라, 공용공간을 특정 부류의 사람들이 '점유'하는 것은 말이 안 된다고 생각했습니다. 기억이 가물한데, 간접적으로 이런 문제가 있다 들었다, 자체적으로 해결하길 바란다는 의사를 전달했던 것 같습니다. 바람결에 들려오는 답이 황당했습니다. 작은 과방 단골 사용자들이, 억울하다, 작은 과방에 들어오는 걸 막는 사람은 아무도 없다고 했다는 겁니다.

음, 다른 과 학생도 아니고 '사회학과' 학생들이 그리 말을 한다니 섭섭했습니다. 선생들이 잘못했네, 싶었습니다. 뭔가 잘못 가르친 것일 테니까요. 20대로 가득 찬 클럽에 노인 혼자, 노인들만 가득 찬 노인정에 20대 혼자, 들어갈 수 있지요, 물론. 나라면, 쭈뼛대겠지만, 갑니다! 뭐 못 갈 것도 없지요. 필요하거나 가야 하면 가는 거지요.

하지만 많은 사람은 그런 경우 들어가길 포기할 겁니다. 꼭 출입금지 팻말이 붙어 있어야 하는 것은 아니지요. 그런 공간 앞에 서면 공간이 온몸으로 자신을 밀어내는 느낌이 들 겁니다. 알아서 안 들어가게 됩니다.(법원, 검찰청 같은 건물 앞에서 참 개방적인 느낌을 주는 건물이다, 들어가 보고 싶다는 느낌 받으시나요? 설마요, 법원, 검찰청 그런 건물은 그 앞에 선 사람들을 자연스레 움츠러들게 만들려는 의도를 마구 뿜어내고 있지요.)

동일한 사람이 거의 매일 어떤 공간을 점유해서 쓰는 것을 내가 알고 있는데, 그 공간이 어쩌다 비어있다고 해서 아무것도 모르는 척 쓰기는 쉽지 않습니다. 모종의 점유권, 비슷한 게 만들어져 있는 거죠. 비어있을 때도 말입니다.(권력은 작동하지 않을 때도 작동하는 법입니다.) 들어가기가 쉽지 않습니다. 굳이 분란을 일으키고 투쟁을 할 의도가 아니라면 말입니다. 그런 메커니즘에 대해 알 만한(알아야만 할) 사회학과 학생들이, '들어오지 말라고 한 사람 없다'고 말했다는 건 좀 아니지 않나요?(반론 기회, 늘 열려 있습니다.)

공간은 의미로 가득 차 있습니다. 열심히 말을 하고 있지요. 이 공간이 어떤 공간인지, 어떤 사람을 환영하는지, 어떤 활동이 이루어지길 기대하는지…. 그래서 우리는 어떤 공간에 들어서면 기분이 좋기도 하고, 마음이 열리기도 하고, 흥분되기도 하고, 경건해지기도 하고, 기가 죽기도 합니다.

젠더적 의미에서도 공간은 결코 '중립적'이지 않습니다. 여성과 남성의 공간 경험이 다를 수 있고, 공간의 구성 자체가 젠더적 편향성을 가질 수도 있습니다.(이런 관점을 바탕으로 시작된 '페미니스트 지리학'이라는 구체적 연구분야가 있습니다. 안숙영, 2020 1장 참조) 예를 들어 부엌 싱크대 높이가 남성의 키에 맞춰져 있다는 이야기를 들은 적 있으신가요? '당연히' 여성 평균 키에 맞춰져 있습니다.(가사시간에 배웠던 기억이 생생합니다. 센티미터 계산법을 외워서 시험도 봤던 것 같네요. 물론 당시에는 아무 문제의식도 없었습니다만.)[15]

만약 사람들이 부엌을 '중성적 공간'이라고 생각한다면 '당연히' 많은 고민을 할 겁니다. 서로 다른 성별의 사람들 모두가 그 공간을 불편하게 사용하지 않는 방법에 대해. 그랬다면 아마 지금쯤은 싱크대의 평균 높이가 달라졌던지, 싱크대 높이 조절 장치가 나왔을 겁니다.

적잖은 기혼 중년 남성들의 공간 고민도 큽니다. 예컨대, 집에 본인의 공간이 없다, 는 겁니다. 부엌은 물론 안방도 부인 차지,

각 방은 아이들 차지, 거실에서조차 자신의 자리와 발언권(종종 TV 리모콘에 대한 권리로 이해됨.)이 없다고 느낍니다. 별도의 본인 공간을 가질 수 있을 만큼 여유가 있는 집은 그리 많지 않을 테니 그분들의 고충도 심각합니다.

물론 집에서 본인 자리가 없다고 느끼게 된 원인의 일부는 본인의 지난 삶에 있을 수도 있으니 개인적 성찰이 필요하겠습니다만 (이 땅의 '아버지들'이 많이 참석하는 저녁 수업시간에는 '반성' 좀 하시라는 차원에서 더 강하게 말하곤 합니다.), 아무튼 자신만의 공간이 없다는 느낌은 누구에게나 '좌절'의 경험일 수 있고, 그런 사람들이 많다는 것은 사회적으로도 불행한 일이어서 함께 고민하고 해결책을 찾아갈 필요가 있다고 생각합니다. 현재 우리 사회에서 '아빠의 자리', 어디인가요?

젠디 이슈와 직접적으로 관련해서 사회적으로 이야기가 많이 되는 공간 중에는, 뭇 남성들의 원성을 사는, '여성전용공간'의 문제가 있습니다.

여성전용주차공간부터 잠시 살펴보겠습니다. 이 공간은 언제 어떻게 왜 생겼을까요? 우리나라에서는 서울시에서 제일 먼저 시행했다고 알려져 있는데, 논리적 유추는 그리 어렵지 않습니다. 예를 들어 외진 지하주차장에서의 범죄로부터 물리적 약자(여성)를 보호하겠다는 목적이 클 것입니다. 위험과는 크게 관계가 없어 보이는 경우에도 여성전용주차공간이 보입니다. 때로는 관습적으로 만든 것 같기도 하고, 때로는 상업공간의 마케팅 전략 때문인 것으로 보입니다.

그런 경우 개인적으로 고맙기도 하고 편하기도 하지만, '굳이 왜'라는 생각이 들기도 합니다. 이제는 여성 운전자가 수적으로도 결코 작지 않고 사고율이 남성보다 오히려 적다는 통계를 보아도, 성별적 범죄 발생이 우려되는 곳이 아니라면 딱히 필요하지 않다는 생각입니다. 여성전용주차공간의 존재가 여성의 운전 미숙이라는 오래된 '편견'을 유지, 강화하는 데 일조할 것 같기도 하고요.

개인적으로는 그런 공간보다는 장애인(일시적 장애 포함), 노인, 임신부, 유아, 운전미숙자 등 교통약자를 위한 일종의 'X맨 공간'을 마련하면 어떨까 싶습니다. 여성을 포함해 교통약자들이 필요할 때 필요한 만큼 이용할 수 있는 열린 공간이었으면 합니다. 비슷한 이유로 지하철에서도 노인석, 임신부석, 이런 식으로 별도의 맞춤형 이름붙이기를 하기보다는 교통약자석을 마련하는 것이 좋다고 생각합니다. 새로운(?) 약자층이 지목될 때마다 계속 새로운 이름을 붙여 나가긴 어렵지 않을까요? 공간적으로도 일반 좌석과 섞이도록 배치하는 것을 권합니다. 배려가 또 다른 이름의 배제가 되어서는 안 될 테니 말입니다.

좀 더 논쟁적인 공간으로는 지하철이나 전철의 '여성전용칸'이 있습니다. 몇몇 나라, 대도시에서 부분적으로(보통 출퇴근시간에 일부

차량에 한해 적용) 시행되었었거나 시행되는 것으로 알고 있고, 찬반 양론도 비등한 것으로 듣고 있습니다. 결론부터 말하자면 나는 '조금 다른 이름으로 일부 공간에 대한 한정적 시행', 정도에 찬성합니다.

여성전용칸이 필요하다고 말해지는 가장 큰 이유는 성희롱, 성추행 때문입니다. 대도시 지하철은 불특정 다수가 이용하는 매우 복잡도가 높은 밀폐된 공간이라는 공간적 특수성이 있습니다. 매일 어쩔 수 없이 이용해야 하는 공간에서 시민들이 부당한 경험을 당하기 쉬운 환경을 개선하는 노력은 사회적 의미가 있다고 생각합니다.

다만 여기에 여성전용이라는 '딱지'를 붙임으로써 생기는 소모적 논쟁이 있다고 봅니다. 남성들의, 우리를 잠재적 범죄자로 보는 것 아니냐, 같은 불만불평이 대표적인 겁니다. 그리고 같은 성끼리라고 해서 성희롱, 성추행이 발생하지 않는 것도 아니지요. 여성전용칸이 운영될 경우 왜 여성인데 여성 칸을 이용하지 않느냐는 부당한 따가운 시선을 받을 수도 있습니다. 마치 노인석이 아닌 일반석에 앉은 노인이 피곤에 찌든 젊은이들로부터 받게 되는 그런 시선 비슷한 것 말입니다.

그리고 다른 교통약자들도 특히 대도시 출퇴근시간의 숨도 쉬기 어려운 지하철을 이용하는 데 다른 이들보다 분명 많은 불편이 있을 겁니다. 그러니 필요하다면 실효도 없이 상황을 '과잉젠더화' 하기보다는 평일 출퇴근시간에 한해 교통약자칸을 한시적으로 운영해보는 건 어떨까 합니다. 일단 교통약자가 있다는 사실, 그들을 보호할 의무가 사회에 있다는 인식을 재고할 수 있고, 범위를 넓힘으로서 낙인도 없애고, 필요한 사람들에게는 이용 가능성을 높이고, 교통약자층에 속하지만 별문제없다고 생각하는 사람들은 그들대로 편하게 일반칸을 이용할 수 있지 않을까요?(불특정 다수의 사람들과 불특정 장소에서 만나고 헤어지는 일이 일상인 오늘의 삶에서 '격리'를 '기준값'으로 두고 사는 것은 가능하지도 바람직하지도 않다고 생각합니다.)

공간적으로 사회적 약자를 보호하고 배려하는 일, 꼭 필요하고 해야 하는 일입니다. 그러나 그 일이 또 하나의 배제나 차별의 메커니즘이 되지 않도록 마음을 쓰는 일도 꼭 필요하고 해야 하는 일입니다.

오늘의 슬픈
젠더 풍경

더 이상 안 들었으면 하는 이야기, 안 보았으면 하는 풍경이 있습니다. 그런 바람을 담아 학생들의 이야기를 전합니다.

교양수업 시간에 한 교수님께서 "성병은 여자가 더 많은 것이 사실이고 남자가 임신하지 않는 이상 섹스 문제에서 성 평등은 오지 않는다. 남자는 정자가 무한하지만 여성은 그렇지 않기 때문에 남자는 성적으로 우위에 있으니 '남자에게 사랑이 식었다'고 말하지 마라, 성관계를 세공하는 것이 문제다. 남이 실컷 먹던 숟가락을 내 밥상에 올려놓으면 좋겠냐, 남성은 임신하지 않고 정자를 주는 입장이지만 여성은 반대기 때문에 여성은 남성이 나한테 정자 싸고 토끼지 못하도록 잡아놔야 한다" 등의 이야기를 하셨다. 이런 이야기가 대학에서 아직도 아무렇지도 않게 말해진다는 것에 분노가 치밀었다. (16 ㅂㅂㅅ)

나는 페이스북에 접속할 때마다 성희롱을 당하고 있다고 말할 수 있다. 페이스북의 최대 단점은 타임라인에 올라오는 글을 취사선택할 수 없다는 것이다. 덕분에 나는 성평등에 관한 페이스북 유저들의, 좀 과장하자면 한국의 평균적인 의식 수준을 알게 됐다. 얼마 전에는 '여자친구가 짧은 치마를 입는 것을 싫어하는 이유'라는 동영상이 올라왔다. 그 동영상에는 짧은 치마를 입은 여성을 몰래카메라로 촬영하는 남성이 나왔다. 즉, 짧은 치마를 입으면 몰카를 당할 수 있으니 남자친구들이 못 입게 한다는 거다. 글에는 자신의 여자친구를 태그하며 '짧은 치마 입으면 죽인다'라는 남자들의 댓글이 줄줄이 달린다. (16 ㅂㅇㅎ)

K-도터(daughter), 경상도장녀, 한녀살려, 하는 집이 저희 집입니다. 아직도 각종 제사를 지내고, 남성과 여성은 상을 분리해서 여성은 모든 일을 하고 한참이 지나서야 작은 밥상에 모여 밥을 먹고, 손주가 태어났을 때 여자인 제가 안으면 욕을 먹는 그런 집입니다. 물론 사람이 나쁜 면만 있는 것은 아니니 좋을 때도 있고, 이런 부분만 적으면 아주 가부장적으로 보이지만, 평범한 그리고 나름 착한 친척들입니다. 어떤 문제를 너무 오래 앓으면, 기가 막혀서인지 체념해서인지 하여간 고민하고 생각하는 시간이 길어질수록 오히려 할 말이 없어질 때도 있다고 생각하는데… 저는 명절 풍경 저희 집에 대해 그런 편입니다. 그러한 추석 풍경을 생각하면 말문이 꽉 막힙니다. (19 ㄱㅇㅈ)

먹을 때 항상 먼저 남성들이 먹은 후 여성들은 남은 반찬으로 밥을 먹었다. 가장 마음이 안 좋았던 건 음식을 한 우리 엄마가 가장 늦게 먹었다는 것이다. 다행히 이번 추석 때는 큰집을 가지 않아서 여성들만 조용히 일을 하고 남성들은 시끄럽게 떠들어대는 꼴사나운 광경을 보지 않아도 됐었다. 하지만 친가에서 남성들이 밥을 먼저 먹는 것은 그대로였다. 또, 할머니 제사를 지내는데 큰아빠가 각 집의 맏이가 술잔을 올리자고 했었다. 그러나 아빠는 손주 중 유일한 남자인 큰아빠네 막내보고 술잔을 올리라고 했다. 결국 우리집 큰언니와 그 막내 애가 술잔을 올렸다. 나는 아빠의 말을 듣고 생각했다. 굳이? 왜? 하지만 난 태클을 걸 수가 없었다. 어른의 말에 토를 달면 안 된다는 '관습' 때문에 입을 다물고 있었다. 만약 그 질문을 내가 입 밖으로 꺼냈다면 답은 아마 '그게 관습이니까'이지 않을까. (19 ㄱㅎㅎ)

얼마 전 어버이날을 맞아 친척들과 식사를 했는데, 사촌오빠가 한 말 때문에 충격 아닌 충격을 받았다. 본인이 대학생이었을 때(사촌오빠의 나이는 올해로 30세) 25세까지는 (외모가) 예쁘기만 하던 여자 후배들이 그 후로는 이상해지더라는 것이다. 이 말을 듣고 여자의 나이를 크리스마스 케이크에 비유한다는 게 생각났다. 수업시간에 그 비유를 처음 들었던 터라, 그땐 '엥, 그런 말을 하는 사람이 있다고?' 하며 넘어갔었는데 그런 말을 하는 사람이 나의 사촌오빠였을 줄이야. 아마 오빠는 그게 여성의 외모를 평가하는 엄청난 구시대적 발언인 것을 몰랐을 것이다. 젠더 수업을 듣고 있는 사람으로서 한마디 했어야 했는데, 분위기 망치기 싫어서 또 꾹 참아버린 게 속상하다.

(19 문화와일상 ㅅㅁㅈ)

제게는 숏컷을 한 생물학적 여성 친구가 있습니다. 그 친구는 악성 곱슬이어서 머리를 짧게 하고 다닐 수밖에 없는데요, 단지 머리가 짧다는 이유로 약 반년 동안 이력서를 넣었던 모든 회사에서 거절당했습니다. 면접만 보게 해달라 사정해도 '머리가 짧아서 안 될 것 같다', '우리가 바라는 여직원 이미지와 맞지 않다'는 말을 들었답니다. 짧게 자른 머리가 능력에 지장을 주는 것도 아닌데 말입니다.

(20 2분스피치 ㅇㅇㅎ)

지난주 나는 학교에 늦을 거 같아 급하게 택시를 탔다. 학교로 가달라고 말씀드리고 차에서 과제를 하고 있었다. 기사분이 어느 과에 다니냐고 물으셨다. 미대에 다닌다고 하자마자 '시집 좋은 데 가겠네' 소리를 들었다. 놀랍게도 2020년이 맞다. 무례한 질문을 하거나 아무렇지 않은 외모 평가, 다짜고짜 반말 등 지금까지 택시에서 겪은 일들은 굉장히 많다. 이번에는 시집 좋은 데 가겠다는 소리를 듣자마자 남자가 똑같이 미대에 다닌다고 대답했으면 '장가 좋은 데 가겠네' 소리를 듣진 않겠지 생각했다. 나는 시집을 잘 가려고 대학에 온 것이 아니다. 겨우 그런 소리를 들으려고 미대에 온 것이 아니다. 지금 이 시대에도 나는 미대에 다닌다는 이유로 시집 잘 가겠다는 소리를 적지 않게 들었다. '욕하는 것도 아닌데', '나쁜 의도는 아니잖아' 같은 반응을 한 사람도 있었다. 맞다 욕하는 것도 아니고 나쁜 의도로 말한 것도 아니겠지. 그렇지만 욕보다도 더 힘 빠지게 만드는 말이다. 나를 나로 봐주지 않고 그저 '시집 잘가는 여자'로만 보는 느낌이다. 덕분에 그날 하루종일 참 생각이 많아졌다.   (20ㅇㄹㅇ)

   미대에 다니는 학우가 본인의 '생각키우기'에 적은 '미대 다니면 시집 잘 가겠네' 일화가 재미있었는데 그 이유는 저도 같은 일을 겪은 적이 있고, 저 역시 그 말을 택시 기사님께 들었기 때문입니다. 그렇습니다. 저도 시집이나 잘 가려고 음악을 배운 것도 아니고 대학에 온 것도 아닙니다. 만약 제가 마땅히 이룬 것 없이 사랑하는 사람을 만나 결혼한다면 누군가에겐 '음대 나와서 시집 잘 간 여자'가 될까 걱정이 되기도 합니다. 선생님께서 읽어 주신 '생각키우기' 중에서 '형은 ○○이 주면 먹냐? 난 먹는데'라는 말이 너무나도 충격적이고 놀라워서 순간 눈물이 핑 돌았습니다. 그 말을 직접 전헤들은 희우의 마음은 아마 무너졌을 것입니다. 누구도 타인에 대해 그렇게 함부로 생각하고 말할 수는 없는데 말입니다.   (20ㅇㅁㅅ)

Chapter 5

공정함에 대하여

'최소한 결과의 공정성은 보장되는 시험 성적'에 목을 맬 수밖에 없는 우리 젊은이들의 불만과 좌절과 분노가 심각한 수준이라는 것, 알고 있습니다. 그러나 … '기계적 능력주의'가 단기 비상 처방일 수는 있겠지만, 우리 사회의 북극성, 우리 미래의 시대정신(Zeitgeist)일 수는 없습니다.

'납작한 공정'은 위험하다

요즘 20대, 그리고 '이대남'에 대해 말할 때 이 세대가 특히 공정(fairness)에 민감하다고들 합니다. 공정은 언제나 중요한 가치이겠으나, 처음으로 부모세대보다 '가난한 세대'라고 말해지는 세대이고, 3포 4포 8포 세대라는 말이 회자되는 상황이니 공정에 더욱 민감할 수밖에 없지 않을까 싶습니다.

오죽하면 수많은 젊은이가 공무원시험에 몇 년의 시간을 담보 잡히겠는지요. 그나마 기댈 곳이라고는 '형식적 공정'뿐인데, 계층양극화, 세습화가 심각한 사회문제로 등장한 지 오래입니다. 거기에 더해 사이사이 터지는 편법과 탈법은 젊은이들을 좌절시킵니다.

그러니 공정성 확보는 너무나 중요한 일입니다. 그런데 선언적으로 공정을 말하는 것은 어렵지 않습니다. 공정이 필요하고도 중요하다는 것에 동의하지 않는 사람이 있을까요? 그러니 정치가들도 입만 벌리면 공정을 말합니다.

그러나 마음을 차분히 하고 한 걸음만 더 들어가면 이야기는 복잡해집니다. 무엇이 공정인지, 어떻게 공정이 확보될 수 있는지, 나의 공정과 너의 공정이 동일할 수 있는지 등에 대한 철학적 논의 자체도 간단하지 않고, 사안별로 무시할 수 없는 미묘한 차이들도 있어서 한 묶음으로 깨끗이 정리될 수 있는 일이 아닙니다. 길고 복잡하게 토론해야 합니다.

예를 들자면 끝이 없겠지만, 젠더 주제와 관련해 몇 가지만 이야기해보도록 하지요. 남자아이를 자녀로 둔 부모들이 공학 중고등학교를 선호하지 않는다고 합니다. 여학생들에게 '치인다'고 생각한다고요. 관련해서 예전에 남자 조카를 통해 들었던 얘기가 생각납니다. 그 친구가 중학교 1학년 때로 기억됩니다. 달리기 시험을 보는데 성별로 만점 기준이 다른 것이 이해가 안 되었다 합니다. 키가 남학생보다 큰 여학생도 많았기 때문이었죠. 당시 키가 작은 편이었던 조카 생각에는 부당하다 생각되었던가 봅니다.

그런데 그것도 모자라 선생님이 몇몇 여학생들에게만 다시 뛸 기회를 주었다고 씩씩댔습니다. 이런저런 이유로 실력 발휘를 다 못했다고 울면서 어필한 여학생들에게 다시 한 번 뛰게 해주셨다는 겁니다. 물론 전해들은 일이기에 당시 상황 묘사가 아주 정확하진 않을 수 있지만, 그 말에 기초해보면, 사실 후자는 별로 어렵지 않게 '부당하다'고 결론 낼 수 있을 것 같습니다. 시간 측정 실수, 트랙 상황 등 운영적인 문제가 아니라 개인적 실수에 의해 생긴 문제였다면, 일부 학생에게만 재시험 기회를 준다는 것은 공정하지 않다고 생각됩니다. 그것도 전체 학생들의 상황을 확인하지 않고 어필한 몇몇 학생들에게만 그랬다면 더 큰 문제이겠습니다.

그런데 여학생과 남학생 사이의 달리기 만점 기준 차이는 좀 더 어렵습니다. 달리기 만점 기준을 성별적으로 다르게 설정하는 것이 과연 공정할까요? 여성이 남성보다 평균적으로 키가 작은 것은 사실이지만, 성장기에는 특히 중학생 정도까지는 크게 차이가 나지 않지요. 상대적으로 체격조건이 좋은 여학생들도 많고, 성별 내에서의 체격 차이도 큽니다.

지금도 마라톤 경기를 성별로 나눠서 치르고 서로 다른 기준이 적용되는 것으로 압니다만, 프로 권투, 레슬링 같은 종목에서 몸무게로 체급을 나누듯 키 별로 만점을 다르게 하는 것이 보다 합리적일 수 있지 않을까요? 하지만 성별 간 평균적인 '자연적'(다시 설명할 기회가 있을 겁니다.) 근력과 운동능력 차이 등이 존재하는 것도 사실이다 보니 키 별로 나누면 여성이 보다 부정적인 평가를 받을 가능성이 많아 보이는군요.

프로 경기도 아니고 성별이든 키든 어떤 획일적인 기준을 정해 점수를 매기기보다, 본인의 달리기 능력에서 얼마나 발전했는지를 기준으로 평가하는 것이 보다 합리적이고 공정하고 교육적인 평가가 되지 않을까 싶기도 합니다.

다른 얘기를 하나 해보도록 하지요. 특정 직종 선발과정에서 '성별할당제'가 실시되고 있습니다. 국립대학 여성 교수 채용목표제도 같은 것도 있고, 초등학교 교사 선발 과정에서는 남성 할당제도가 있습니다. 간호사 선발에서도 남자 간호사를 일정 비율로 우선 선발하려는 것으로 알고 있습니다. 지역인재, 청년, 장애인 채용할당제 같은 것도 있지요.

그런데 성, 지역, 나이 등을 기준으로 한 할당제는 공정한 것일까요? 단순하게 모든 할당제가 옳지 않다고 생각하는 사람도 있을 수 있겠습니다. '능력'에 따른 선발이 더 '공정'하다는 입장이겠지요. 물론 그렇습니다. 능력에 따라! 쉽게 부정하기 어려운 명제입니다. 그러나 문제가 그리 간단하지만은 않습니다.

《정의란 무엇인가》의 저자 마이클 샌들 교수도 비판하고 있듯이 능력이라는 것이 전적으로 개인의 자원과 노력으로만 획득 또는 개발된 것이라 보기 어렵기 때문입니다. 유전자의 영향도 있을 뿐더러 어느 나라 어느 시대, 어떤 지역 어떤 가정에 태어났느냐 등 수많은 우연과 행운은 그에게 '거저 주어진 것'입니다.

어떤 능력이 더 중요한 능력인지, 능력을 어떻게 측정하는 것이 공정한 것인지 등을 판단하는 데도 단 하나의 절대적인 잣대가 존재하는지 의문입니다.

할당제마다 역사적, 사회적 맥락도 동일하지 않습니다. 예를 들어 여성 교수 채용목표제, 지역인재, 청년, 장애인 채용할당제 같은 것은 '능력'에 따른 채용이 이루어지지 못하고 있다는, 설사 능력에 약간의 차이가 존재하더라도 그 차이가 전적으로 개인적 능력의 차이에서 연유하는 것이 아니라는 판단, 사회통합적인 가치 등이 복합적으로 고려되어 실시되는 것입니다.

그에 반해 초등교사 임용 남성 할당제의 경우 남성이 선발과정에서 어떤 차별을 받아왔기 때문이라기보다는 오히려 피교육자를 위해 일정 비율의 남성교사가 필요하다는 사회적 판단에 기초한 것입니다. 남성의 교대 입학을 촉진하기 위한 정책이죠. 이런 사고는 소위 '정상가족'의 이미지를 사회 차원으로 확대한 것에 불과하다는 비판을 받기도 합니다. 남성 간호사의 경우도 역시 남성의 간호대 입학을 촉진하고자 하는 취지도 있는데, 직업의 성격상 근력이 평균적으로 보다 센 남성의 현실적 필요에 근거한다는 점에서 초등교사의 경우와 조금 다른 맥락이 있습니다.

수업시간에 학생들이 문재인 정부의 여성 장관 채용목표제를 주제로 토론한 적이 있었습니다. 반대 의견을 가진 학생들의 주장은 이런 것입니다: "장관이란 자리는 특정한 직무 전문성이 필요한 매우 중요한 자리다. 그러니 성별을 고려하는 것은 옳지 않다. 그리고 보통 그 자리에 갈 만한 사람들 중 남성의 숫자가 많은 것이 현실이다."

이런 역질문을 했었습니다: "현재 장관 자리에 임용될 만한 능력을 가졌다고 보이는 인력풀 중에 여성의 숫자가 작을 수 있습니다.

그러나 지금까지 여성과 남성이 동일한 조건에서 경쟁했다고 볼 수 있을까요? 불리한 조건에도 불구하고 그 위치까지 간 여성이라면 남성보다 더 능력자라고 볼 수도 있지 않을까요?"(더 능력자라고 주장하기 위해서 하는 질문이라기보다는 한번 더 생각해보길 부탁하는 겁니다.)

게다가 성평등이라는 사회적 가치의 구현이라는 차원도 있고, 외국의 경우 여성 고위공직자 비율이 높은 나라가 정부의 생산성, 투명성 등이 더 높다는 보고들도 많습니다. 여성들이 더 유능해서 그렇다고 주장하고 싶지는 않습니다. 아마 그 원인은 보다 열린 다양성을 가진 사회가 된 것에서 찾아야지 않을까요? 일정한 할당제는 이런 차원에서도 정당화될 수 있을 겁니다. 그래서 사실 할당제라는 말은 '다양성(확보)정책'이라 불리는 것이 더 타당하다 싶습니다.

생태계에서조차 다양성은 생존에 유리하다는 사실을 기억합시다. 다양한 할당제를 실시하는 사회적 판단은 불균등한 출발점을 교정하고자 하는 것이지 어떤 특정 대상에 유리한 조건을 만드는 것을 목적으로 하지 않습니다. 그러니 불균등한 출발점이 교정된다면 자연스레 사라질 겁니다. 예를 들어 우리 사회의 많은 부분에서 이미 성별 할당제는 불필요한 것으로 여겨집니다. 그리고 보다 중요한 것! 다양성(확보)정책으로서의 할당제는 바로 앞에서 언급했듯 그것이 결과적으로 사회의 생존과 성장에 더 유리하다는 인식에 바탕을 둡니다. 어떤 할당제가 그에 부합하고, 부합하지 않는지는 충분한 사회적 논의를 요청합니다.[16]

공정하게! 선언적으로 외치는 것은 어려운 일이 아닙니다. 그러나 어떤 공정, 어떻게 공정, 이건 매우 복잡한 일입니다. 보다 공정한 사회를 만들어가는 것은 지난한 일입니다. 우리가 위에서 간략히 살펴본 일도 더 세밀하게 더 충분히 더 다양하게 논의가 필요하지요. 간단하지 않은 문제를 간단하게 처리하는 것은 위험합니다.

또 하나! 공정을 말한다는 것이 말하는 사람의 공정함을 의미하는 것은 아닙니다. 우연히 또는 행운으로 기득권을 누리는 이들이 말하는 공정은 때로 우연히 또는 불운으로 그 기득권을 누리지 못하는 이들이 말하는 공정과 서로 다른 것일 수도 있습니다. 그러니 '기계적 공정', '산술적 공정'을 무기로 공정한 상황에서 태어나거나 자라지 못한 이들의 입을 막는 일은 최소한 없어야 할 것입니다.

공정이라는 칼은 아주 조심스럽게 다루어야 합니다. '납작한 공정'은 위험합니다.

> 공정의 다른 말은 겸손이다. 겸손한 마음이어야 자기와 다른 목소리를 포용할 수 있고, 그런 넓은 포용력이 진정한 공정의 바탕이 된다.
> - 배영대 근현대사연구소장, 중앙 210529~30

시험지만 같으면
공정한가?

 소위 4차산업혁명 시대를 입이 마르고 닳도록 말하지만, 정작 수많은 젊은이를 '산술적 공정'의 상징이 된 공무원시험 앞으로 몰아넣고 있는 현실에서 '능력주의(meritocracy)' 주장에 토를 다는 것은 위험해 보입니다. 내몰리듯 글을 쓰는 심정이 조금은 이해되기를 바라며 '용기'를 내봅니다.
 능력주의란 무엇입니까? 능력주의란 개인의 재능과 노력[17]에 따라 보상이 이루어져야 한다는 원칙이자 이상입니다. 어떤 제약도 없는 기회의 평등과 공정한 분배가 그 조건입니다.
 성별, 계층, 인종, 장애 등과 무관하게 능력만으로 개인을 평가해야 하고 성과에 따른 보상이 공정하게 이루어져야 한다는 것, 멋진 말입니다. 그렇지 않나요? 이런 이상은 모든 인간이 자유롭고 평등하다는 근대 민주주의 인권 이념에도, 각종 차별 철폐를 위해 노력해 온 소수자 사회운동의 이념과도 부합합니다.
 그런데 왜 이런 주장에 대한 우려가 터져 나오고 있는 걸까요?

우선 능력이라는 개념 자체가 사회적 구성물이라는 점을 생각해 봐야겠습니다. 능력이라는 것은 초역사적이지 않으며 시대에 따라, 사회에 따라 다르게 정의될 수 있고, 누가 어떻게 측정할 것인가의 문제도 있습니다. 특정 시대, 사회가 추구하는 가치에 의해 서로 다른 능력이 요청될 수 있습니다. 어떤 능력을 더 중요하게 평가할 것인지, 능력 평가 방법을 어떻게 할 것인지에 대한 모든 문제도 사회적, 정치적 과정 안에서 결정됩니다.

타고난 유전자와 자라난 환경의 영향을 받는다는 점에서 능력을 기르는 기회의 균등이 처음부터 확보되기 어려운 것 아닌가 하는 섬도 고려해야 합니다. 큰 성공을 한 '된 사람'들의 인터뷰에 공통적으로 등장하는 말, 나는 운이 좋았다, 겸손이기도 하지만 '사실'이기도 합니다.(조금 더 '된 사람'들은 그래서 자신은 사회에서 받은 것을 돌려줘야 할 의무가 있다는 것을 압니다. 한 강연에서 관련한 재미있는 표현을 들었습니다. 어떤 사람은 3루에서 태어났음에도, 자신이 3루타를 친 것으로 착각한다는 겁니다.) 《실력과 능력으로 성공했다는 당신에게》의 저자 로버트 H. 프랭크는 본인이 부탄에서 만났던 다방면으로 아주 유능했던 젊은이 예를 들며 그는 자신이 만난 가장 유능한 청년이었으며, 그가 만약 미국에서 태어나는 행운을 누렸더라면, 대단한 성공을 누렸을 것이라 말합니다.(《정의란 무엇인가》,《공정하다는 착각》의 저자 마이클 샌들의 이야기 맥락도 유사합니다.)

언제 어디서 태어나서 어떤 가정과 사회에서 자랄지를 스스로의 노력으로 성취하는 사람은 없습니다. 나의 성공은 기본적으로 최소한 어느 정도 '거저 주어진 것'입니다. 그러기에 일부의 주장처럼 동일한 시험지가 공정을 자동으로 담보해주지는 않습니다.(남성 청년의 입장에서 보자면 이런 예는 어떨까요? 동일한 능력을 가정할 때 군대를 갓 제대한 남성과 학업 단절 과정이 없었던 여성이 같은 시험을 보는 상황 같은 예 말입니다. 이해가 확 되지 않을까요?)

게다가 존재하는 어떤 사회도, 선진복지사회조차 '진공 상태'에 있지 않고, 다양한 불평등의 문제에 직면하고 있습니다. 그러니 능력주의는 그 원칙과 이상의 긍정성에도 불구하고, 현실에서는 제한된 형태로만 받아들여질 수 있습니다.

그럼에도 불구하고 이 나라 젊은이들이 능력주의, 그중에서도 '기계적 공정'(예: 선다형 시험)에 기반한 능력주의의 손을 들어주는 것은 오죽하면 그러겠나, 하는 생각이 듭니다. "그들이 느끼는 불안 속에서 유일하게 예측가능성을 제공해주는 시스템"(임명묵,《K-를 생각한다. 90년대생은 대한민국을 어떻게 바라보는가》중, 210618 중앙일보 장훈 칼럼에서 인용)으로 상상할 수 있는 것이 그것뿐이라면 어떻게 그 책임을 젊은이들에게 물을 수 있겠습니까?[18]

그러나 그들이 직접 만들어낸 문제가 아니라 해도, 사회의 구성원으로서 이 문제상황과 함께 살아야 하는 젊은이들과 함께 고민하지 않을 수 없습니다. 어느 특정한 작은 범위 내에서 소위 능력주의에 의한 자유경쟁이 가능하고, 그에 대한 사회적 동의를 비교적 쉽게 이끌어낼 수 있는 경우를 생각할 수 있지만, 보통은 문제가 결코 단순하지 않습니다.

여기에서는 왜 서구 선진 사회를 포함한 거의 모든 사회가 이런 저런 '적극적 (평등 구현) 조치'들을 실시하고 있는지에 대해 잠시 이야기해보고자 합니다. 중요한 전제는 물론 '기울어진 운동장'입니다. 기울어진 운동장에서는 기회의 평등과 공정한 분배가 구조상 보장되지 못하니 능력주의 자체를 이야기하기 어렵지요. 무한자유경쟁의 표본국, 미국에서도 집요한 반대 주장에도 불구하고 예를 들어 대학 입시 과정에서 사회적 소수집단 우대정책을 펴오고 있습니다. 인종, 성별, 계층 등 '정체성 요소'를 근거로 하는 차별이 역사적으로 누적되어왔고, 그 현재적 효과를 상쇄하기 위해서는 단순한 차별 철폐를 넘어 '우대'하는 적극적 조치가 필요하다는 이유에서입니다. 나아가 교육에서 가능한 한 넓은 다양성을 확보하는 것은 정당할 뿐 아니라, 그 결과에 따른 사회적 이익이 훨씬 더 크다는 입장도 깔려 있습니다. 기업 경영에서조차 사회책임경영(ESG)을 이야기하는 마당입니다. 어떤 조치와 정책의 공동선에 대한 기여도는 사회적 결정의 중요한 판단기준이 되고 있습니다.

여기서 중요한 문제 중 하나는 누가, 어떤 집단이 '적극적 조치'의 적절한 대상이냐는 것에 대한 사회적 합의이겠지요. 바로 이 부분에서 지금 우리가 말하고자 하는 문제상황이 있습니다. 우리 사회에서는 국가유공자, 장애인, 경제적 약자 등을 대상으로 하는 일부 '우대정책'은 보다 쉽게 사회적 동의를 얻을 수 있을 것으로 보입니다. 이미 '능력'으로 사회에 기여한 사람들이거나, 명백한 약자로 구분될 수 있기 때문입니다.

그런데 젠더 문제와 관련해서는, 다른 글에서도 말한 바와 같이 더 까다로운 부분이 있습니다. 젠더에 관한 한 2020년대의 대한민국은 더 이상 기울어진 운동장이 아니라는 인식이, 최소한 일부 20대 (특히 남성들) 사이에 확산되어 있기 때문입니다.

그래서 젠더와 관련된 능력주의와 공정 논의의 흐름은 보통 이렇습니다: "기업은 이윤을 추구한다 → 여성은 남성과 비교했을 때 능력이 더 뛰어나지 않고, 당직이나 험한 일을 회피하고 체력도 떨어지며, 출생과 육아 휴직 가능성이 있다 → 여성을 굳이 뽑을 필요가 없다 → 이것은 차별이 아니라 시장 원리에 따른 자연스러운 선택의 결과다." 능력이 뛰어난 여성이라면 기업이 채용하지 않을 이유가 없다는 말도 양념처럼 덧붙여집니다.

이 문제에 대해 토론하려면 끝도 없지만 몇 가지만 짚고 가자면, 기업은 더 이상 좁은 의미에서의 이윤만을 추구하진 않습니다. 앞에서 ESG경영을 언급했지만, 그래서는 살아남기 어렵다는 것이 요즘의 기업상식입니다. (그리고 정신을 차리고 있는 괜찮은 기업이라면 출생/육아휴직을 더 이상 성별적 문제로 보지는 않을 듯호.) 성, 인종 등의 다양성정책을 시행한 나라나 기업의 생산성이 더 높다는 데이터도 많이 제시되고 있고요.

여성과 남성의 능력과 태도를 비교하려면 학교에서는 더 우월하다는 요즘의 여성 청년들이 취업시장에서는 왜 갑자기 더 열등해지는 것인지도 들여다봐야 합니다. 여성의 대학진학률이 더 높고, 국제학력평가시험(PISA)에서 한국 여학생 성적이 언어, 과학에 이어 수학마저 남학생 성적을 넘어섰는데(2015년, 중앙 170101~02), 대졸 여성의 경제활동참가율은 남성보다 25% 낮으며 월평균 임금은 남성의 68% 수준이고(중앙 210507), 미국 캔사스대 김창환 교수 연구결과에 따르면 한국 20대 여성의 임금은 학과, 학점, 스펙이 똑같은 남성 대비 82.6%(중앙 210428)입니다. 설사 취업과 관련한 어떤 특정한 능력과 태도에서 여성들이 부족한 부분들이 있다 해도 그것이 어디에서 연유하는 것인지 면밀하게 살펴보아야 할 것입니다. 출생과 육아로 인한 여성들의 경력단절을 여성이 책임져야 하는 문제인지도 합리적으로 설명되어야 할 테지요. 기업의 구조와 문화 자체가 아직도 '남성중심적'이진 않은지도 돌아봐야 합니다.

보다 정교하고 긴 토론이 필요한 일이긴 합니다만, 우선은 공정이 '매우 복합적이고 상대적인 말'이며, 공정에 대한 논의가 지난한 갈등과 토론의 과정일 수밖에 없으며 끊임없이 최소한의 합의를 찾아가야 하는 싸움터라는 것을 전제해야 한다고 생각합니다. 그리고 능력주의, 특히 단순산술적 능력주의는 얼핏 보면 잠시 특정한 국면에서는 공정한 것 같지만, 실제로는 그리고 장기적으로는 불공정을 심화하고 사회를 양극화할 수 있다는 문제의식을 공유하고자 합니다. 경직된 능력주의는 자칫 우리 모두를 끝없는 자기착취로 내몰며 결국은 모두를 패자로 만들 수 있다는 것이 능력주의 사회의 한 정점에 서 있는 미국 예일대 로스쿨 교수 대니얼 마코비츠(2020)의 경고입니다.

'최소한 결과의 공정성은 보장되는 시험 성적'에 목을 맬 수밖에 없는 우리 젊은이들의 불만과 좌절과 분노가 심각한 수준이라는 것, 알고 있습니다. 그러나 편법과 반칙이 횡행하는 것은 우리 모두가 힘을 다해 고쳐야 할 과제이지, 그것이 잘못된 무엇을 계속해야 하는 이유가 되도록 놔둘 수는 없습니다. 누구도 아닌 젊은이들의 미래를 위해서요.

조금씩이나마 보다 나은 공정의 방법을 조심스레 찾아가는 과정에서 우리는 미래에 대한 분명한 방향성을 잃지 않아야 합니다.

> 위 (중략) 주장들의 하나같은 공통점은 공정성을 과거나 현재에 대한 이야기가 아니라 미래에 대한 이야기로 생각하고 있다는 점이다. 우리가 이야기하는 공정성에는 과연 미래에 대한 (중략) 사람을 어떻게 성장시킬 것인지에 대한 고민이 있는가? 지금이 바로 그 토론을 시작할 때이다.
>
> - 박원호(서울대 정치외교학부 교수)
> '단순한 것이 공정한 것은 아니다', 중앙 191108

'기계적 능력주의'가 단기 비상 처방일 수는 있겠지만, 우리 사회의 북극성, 우리 미래의 시대정신(Zeitgeist)일 수는 없습니다.

여대에 약대가 있는 것은
불공정하다고 생각합니다!

공정과 불공정에 대해 말하면서 어느 순간 남학생들 입에서 약대 이야기가 나오기 시작했을 때 속으로 조금 놀랐습니다. 여학생 휴게실은 있는데 왜 남학생 휴게실은 없냐고 항변하는 학생을 봤을 때 느낌과 비슷했습니다. 현상만 뚝 잘라보면 '그래, 여학생 휴게실만 있는 것은 좀 이상하네, 불공정하다고 생각할 수 있겠네'라고 말할 수 있겠으나 그 전에 여학생 휴게실'만' 생긴 역사적 맥락을 생각해 봐야 하지 않을까요?

여학생 휴게실은 '투쟁'의 산물입니다. 왜 투쟁했을까요? 대학 캠퍼스가 여학생에게 불편했기 때문일 겁니다. 그래서 그 작은 배타적 공간이라도 얻어낸 것이겠지요. 만약 남학생도 여학생과 같은 정도로 배타적 공간의 필요성을 느꼈다면 요구하지 않았을까요? 남학생들은 필요성을 느끼면서도 참았던 걸까요?

남학생 휴게실 주장은 내재적 욕구에서 생겼다기보다는 여학생 휴게실을 보고 난 후에야 생겨난, 외생적 욕구라고 보입니다. 그

러니 여학생 휴게실과 남학생 휴게실 문제를 동일한 차원에서 다루는 것은 정당하지 않아 보입니다.[19]

다시 약대 이야기로 돌아오지요. 역사적 맥락을 고려하지 않고 현재를 한 단면으로만 뚝 잘라 보면 앞서 언급한 남학생처럼 생각할 수도 있겠습니다. '약사고시'라는 말이 생겼을 만큼 약대진학을 희망하는 (남)학생이 많아진 요즘, 남녀공학에 있는 약대에는 성별 구분 없이 다 입학할 수 있고, 여대에 있는 약대에는 여성만 입학할 수 있으니 말입니다. 그리 따지자면 여대의 존재 자체를 문제 삼아야 할 수도 있겠으나, 우선적으로는 아무래도 남학생의 현재 이해관계와 강하게 배치되는 부분에 대한 문제가 대두되는 것으로 보입니다.

즉 여대의 약대는 어제오늘의 일이 아닌데, 이제 와서 그것이 민감한 문제가 되고 있다는 사실은 약대를 가고 싶어 하는 남학생의 숫자가 증가했다는 것에서 그 이유를 찾아야 할 것 같습니다. 특정 직업에 대한 선호라는 것이 시대에 따라 변화하기도 하고 직업의 안정성에 대한 욕구가 높아진 것도 한몫을 했겠지요.

여기서 한 가지 놓치지 않아야 하는 생각이 있습니다. 우리 누구도 '0'에서부터, 백지에서부터 시작할 수 없다는 겁니다. 역사적, 사회적 맥락과 유리된 어떤 개인도 존재하지 않습니다. 특정 시대, 특정 사회를 선택해서 태어나는 것은 아니지만, 태어나보니 특정 시대와 사회의 '유산'을 이미 끌어안고 있는 겁니다. 싫든 좋든. 긍정적인 유산이건 부정적인 유산이건.

이 생각에 기초해 몇 가지 질문을 해봅시다. 여성만을 위한 고등교육기관이 따로 생겼던 것은 여성 우대 정책의 결과였을까요? 왜 거의 모든 여대에 약대와 간호대는 있는데, 의대는 그렇지 않을까요? 여성은 의대에 가고 싶지 않았을까요?(당시에는 아예 남자만 의사를 할 수 있다는 생각이 지배적이었는지도 모르겠네요. 여성은 그런 희망 자체를 생각할 수 없었을지도 모른다는 겁니다. 그런 여성은 '불순'한 것으로 여겨졌겠지요.) 여대에 있는 약대에 대해 문제 제기를 하는 사람들이 간호대에 대해서도 같은 문제 제기를 하는가요? 하지 않는다면 왜 그렇지요?

근대 의학 교육의 확립 과정에서 의사는 남성의 몫이었고, 약사와 간호사, 특히 간호사는 여성의 몫으로 남겨졌습니다. 여성이 특별 대접을 받아서가 아니라 의사를 보조, 보완하는 역할이 여성에게 주어졌다고 보는 편이 맞을 겁니다. 그 과정에서 약사와 간호사는 여성에게 보다 맞는 직업으로 간주되어 왔습니다. 여대가 생긴 것도 감히(?) 남성과 함께 공부할 수 없었던 여성들을 '배려'(?)한 결과물로 봐야 할 것입니다.(여대의 존재는 결과적으로 남학생의 입시경쟁률을 낮추는 데 기여하니 존속을 응원해야 할까요?)

물론 시대는 변하고 예전엔 맞았는데 지금은 틀리거나 맞지 않는, 그런 일들 많이 있습니다. 그러나 그 변화가 나/우리한테 이로운지 불리한지에 대해서만 관심을 집중하며 그것을 유일한 판단기준으로 삼는다면 '자기기만'에 빠질 가능성이 있어 보입니다.

앞서 말했듯 모든 인간은 역사적 유산과 관련을 맺고 살아갑니다. 우리는 하늘에서 어느 날 뚝 떨어지지 않았습니다. 내 윗세대의 역사와 무관한 후속세대는 없으며, 이전 시대와 완전히 다른 시대를 사는 사람도 없습니다. 우리는 역사의 명과 암, 이로움과 불리함 모두를 이어받았습니다. 부모세대로부터 받은 혜택도 있고, 부모세대가 남긴 부채도 있습니다. 이전 세대에는 그 세대에서 옳다고 생각했던 일이 있었고, 그에 기초해 해결해야 했던 과제가 있었고 오늘의 세대는 그 토대 위에(!) 오늘 해야 할 일과 과제를 갖고 있습니다.

그렇다면 현실적으로 내게/우리에게 불리한 어떤 상황 앞에 놓이더라도 마치 내/우리가 지난 역사와 아무 상관이 없는 사람들인 것처럼 말하거나 행동하진 맙시다. 그래 놓고 혜택은 꿀떡하면 너무 모양새 빠지는 일이 아닐까요? 유산은 받아 챙기고, 부채는 탕감 받을 수 있는 방법은 없습니다. 불법, 편법을 통하지 않는다면 말입니다. 그건 정의롭지도 않지요?

인류 역사가 말합니다. 역사를 제대로 기억하지 않는 집단에게 밝은 미래는 없었다는 것. 유불리에 따른 선택적 역사기억(이런 논리라면 일본의 역사를 대하는 태도에 대해서도 더 이상 아무 말 하지 않아야 하는 것 아닌가요?), 하고 싶어질 수 있으나 해서도 안 되고 할 수도 없는 일입니다.

정리합시다. 우선 분명히 할 것은 여대도, 여대의 약대도 결코 여성 우대의 산물이 아니라는 겁니다. 여성 분리와 차별의 결과물에 보다 가깝다고 보는 편이 맞다고 생각합니다. 그래서 이화여대 김혜숙 전임 총장은 취임 후 인터뷰에서 역설적이게도 본인이 재직하고 있는 대학이 없어지기를 희망했습니다: "이화여대는 사실 굉장히 역설적인 학교예요. 자기 소멸을 위해 달려가야 하는 대학이거든요. 이화여대가 자기 목적을 달성한 그 순간엔 여자대학이 있을 필요 없는 그런 세상이 되는 거니까요."(조선 170708)

그러니, 물론 20대가 이런 상황을 직접 만든 것은 아닙니다만, 상황을 고려하지 않고, 여대에 약대가 있는 것은 공정한 경쟁을 방해한다고 갑자기(?) 목소리를 높이는 것은 맥락이 탈각된 단순하고 납작한 공정 주장이라고 생각합니다.

물론 그렇다고 질문을 할 수 없다는 것은 아닙니다. 상황이 많이 변했으니 다시 논의할 필요가 있을 수 있습니다.

다만 사안의 역사성과 사회성을 놓치지 않고 신중하게 질문을 해야 한다는 겁니다. 예를 들어 의료인력의 전체적인 상황만 보더라도 의사는 남성의 비율이 여전히 높고, 간호사는 여성의 비율이 여전히 높은 상황이 아무런 전제 없는 '개인의 자연적이고 자발적 선택'의 결과인지도 함께 고려할 수 있는 보다 넓은 시선이 필요하다 생각합니다.

아직 간호대는 문제가 되고 있진 않지만, 간호사가 남성의 선호 직업이 된다면 그때는 다시 여대의 간호대가 문제가 될 것 같군요.

이런 땅따먹기식 질문을 계속 반복할 수는 없지 않겠는지요.

게임의 규칙이 반칙 없이 지켜지는 것도 중요하지만, 게임 규칙 자체의 공정성과 그 역사적 맥락도 동시에 질문되어야 합니다. 우리가 보다 넓고 깊은 시야를 확보한다면 더 좋은 문제의식을 가질 수 있게 되리라 기대합니다.

'특권'이라는
말

남학생들이 발끈하는 말 중 하나가 남성으로서 누리는 '특권'입니다. 도대체 무슨 특별한 권리를 대한민국 남성, 그것도 20대 남성이 누리고 있다는 것인지 이해하기 어려워합니다. 가정에서는 목소리 큰 엄마 밑에서 자랐고, 학교에서는 악착같은 여학생들과의 경쟁에 치여 살았고, 군대까지 다녀와야 했는데, 대체 무슨 특권?

> 20대 남성이 언제 가부장제 혜택을 보고 그런 제도를 답습하며 여성을 억압했나. 이게 핵심이다. 학교 안에서 우리는 권력을 누린 적이 없다.
> - 중앙 190131

> 아버지라면 몰라도 적어도 나는 가부장제의 수혜를 입은 적 없다.
> - 중앙 210414

그 친구들의 입장이 낯설진 않습니다. 나도 가끔, 물론 겉으로 드러내진 못해도, '내가 대체 무슨 대단한 특권을…' 이런 생각을 합니다. 교수, 이성애자, 비장애인, 내국인으로서 등등 말입니다. 하지만 내가 약자적 입장에 서 있는 상황에선 다른 생각을 하는 나를 봅니다. 예를 들어 왼손잡이, 외국인으로서 말입니다.

> 특권은 특정한 혜택, 장점, 호의로 인해 부여된 권리이자 면제권이다. 인종적 특권, 젠더적 특권, 이성애자의 특권, 비장애인의 특권 등등 특권은 끝도 없이 이어질 수 있다. 어떤 시점에서는 자신이 갖고 있는 특권을 인정해야만 한다. 특히 선진국에서는 대부분의 사람들이 다른 사람이 갖지 못한 것, 누군가 애타게 갈망하는 무언가를 갖고 있다. / 하지만 문화비평가들이 특권을 지니킬 정도로 자주 공허한 방식으로 언급하면서 이 단어의 진짜 의미를 희석시켜 버리고 말았다. 사람들이 '특권'이라는 단어를 무기 삼아 휘두르려고 해도 이제는 공연한 염불처럼 들린다. 징글징글할 정도로 많이 들어서 무감각해져 버린 것이다. / 나의 특권을 받아들이고 인정하는 것이 매우 힘들었지만 이것은 앞으로도 계속되어야 할 내 평생의 과제이기도 하다. 나는 여성이고, 유색인종이며, 이민자의 자녀이다. 하지만 엄연히 중산층 가정에서 자랐고 상위 중산층으로 진입했다.   - 게이, 2016: 282~283

비장애인으로서의 나는 '결정장애'라는 말 정도는 써도 괜찮지 않을까, 그리 쉽게 생각할 수 있을 것 같습니다. 아니 처음에는 그 생각 자체를 하지 못했을 것 같군요. 누군가가 문제제기를 했을 때는 나는 장애인을 비하하려는 의도를 전혀 가지고 있지 않을 뿐더러 이 표현이 뭔가 판단을 하기 어려운 상황을 비유적으로 잘 설명해주는 것은 사실이지 않냐고 변명할지도 모릅니다.

그러나 내가 장애인이었거나, 내가 사랑하는 누군가가 장애를 가지고 있다면, 그때도 그 말을 별 느낌 없이 쓸 수 있었을지는 자신이 없습니다.(물론 자신의 장애를 더 이상 약점이나 결점으로 여기지 않는 '멋진 사람들'이 있으나 그들의 존재가 비장애인이 장애에 대해 '편하게 아무렇게나' 이야기해도 되는 근거가 되는 것은 아닙니다.)

독일 유학시절 이방인으로 살았습니다. 7년 반이라는 짧지 않은 시간이었고 세월과 함께 그곳은 내게도 일상이 되어 갔지만, 집 밖을 나서는 순간 나는 내가 이방인이라는 사실을, 내가 이방인으로 인식되고 있다는 사실을 매번 다시 기억해야 했습니다.

입양되어 그곳에서 자란 독일 국적 사람일 가능성도 있었겠지만, 암튼 나의 외모는 내가 이방인임을 만방에 알리고 있었습니다. 이방인으로서의 자기인식은 '낭만'일 수도 있으나, 그것이 본인의 의사와 무관하게 피할 수 없는 것이 될 때, 그것이 차이를 넘어 차별로 이어질 때까지 낭만일 수는 없습니다. 내국인은 하지 않아도 되는 생각, 할 필요 없는 생각을 이방인은 해야 할 때가 있습니다. 때로 유쾌하지 않은 경험입니다.(외국인에게 '한국인 다 되었다는 말'도 때로 불편하게 들릴 수 있다는 이야기가 《선량한 차별주의자》에 나옵니다. 살기 참 어렵지요? 단번에 이해가 안 가실 수도요. 그러나 선진국에서 이방인으로 살았던 나는 무슨 말인지 금방 알아챘습니다.)

'특권'이란 무엇입니까. 여기서 우리가 말하는 특권은 엄청 대단한 권리를 말하는 것은 아닙니다. 다른 사람들은 1인 1표, 나는 1인 2표 뭐 이런 권리 말입니다. 그래서 특권이라는 말에 따옴표를 사용해본 것입니다. 여기서의 '특권'은 생각하지 않아도 되는, 몰라도 되는, 느끼지 않아도 되는, 걱정하지 않아도 되는, 불편하지 않을 수 있는 권리 등 내 의지와 개인적 사정과 무관하게 내가 누리는 다양한 것들과 관련됩니다.

예컨대 이성애자는 동성애에 대해 알지도 못하고, 생각할 필요도 없나고 느낄지 모르지만(아마 생각 자체를 안 할 수도요.), 동성애자는 이성애에 대해 그렇게 생각할 수 없지 않겠는지요. 이성애자들에게 너무 당연한 것들이 동성애자들에게는 이상하고 불편한 것투성이일 테니까요.

위에서 말한 예로 부연 설명해보자면 '결정장애'라는 말 자체에 별생각이 없을 수 있었던 이가 가진 것, 그것이 일종의 '특권'이라고 말하는 겁니다. 왜 그것이 특별한 권리냐면, 누구나 누릴 수 있는 것은 아니기 때문입니다.

장애라는 말만 들어도 심장이 내려앉는 누군가의 입장에서 보자면 그것은 정말 특별한 권리일 수 있지 않을까요? 결혼을 하고 싶어도 할 수 없는 사람 입장에서 보자면, '결혼은 내가 원하면 하는 거지'라고 생각할 수 있는 사람은 특권적 위치를 가진 것 아닐까요?

누군가는 누리지 못하는 것을 나는 '자연스럽게' 누리는 상태, 우리는 지금 그것을 특권이라 말하고 있습니다.

관련해서 비교준거를 제공할 수 있는 '백인의 일상적 특권'(페기 메킨토시,《선량한 차별주의자》29쪽에서 재인용)에 대한 리스트도 있습니다. 그 리스트 일부를 잠시 살펴보지요.

- 내가 음식을 입에 넣고 말한다고 사람들이 내 피부색을 가지고 비웃지는 않을 것이다.
- 내가 속한 인종 집단을 대표해 이야기해달라는 요청을 받는 일이 없다.
- 내가 책임자를 부르면 거의 틀림없이 나와 같은 인종의 사람이 나올 것이다.
- 나는 내 외모, 행동거지, 냄새로 나의 인종이 평가된다는 사실에 신경 쓸 일이 없다.
- 내가 리더로서 신용이 낮다면 그 이유가 인종 때문은 아닐 것이다.

어찌 보면 대단한, 어찌 보면 별것 아닌 것들입니다만, 별것 아닌 걸로 보이는 항목들이 더 중요한 것인지도 모르겠습니다. 누구에게는 공기와 같은 것이 누구에게는 숨을 못 쉬게 하는 것이 될 수도 있음을 생각한다면 말입니다.

'남성특권'이나 '여성특권' 리스트도 만들어볼 수 있겠습니다. 남성특권만 있다고는 생각하지 않습니다. 다만 전자의 리스트 길이가 좀 더 길 것 같긴 합니다. 한번 적어보시겠어요? 설마 '된장녀라 불릴 특권', 뭐 이런 걸 여성특권 리스트에 적으시는 건 아니죠?

참고로 남성특권에 포함된 것에는 다음과 같은 것들이 있습니다. (김지혜, 2020: 31에서 재인용)

- 내가 승진에 자꾸 실패한다면 그 이유가 성별 때문은 아닐 것이다.
- 내가 책임자를 부르면 나와 같은 성별의 사람을 만날 것이 거의 분명하다. 조직에서 더 높은 사람일수록 더욱 확신할 수 있다.
- 내가 운전을 부주의하게 한다고 해서 나의 성별을 탓하지는 않을 것이다.
- 내가 많은 사람과 성관계를 한다고 해서 비난과 조롱의 대상이 되지는 않을 것이다

우리가 누군가의 특권, 특히 인생의 상수(성, 인종, 나이, 지역, 신체적 조건 등)로 인한 결과적 특권에 대해 이야기를 하는 까닭은 특정 집단이 대단한 권리를 누리고 있다고 비난하기 위해서가 아닙니다. 어차피 우리의 인생은 다양한 씨줄날줄로 엮여 있고, 어떤 지점에서는 '특권'을 누리고 있고, 어떤 지점에서는 그렇지 못합니다. 모든 면에서 특권만을 누리고 있는 사람, 어떤 면에서도 특권을 누리지 못하는 사람을 나는 보지 못한 것 같습니다. (혹시 그런 사람을 아신

다면 소개 좀 부탁드립니다. 그런 '특별한' 사람 나도 좀 보고 싶네요.)

어떤 사람은 백인남성이지만 장애인이고, 어떤 사람은 흑인여성이지만 비장애인입니다. 이중 더 큰 특권을 누리는 사람은 누구일까요? 누군가가 흑인여성의 문제에는 둔감하면서, 장애인의 문제에만 예민하다면, 뒤집어진 상황에 있는 이들의 공감을 얻을 수 있을까요?(성소수자들이 광부 파업에 연대했던 역사적 사실을 다룬 영화, 〈런던 프라이드〉를 추천합니다.)

당신이 모든 면에서 특권만을 누리고 있는 사람이라면, 내가 대체 무슨 대단한 특권을 누리고 있냐고 분노하셔도 좋습니다. 그런 당신이라면 어떤 누구로부터의 공감도 필요하지 않을 테니 말입니다. 그렇지 않다면 기억합시다. 우리가 지금 여기에서 논하는 특권의 문제는 '너의 문제'이기도 하지만 '나의 문제'이기도 하다는 것을요.

Chapter

6

성범죄의
일상성

넘지 말아야 할 선이 어디라는 건가 분별이 정확히 안 될 때는 내 말과 글 또는 행동이 세상에 알려졌을 때 부끄럽지 않겠는지, 내가 나를 방어할 수 있겠는지, 내 말과 글, 또는 행동의 대상이 내가 사랑하는 사람이어도 문제가 없겠는지 생각해보면 될 것 같습니다. '안 들키면 된다, 우리는 안 들킬 거다'라는 대화가 오가나요? 그렇다면 문제가 있는 단톡방이겠군요.

예쁘다는 말은
칭찬 아닌가요?

　예쁘다, 아름답다는 말을 호의로만 듣지 못하는/않는 사람이 있다는 것을 이해하지 못하는 사람들이 있습니다. 칭찬 아니냐는 거시요. 칭찬도 마음대로 못하면 도대체 무슨 말을 할 수 있느냐고 짐짓 억울해하기도 합니다.

　그런데 조금만 더 생각해보면 단 한 가지의 의미만을 가진 말이 있긴 할까요? 누가 언제 어디서 어떤 어투로 말을 하는가와 무관하게 단 하나의 의미를 전달하는 말이 있을까요?

　"밥 먹었어?"라는 아주 간단한 말을 예로 들어보지요. 앞뒤 맥락 없는 그저 "밥 먹었어?"라는 한 문장에, 배우가 된 듯, 가능한 한 다양한 의미를 담아 봅시다. 그 말은 배려일 수도, 의례적인 말일 수도, 비웃음일 수도 있을 겁니다. 특정한 사람이 특정 맥락에서 하는 이 말은 협박으로 들릴 수도 있습니다.

　앞의 이야기로 다시 돌아가 보면 칭찬도, 비록 발화자의 호의가 담겼다 해도, 언제 어디서 누가 어떤 말투로 하느냐에 따라 다르게 들린다는 것을 경험해 본 사람이 적지 않을 것입니다. 그런데 왜 어떻게 예쁘다, 아름답다는 말만 '상대가 원하는 칭찬'이기만 할 수 있단 말인가요?

모든 칭찬이 상대에게 칭찬으로 여겨지는 것은 아닙니다. 그래서 우리는 칭찬도 가려서 해야 하는 것입니다. 적절하지 않은 장소에서 누군가에게 듣는 예쁘다 또는 아름답다는 말은 소름 끼치는 말일 수도 있으니까요. 예를 들어 개인적 호감이 조금도 없는 직장 상사가 단둘이 있는 상황에서 후배 직원에게 이런 말을 한다면 소름까지는 아니더라도 긍정적으로 이해되긴 어려울 겁니다. 그 말에 긍정적 반응을 보이지 않았을 경우 당할 수도 있는 잠재적 불이익에 대한 두려움도 있지 않을까요?

외모에 대한 칭찬은 가끔 또는 자주 특정한 사회적 기준을 일반화 내지 절대화하는 부작용도 있습니다. 그 기준에 다다를 것을 강요하게 되는 측면도 있어서, 기준에 부합하지 못한다고 생각하는 사람들을 소외시키고, 부당한 자괴감에 빠뜨릴 수 있습니다. 예를 들어 평균 체중에도 미달하는 적잖은 여성이 다이어트 강박에 시달리고 있다는 보고는 우리를 슬프게 합니다. 그것이 과연 외모적 아름다움에 대한 사회적 시선, 특정하게 설정된 기준과 무관하다 할 수 있을까요?

판매직 아르바이트 자리까지 '키 160cm 이상, 몸무게 55kg 이하의 예쁜 얼굴'이 요구되고 나이 제한이 있는 경우가 있다니 그렇다고 말하긴 어려워 보입니다.

> 나와 내 고등학교 친구들은 대형마트를 휩쓸었던 화려한 판매경력을 갖고 있다. 이번에는 빼빼로데이 행사 공고가 떴다. 한동안 알바를 쉬어서 용돈이 모자랐는데 마침 행사 시간도 스케줄과 잘 맞아서 지원전화를 했다. 길고 긴 매니저와의 대화를 요약하자면 이번 행사는 외적인 조건이 까다롭다는 것이었다. 키는 160cm 이상, 몸무게는 55kg 이하, 예쁜 얼굴에 나이 제한까지 있었다. 빼빼로를 판매하는데 예쁜 얼굴과 날씬한 몸매가 필요할까. 순간 황당함과 불쾌함으로 얼굴이 빨개졌다. 결국 매니저의 손에 의해 158cm에 50kg 후반대인 내 신체지수는 사회가 원하는 젊고 날씬한 여자의 사이즈로 바뀌어 프로필에 적혔다. 전화를 마치고 착잡했다. 이런 요구를 받고 어떻게 반응했어야 할까. 단호하게 부당한 조건이 걸린 행사 따위 하지 않겠다고 화냈어야 했을까. 아니면 난 내 몸을 사랑하니까 그대로 적어줬으면 좋겠다고 말했어야 했을까. 자본주의 세상에서 자본 없이 살아가는 학생으로서 너무 혼란스럽고 부끄럽고 자괴감이 들었다. 일당 7만 5000원에 나를 판 기분이었다. (17ㅇㅇㅈ)

그런데 물론 여성의 외모만 문제가 되는 것은 아니고, 외모에 대한 칭찬은 여성 또는 남성 모두에게 할 수 있는 것입니다. 잘생겼다, 멋있다는 말은 문제 삼지 않으면서, 예쁘다 또는 아름답다는 여성에 대한 묘사만 왜 문제 삼는가라는 질문도 듣습니다.

잘생겼다나 멋있다는 말도 상황에 따라 당연히 문제가 될 수 있을 것입니다. 그런데 여기서 역질문을 해야 합니다: 그럼에도 왜 예쁘다 또는 아름답다는 말에 대한 문제의식이 더 많이 공유되고 있을까요?

여성이 사회의 주도권을 잡고 있어서 그 부분만이 유독 문제시 되는 것일까요? 그렇다고 보기 어렵다면, 보다 타당한 답은 여성 집단이 외모에 대한 특정한 언사가 불쾌, 불편하게 받아들여지는 상황에 보다 많이 노출된다는 것입니다. 빈도가 비교가 안 되게 높고 정도도 심하다는 거죠.(남성의 성상품화라고 문제가 되지 않는 것은 아니지만, 그것이 여성의 성상품화 빈도나 정도와 비교하기 어려운 것처럼요.)

사실 다음의 이유가 더 중요하다고 생각되는데, 이것은 아마도 보통의 남성에게 외모에 대한 평가는 그 사람에 대한 수많은 평가 기준 중 하나로 여겨지는 반면, 여성에게는 가장 중요한, 최소한 가장 중요한 평가 중 하나로 여겨지는 경향이 있다는 것입니다. 여성이 지닌 다른 모든 자질, 개성, 조건 등을 무화시킬 수 있을 만큼 강력한.(구직 사이트 면접 요청 데이터 분석 결과, 남성은 면접 요청 건수와 외모가 거의 상관관계가 없는 반면, 여성은 외모 점수에 비례해 요청 건수가 많아졌다고 합니다. 루더, 2015)[20]

왜 여성 외모에 대한 평가압박이 더 큰가에 대해서는 다시 논의할 수 있을 테지만, 암튼 이런 상황이라면 여성이 느끼는 외모 평가의 무게는 남성의 그것과 동일하지는 않다고 말해야지 않을까요. 아니라고요? 음, 그렇다면 당신은 아래의 대화에 '절대' 공감하면 안 됩니다.

A: 좋은 사람 있어서 소개시켜 주고 싶은데….

B: 그래? 예뻐?

A: 명문대 출신이고 유능해.

B: 근데 예뻐?

A: 가정환경도 좋고, 경제력도 있어. 게다가 성격까지 활달하다니까!

B: 글쎄 근데 예쁘냐니까?

이 대화는 유머의 사회성을 잘 보여주고 있는 예라 생각합니다. 대화의 내용에 대해 성별 관계없이 대다수가 (헛)웃음 지었으리라 짐작합니다. 꼭 동의하거나 옳다고 생각해서가 아니라, 아마, 너무 사실이어서…….

만약 A가 소개해주려는 사람이 생물학적 남성이었다면, 저런 내용이 유머랍시고 돌아다닐까요? 사람들이 '좋아요'를 눌렀을까요? 잘생겼다는 것이 남성에게 유일무이한 대체불가능한 평가기준으로 받아들여지고 있나요? 정말 그렇게 생각하시는지요?

예쁘다는 말을 늘 호의로만 받아들이기 어려운 여성이 많은 것은 단순히 여성이 까칠해서, 성질이 나빠서가 아닙니다. 역사성, 사회성을 가지지 않는 발화는 없습니다. 그리고 특정한 발화에 대한 대응 또한 개인적인 차원으로 환원될 수 있는 것이 아닙니다.

누구는 불편하고,
누구는 불편해하는 것이 불편하다

　학교에서 있었던 '작은 사건'에 대한 이야기를 해볼까 합니다. 나하고 수업을 같이 했던 한 학생이 학교 근처 PC방 남성 소변기 문구 사진을 공유했습니다. 거기에는 "Please aim for a girl. Okay?"라고 써있었습니다. 다른 학생이 이 사진을 대학 인터넷 커뮤니티에 올렸지요.
　어떤 일이 벌어졌을까요? 예, 아마도 예상하시는 소란이 일어 났습니다. 그리고 여학생과 남학생 사이의 명백한 의견 차이를 다시 한번 확인할 수 있었지요. 말했듯 젠더문제에 대한 여/남학생의 평균적인 인식 차이는 꽤 공고합니다. 물론 모든 여학생이 동일한 생각을 하는 것은 아니고, 모든 남학생이 여학생들보다 젠더의식이 낮은 것은 아니나 평균적인 격차는 부인하기 어렵습니다.
　여학생 다수는 이 사진을 보는 순간 불쾌감을 느꼈고, 적잖은 학생들은 불쾌감을 넘어 분노의 감정을 표현하기도 했습니다. 남학생들요? 내가 느끼기에 적잖은 남학생들은 일단 이 문구에 대해 여학생들이 왜 그렇게 민감하게 반응하는지 자체를 이해하지 못했던 것 같습니다.

'화장실 깨끗하게 사용하라는 의도 아닌가, 농담을 다큐로 받나, 뭐 이런 것까지 문제를 삼나.'(순화된 언어로 전합니다.) 이런 생각을 하고 있는 것으로 보였습니다. 논란이 일어나기 전에도 많은 남성이 이 문구를 보았겠지만, 아마 별 생각이 없었을 수도 있겠습니다. 그나마 논란의 와중에 관심을 갖게 된 경우가 많을 듯합니다.

PC방 주인장이 문구판을 제거하고 해당 커뮤니티에 사과문을 올리는 일까지 생기자 남학생들 일부는 이것이 그렇게까지 분노할 일이냐, 그 분노가 정당한지, 분노의 정도가 적당한지 따져봐야 하는 것 아니냐는 의견들을 강하게 제기했다 합니다.(와중에 때 아닌 'aim for'란 숙어의 뜻에 대한 설왕설래까지 있었던 모양이지만, 이는 정말 해프닝이라 해야겠지요.)

여학생들이 문제상황이라고 생각하는 것을 이해한다는 남학생들도 조금 과한 대응이라고 보는 경우들이 없지 않았던 것 같습니다. 당신은 어떠신지요?

우리가 계속해서 이야기를 해왔고 해나갈 것이라 여기서 다시 길게 언급하진 않겠습니다만, 이 사례에서 보듯 누구는 불편하고 누구는 불편해하는 것이 불편합니다. 왜 이런 일에까지 성별적 의견 차이가 이리 분명하게 나타나는 걸까요?

공공시설의 계단 예를 한 번 들어볼까요? 두 다리로 걸어갈 수 있는 사람이 계단을 불편해할 가능성은 휠체어를 탄 사람보다 현저하게 적을 겁니다. 설사 그 계단이 2~3개에 불과하다 가정해도 마찬가지입니다. 휠체어로만 이동이 가능한 사람에게 계단 수가 적다고 문제상황이 덜 심각한 것은 아닙니다.

자, 우리가 처음에 제시한 사례가 사람이 죽고 사는 심각한 문제도 아니고 바로잡으면 되고 대단히 흥분할 일까진 아니라고 생각되기도 합니다. 그런데 왜 여성들은 이런 상황에 그리 화가 날까요?

'약자'는 이런 '작은 해프닝' 속에 들어있는 '비(非)약자'의 태도와 행동에 뿌리깊이 박혀 있는 혐오, 차별적 태도와 논리의 '동일한 구조'를 보게 되는 것 아닐까요? '어쩌다 실수'로 볼 수 없는 것이지요. 일관된 생각 없음과 배려 없음이 '어쩌다' 드러난 것일 뿐.

그것이 여성이 분노하는 진짜 이유가 아닐까 합니다. 그들은 별것 아닌 단순한 '그까짓 일'에 화를 내고 있는 것이 아닙니다. 그들의 눈에는 보이는, '보이지 않는 빙산'에 대해 화를 내고 있는 겁니다. 모든 사소함은 모든 거대함과 연결되어 있습니다. 인터넷에서 서로에게 감정적 언어를 쏟아내는 중에 불똥은 이미 엉뚱한 데로 튀었을 가능성이 높아 몹시 아쉽습니다만….

성희롱은 성폭행보다 덜 나쁘다?
외모 품평은 그저 장난일 뿐?

성폭력 개념에는 성희롱, 성추행, 성폭행이 포함됩니다.[21] 성희롱은 일반적으로 성적 표현 등으로 상대에게 굴욕감이나 수치심을 수는 행위를 말합니다. 국가인권위원회 법에는 "업무, 고용, 그 밖의 관계에서 공공기관의 종사자, 사용자 또는 근로자가 그 직위를 이용하여 또는 업무 등과 관련하여 성적 언동 등으로 성적 굴욕감 또는 혐오감을 느끼게 하거나 성적 언동 또는 그 밖의 요구 등에 따르지 아니한다는 이유로 고용상의 불이익을 주는 것"이라 정의되어 있습니다. 성추행과 성폭행 개념에는 부당한 신체적인 접촉이나 폭력의 사용까지 포함됩니다.

그런데 이 구분은 '나쁜 정도'를 말하는 걸까요? 성희롱이 성추행보다, 성추행이 성폭행보다 반드시 덜 나쁜 걸까요?

성희롱은 부당한 직접적인 신체 접촉은 가정하지 않기 때문에 추행이나 폭행보다는 덜 나쁜 것으로 보게 되는 경향이 없지 않은 것 같습니다. 이런 생각이 이해가 되지 않는 것은 아니나 다른 시각에서 볼 필요가 있다 생각됩니다.

말로 사람을 죽일 수도 있다는 것, 아시지 않는지요? 총이나 칼로 죽이지 않았다 해서 그 결과가 늘 덜 처참한 것은 아닙니다. 성희롱 피해자가 자신의 인격이 말살되는 경험을 호소하는데 직접적 추행이나 폭행이 없었다 해서 그것을 과연 가벼이 평가할 수 있겠는지요?

그런 의미에서 학생들, '평범한' 남학생들의 단톡방에서 심심찮게 벌어진다는 여학생들의 외모 품평(때로 그것보다 정도가 훨씬 심각합니다.)에 대해 각별한 우려를 갖고 있습니다. 대학생들의 젠더적 일상에서 가장 먼저 바꿔야 하는 것 중 하나라고 생각합니다.(비율로는 적을 것 같습니다만, 여학생들의 단톡방에서도 남학생들의 외모 품평이 있다 들었습니다. 물론 이 또한 잘못입니다.)

신입생 당시 학과 동기들을 선배들이 외모 순서를 매기고 1등급, 2등급, 3등급 등으로 나누며 품평해온 것을 알게 됨.　　　　　　　　　(젠더폭력자료집 ㅅㅇㅅ)

학과 남학생 단톡방에서 여학생들을 결혼하고 싶은 여자, 사귀고 싶은 여자, 성적 관계를 하고 싶은 여자 이렇게 순위를 매기고 이유를 말하며 놀았다고 함.
　　　　　　　　　　　　　　　　　　　　(젠더폭력자료집 ㅎㅅㅇ)

몇몇 학생들은 항변합니다: "단톡에서 여(남)학우들 외모 품평하는 것은 그저 가벼운 장난, 재미일 뿐인데요?" 그렇다면 부끄러움

없이 공개할 수 있어야겠지요? 그럴 수 있는지요? 그리고 품평의 대상자가 내 가족이어도, 연인이어도 괜찮은지요? 아닐 겁니다. 그렇다면 이건 장난, 재미가 아닙니다.

넘지 말아야 할 선이 어디라는 건가 분별이 정확히 안 될 때는 내 말과 글 또는 행동이 세상에 알려졌을 때 부끄럽지 않겠는지, 내가 나를 방어할 수 있겠는지, 내 말과 글, 또는 행동의 대상이 내가 사랑하는 사람이어도 문제가 없겠는지 생각해보면 될 것 같습니다. '안 들키면 된다, 우리는 안 들킬 거다'라는 대화가 오가나요? 그렇다면 문제가 있는 단톡방이겠군요.

세상을 떠들썩하게 한 소위 'N번방' 사건 같은 엄청난 성범죄는 물론 엄단되어야 하지만, 죄책감 없이 잘못이라는 생각 없이 지속적으로 행해지는 '일상화된 성범죄'에 대한 우리의 시선도 바뀌어야 한다고 생각합니다. 때려죽이는 것도 범죄이지만, 소리 없이 서서히 말려 죽이는 것도 똑같은 범죄입니다.

사랑하는 남자친구가 포함된 남학생 단톡에서 자신이 성희롱의 대상이 된 것을 알게 된 여학생의 이야기를 들은 적이 있습니다. 남자 선배가 자신을 '도화지같이 생겼다. 더럽혀주고 싶다'고 공개적으로 희롱한 사실을 알게 된 학생(성폭력자료집 ㅎㅇㅇ)도 있습니다. 그 학생들은 어떤 마음으로 학교생활을 해야 할까요? 세상이 무너지는 경험을 한 그들은 앞으로 사람을 믿을 수 있을까요? 동료를 동료로 대할 수 있을까요? 한 사람의 영혼을 갉아먹는 재미, 장난이라는 것은 있을 수 없습니다.

대학교 남학생 단톡방 대화 내용 일부가 공개돼 사회적 문제가 된 일이 있었습니다.

"첫 만남에 XX해버려", "여자 주문할 게 배달 좀", "술집 가서 X나 먹이고 자취방 데려와", "지하철에서 도촬 성공함", "새따 해야 하는데", "배고픈데 먹을 게 없어", "***(동기 여학생 이름) 먹어", "과외 요청 들어온 초등학교 5학년은 로린이(로리타+어린이)"…   - 중앙 160903

정도의 차이는 있겠지만 이것이 아주 특정한 시기에 극소수의 일부 학생들 사이에서 있었던 일로만 치부하기 어렵다는 것이 안타깝습니다.

사회적으로 물의를 일으킬 것 같아 공개할 수 없는 단톡 대화라면 지금 당장 그만둬야 합니다! 이는 동료를 나와 동일한 인격체로 보는지 여부를 알려주는 바로미터입니다. 결코, 절대, 사소한 일일 수 없습니다.

당 대표의 성추행 사실을 공개한 장혜영 정의당 의원은 입장문에서 다음과 같이 말합니다: "그럴듯한 삶을 살아가는 수많은 남성조차 왜 번번이 눈앞의 여성을 자신과 동등하게 존엄한 존재로 대하는 것에 이토록 처참히 실패하는가, 우리는 이 질문을 직시해야 하고 반드시 답을 찾아야 한다."

　여기서 여성과 남성이라는 단어의 자리를 바꾸어도 무관하고, 비장애인과 장애인 또는 정규직 노동자와 비정규직 노동자 등등의 단어로 바꿔 넣어도 무방하겠습니다.

　중요한 것은 우리가 내 눈앞의 누군가를 나와 동일하게 존엄한 존재로 보는지입니다. 장담컨대 이 '최소한의 원칙'만 지켜진다면 수많은 젠더, 소수자 논쟁은 불필요한 일이 될 것입니다.

성을 사고파는 것은
빵을 사고파는 것과 다르지 않다?

성을 사고파는 일과 빵을 사고파는 일을 비교하는 것은 조금 과격해 보입니다만, 논쟁을 불러일으키기 위한 의도를 깔고 학생들에게 이 문장을 던지곤 합니다.

양자가 전적으로 동일하다고 보는 학생들 비율은 내 생각보다는 높은 편입니다. 평균적으로 10~20% 정도 되고, 남학생 비율이 조금 더 높은 것 같습니다. 당신은 어떠신지요?

이 질문은 성이라는 것을 재화로 볼 수 있는가, 성이 현실적으로 재화적 성격을 갖는 측면이 있다 할 때 그 성격은 다른 재화와 여하한 차별성이 있는가…. 이런 논의를 요청합니다. 성매매에 관해 말할 때 나는 이런 기본 전제에 대한 생각 정리가 우선적으로 필요하다고 생각합니다. 그저 찬반을 논하기 전에.

학생들과 성매매에 대해 이야기하다 보면 우리가 무의식중 행하는 일종의 '자기기만'이랄까 '유체이탈'이랄까, 뭐 그런 것과 관련이 있는 재미있는 현상도 관찰됩니다.

질문을 해보면 '(혼전)동거에는 반대, 성매매에는 찬성'이라는 입장을 가진 학생들이 늘 있습니다. 성매매에 긍정적 입장을 가지고 있는데 (혼전)동거에 반대를 한다, 좀 이상하지 않나요? 재화로 사고파는 성에는 아무 문제가 없다고 생각하면서 '불장난'이라 하더라도 적어도 그 순간에는 서로 사랑한다고 믿는(!) 성인들이 맺는 지속적인 성관계에 대해 부정적일 수 있나요? 좀 이상하지 않나요? 논리적으로 말입니다.

이유의 일단을 짐작할 수 있게 된 것은 학생들이 성매매 논의를 할 때 사용하는 대명사에 주목하면서입니다. 나는 성매매에 대해 이야기하는 학생 중 한 명도 나 또는 우리라는 대명사를 주어로 사용하는 경우를 본 적이 없습니다. 주어는 항상 '그들'입니다.

물론 성매매가 실정법상 불법이라는 점도 이유가 되겠습니다만, 그것을 넘어서는, 뭐랄까, '공기' 같은 것이 있다 생각합니다. 일종의 거리두기가 일어나는 거지요. 성매매에 대해 말할 때 우리들은 (나를 포함) 처음부터 끝까지 우리 아닌 그들에 대해 말합니다.

이것은 대한민국 성인 남성 두 명 중 한 명은 성매수의 경험이 있다고 말해주는 통계와 젊은이들이 일상에서 다양한 형태로 성매매 상황에 노출되는 것에 대한 심각한 사회적 우려 등을 고려하면 살짝 의아한 일이기도 합니다.

첫 질문, 성을 사고파는 일은 빵을 사고파는 일과 전혀 다른 것이 없다고 생각한다는 학생들조차 '내가 성을 사거나 팔지는 않습니다만…' 이런 암묵적 태도를 견지합니다. 이들뿐 아니라 지금까지 단 한 번도 자신을 성매수자라고 밝히는 학생을 본 적이 없습니다. 진짜 없었을까요? 그러길 바랍니다만… 그렇지는 않을 것 같네요. 우연한 기회였지만 자신을 '성판매노동자'라고 밝히는 여학생을 만난 적이 딱 한 번 있습니다. 온라인을 통한 조건만남 등도 수시로 손쉽게 이루어지는 현실이라지만 성매매 문제는 여전히 '햇볕 아래로는' 나오지 않습니다.

드물지만, 수업시간에 본인이 성소수자임을 밝히는 학생들이 있습니다. 그것을 생각해보면 성소수자임을 밝히는 것보다 더 어려운 일이 성매매 경험을 이야기하는 일일지 모르겠다 짐작해봅니다. 내 짐작이 사실이라면 이유가 무엇일까, 지금까지의 이야기를 환기하며, 헤아려 봅니다. 물론 성소수자임을 밝히는 일과 성매매 경험을 밝히는 일이 동일선상에 놓인다는 것은 아닙니다. 다만 그것을 밝히는 일이 쉽지 않은 일이리라는 점에서 비교를 해보는 것뿐입니다. 혹시나 오해 없으시기를.

성소수자임을 밝히는 일은 여전히 자주 많은 어려움을 가진 일이고 불이익을 감수해야 하는 일이지만, 적어도 공론장에서는 성소수자 인정 담론이 우세하고, 성소수자를 대하는 태도는 정치적 올바름과도 관련된 일로 받아들여지므로 뒤에서 욕을 할망정, 공적인 공간에서 그들을 폄하하는 것은 부당한 일로 받아들여집니다. 그리고 더구나 젊은이들은 성소수자 문제에 대해서는 상대적으로 확실히 이전보다 훨씬 개방적인 태도를 가지고 있는 것으로 보입니다.(수업시간에 한 학생이 커밍아웃을 했는데, 그날 저녁 토론그룹 단체방에서 다른 한 학생이 이렇게 말해주었다 합니다. "사실 저는 성소수자들에 대해 색안경을 끼고 편견을 가진 채 살았는데, ○○씨를 보며 제가 많이 잘못 생각했었다는 생각이 들었어요. (중략) 커밍아웃을 하기 전에 제가 생각했던 ○○씨와 그 이후의 ○○씨가 다를 것이 없다는 생각이 들면서 성적 지향은 그저 하나의 차이에 불과하다는 생각이 들었던 것 같아요. ○○씨 덕분에 제가 조금 더 성숙할 수 있었던 것 같네요. 고맙습니다." 학생들은 이렇게 알아서(?) 서로를 성장시킵니다. 선생은 판만 깔아주면 됩니다.)

 반면, 성매매는 아무리 '일상적'이라 하더라도 공식적으로는 불법입니다. 성매매가 불법으로 규정되어 있는 상황에서 학생들에게 솔직함을 기대하긴 어렵겠지요. 그렇다 하더라도 나는 우리 수업에서 '연출'되는 상황에 대한 관찰적 시각의 확보는 매우 필요하고도 중요하다고 생각합니다.

 우리가 마치 이 문제가 우리와는 아무 상관이 없는 딴 세상 문제인 것처럼 소통한다는 사실. 그 사실을 명시적으로 인식할 필요가 있다는 겁니다. 이런 상황 자체가 매우 흥미로운 관찰대상임을 넘어 우리 사회의 '자기기만성'에 대해 성찰하는 하나의 계기가 되어줄 것이기 때문입니다.

 이쯤에서 앞에서 잠시 언급했던 예를 다시 끌어와 보지요. '성매매=찬성, (혼전)동거=반대' 입장을 가진 학생들의 이야기 말입니다. 나는 이 학생들이 성매매는 '그들'의 문제이니 그러려니 하기도 하고 성매매가 금지될 경우 더 큰 사회적 문제가 생길지도 모른다는 그럴듯한(?) 걱정까지 하는 반면, (혼전)동거는 나의 일일 수도 있는 문제라고 생각하니 본인의 가치관을 보다 적극적으로 개입시켜 말을 하는 것은 아닐까 의심(?)합니다. 의심이 맞다면, 내가 말했던 대로 적어도 우리 중 일부는 성 문제에 대해 논리적으로 일관성을 견지하지 못하면서 일종의 자기기만에 빠져있는 것은 아닐까 돌아볼 필요가 있다고 봅니다.

성을 사고파는 일이 아무리 일상적으로 벌어진다 해도 절대 용인되어서는 안 된다는 선언적 입장이 꼭 필요하고 성매매 불법화는 유지되어야 하며 뿌리를 뽑아야 한다는 생각을 가진 사람이든, 성매매를 옹호하지는 않지만 현실적인 존재를 부정하기 어렵고 없애기도 어렵다고 생각하며 불법화의 역기능이 많아 어느 정도 양성화가 필요하다고 보는 사람이든, 성매매 전면 자유화를 주장하는 사람이든 간에 이 문제 또한 함께 고민하며 머리를 맞대야 하는 '우리 모두의 문제'라는 사실을 기억해야 할 것입니다. 입장의 차이를 넘어 성매매 문제가 마치 다른 나라 그들의 문제이기만 한 것처럼 '유체이탈적 화법'을 쓰는 기만에서는 벗어나야 적어도 한 걸음 더 나갈 수 있을 것 같아서 하는 말입니다.

'성매매여성'이라는 말이 불편한 이유

 '젠더적 언어'를 설명하면서 잠시 언급했습니다만, 일상생활에서도 수업에서도 '성매매여성'이라는 말을 많이 듣습니다. 들을 때마다 불편합니다. 성매매(性買賣)란 성을 사고파는 것을 이르는 말인데 그렇다면 성매매여성이라는 말은 대체 뭘까요? 성을 여성끼리 사고판단 말인가요?

 물론 아닙니다. 성매매여성이란 용어는 통상, 짐작하시는 대로, 성을 재화로 파는 여성을 의미하는 말로 쓰입니다. 성매매남성이라는 말은 자주 쓰는 말은 아니지만, 이런 말을 쓴다면 아마 성을 재화로 사는 남성을 지칭하는 말로 이해될 겁니다.

 언어가 모든 사물과 현상을 항상 선명하게 투영하는 것은 아니나 이 경우 우리 머릿속을 투명하게 보여준다 싶습니다. 우리는, 성을 사는 것은 (주로) 남성, 파는 것은 (주로) 여성이라는 생각을 암묵지로 가지고 있습니다. 그래서 성매매여성이라는 부정확한 말을 쓰면서도 그걸 성을 파는 여성이라고 '찰떡'같이 알아듣습니다.

일단 부정확한 언어를 바로잡자고 제안합니다. 성판매/구매여성 또는 성판매/구매남성이란 말을 사용하는 것이 보다 낫지 않을까 합니다.

또한 성을 파는 사람을 늘 여성으로, 성을 사는 사람을 늘 남성으로 간주하는 것도 중지하길 권합니다. 물론 통계상으로도 성을 파는 사람의 다수는 여성, 사는 사람의 다수는 남성인 것이 분명하나 그것이 전체는 아니니 말입니다.

그런데 우리가 성매매에 대해 말할 때, 말했듯 부정확한 용어지만, 성매매여성이란 말을 많이 쓸까요, 성매매남성이란 말을 많이 쓸까요? 정확한 데이터는 아니나 성매매여성이라는 말이 압도적으로 많이 쓰일 것이라 짐작합니다. 성을 파는 사람이 있고 사는 사람이 있고, 그렇다면 성매매의 장에서 성별적으로 한 쪽만 다수를 차지할 가능성이 없는데, 이유가 뭘까요?

추론컨대 그것은 우리 사회가 성을 사는 문제는 개인적인 차원으로 이해하기 때문이기도 할 듯요. 성을 사는 사람들은 불특정 다수로 흩어져 있고, 성을 파는 사람들은 집단화되어 파악이 보다 용이하다는 것도 이유가 될 수 있겠습니다. 이 두 가지 요인이 합쳐지면서 성매매 문제는 성을 사고파는 집결지를 정리하는 문제, 그곳 여성들의 '교화' 문제로 단순화되기도 합니다.

성을 파는 사람을 보호하자는 논의 선상에서 성매매여성이 언급

될 수도 있으나, 그것보다는 오히려 성매매여성이라는 말이 마치 성매매에 있어 '성을 파는 여성(만)이 문제'인 듯한 인상을 만들어내는 것 아닌가, 성매매 문제의 적어도 절반을 책임져야 할 남성의 존재는 우리 시야에서 사라져 잘 보이지 않는 효과를 낳고 있지 않은가 성찰해봐야겠습니다.

한 걸음 더 들어가 볼까요. 왜 성을 파는 사람의 다수가 여성일까요? 경제학은 잘 모릅니다만, 공급이 수요를 만들어낼 수도 있겠습니다. 그러나 수요가 공급을 만들어내는 경우가 일반적이지 않을까요? 성을 사고자 하는 수요가 있고, 그 수요자의 다수는 남성이고, 인류의 다수는 이성애자이니, 성을 파는 사람 중 여성이 다수가 된 것은, 안타깝지만 이해하기 어렵지 않습니다.

그런데 성 판매에 종사하게 되는 사람들은 어떤 경로로 그 일에 접근하게 될까요? '사람인'이나 '잡코리아'에 구인 광고가 나는 것도 아니고 말입니다. 어떤 이는 말합니다: "요즘 세상에 직업에 귀천이 어디 있냐, 좋아서 하는 일인데 무슨 무슨 참견이냐." 그렇게 말입니다. "나도 엄연한 노동자다, 노동자로서 대접해달라"는 성판매여성들의 시위를 보면 마음이 더 복잡해집니다.

그러나 우리가 그냥 넘어가서는 안 되는 제반 조건들이 있습니다. 우선 그걸 좀 살펴보지요. 여러 통계와 인터뷰 등의 자료들은 성판매에 발을 들이게 되는 그 시작이 전적인 자발성에 기인하는 경우가 거의 없다는 것을 말해줍니다. 이들 대부분은 낮은 사회경제적 지위를 갖고 있었습니다. 어찌어찌 흘러 들어가게 되는 경우가 훨씬 많지요. 처음에는 어쩔 수 없어 잠시라고 시작한 일인데 수렁에 빠지게 되는 이야기도 흔합니다. 시간이 지나면 벗어나려 해도 벗어나지 못하게 되는 정교한(?) 구조적 장치들도 작동하는 것으로 보입니다.[22]

물론 일부 '확신범(?)'이 있을 수 있지만 적절한 교육과 복지, 정책적 뒷받침 등의 사회적 안전망이 있었다면 그들 다수가 성 판매에 종사하게 되지 않았을 가능성이 충분히 있고, 그곳으로부터 벗어날 수 있었을 겁니다. 우리가 '네가 게을러서 가난한 거야'라는 말의 폭력성에 대해 동의한다면, '나오려고 맘만 먹으면 나올 수 있는 것 아니냐' 등의 말도 삼갈 일입니다. 그리고 많은 성매매현장은 그 환경 자체가 열악하기 그지없습니다. 그러니 많은 다른 사회적 약자 보호정책과 동일한 선상에서 이들을 보호할 의무가 사회에 있습니다.

그래도 '성을 팔아서 쉽게 돈을 번다'는 말을 '쉽게' 하는 사람에게는 이런 말을 해주고 싶네요: "그런 '좋은 일' 당신이 하지 그러십니까?" 성을 매매하는 일에 대한 논의는 대단히 복잡한 문제입니다. 성을 매매하는 것이 정말 '나쁜' 일인지, 나쁜 일이니 전면금지만이 답인지, 나쁘다 해도 불가피해 보이는 측면이 있으니 차라리 양성화가 답인지, 불가피해 보인다 해도 사회가 그걸 공식적으로 용인해선 절대 안 되는 것인지…. 모든 것을 지금 이 자리에서 단번에 정리하긴 어렵습니다.

그러나 분명한 것들이 있습니다. 우리 사회가 성을 파는 사람을 결코 '곱게' 보지 않는다는 것, 다른 좋은 가능성이 있는데 '성을 팔아 돈을 버는 일'에 자발적으로 흔쾌히 뛰어들 사람은 거의 없을 거라는 것, 그럼에도 성을 파는 사람이 성을 사는 사람보다 더 흔하게 사회적 비난에 시달린다는 것, 많은 이들은 가능하다면 그 일에서 빨리 벗어나고 싶어한다는 것.

최선이 무엇인지 늘 분명한 것은 아닙니다. 그러나 최소한 우리가 하지 말아야 하는 것이 무엇인지는 상대적으로 분명한 경우가 많습니다. 우선 그걸 하도록 하지요.

덧댐 ··

혹시 성판매남성들의 시위, 보신 적 있나요? 남성 성판매자의 경우 또 다른 사회적 어려움에 처해 있지 싶습니다. 우리는 간혹 또는 자주 보여지지 않는 것, 말해지지 않는 것에 대해 생각해야 할 필요가 있습니다. 보여지는 대로, 말해지는 대로가 아닌 자신의 생각을 하고 싶다면 말입니다.

'강남역 사건' 이전과 이후:
'나일 수도 있었다'

지난 몇 해 여학생들을 관찰해보면 '강남역 사건'(왜 이 사건을 이렇게 명명하는지는 뒤에서 설명될 수 있을 겁니다.)이 그들에게 매우 중요한 계기가 되었음을 알 수 있습니다.

이전에는 젠더문제에 별관심이 없었다는 여학생들이 강남역 사건으로 '눈을 뜨게 되었다'고 말하곤 합니다. 문제의식이 있었던 학생들도 이 사건으로 보다 분명한 인식을 하게 되었다 하지요.

2016년 강남역 살인사건 당시 15살, 중2였던 저는 항상 풀메이크업을 하고 학교에 갔고 벌점을 받으면서까지 치마 길이를 줄이는 학생이었고, 가부장적이고 성차별적인 사고를 당연하게 받아들였으나, 그럼에도 불구하고 남학생들의 여교사, 여학생들을 향한 불순한 농담(또는 욕설), 남교사의 여학생을 향한 이상한 뉘앙스의 말은 어딘지 모르게 불편해하는 그 나이대의 평범한 중학생이었습니다. / 강남역 살인사건으로 페미니즘이 수면 위로 올라와 큰 파장을 일으켰을 때 수많은 기사 댓글과 에세이, 여성들의 울부짖음이 담긴 활동들을 보며 제 인생의 전환점이 되었다고 말할 수 있을 정도로 크나큰 사고의 전환을 겪게 되었습니다. 무언가 이상하지만 어쩐지 이유를 댈 수 없던 수많은 나의 행동과 친구의 행동들. 이제야 이유를 알았다는 기분에 후련함과 설렘이 있었지만 동시에 배신감과 분노도 함께 일었던 것 같습니다.

위의 글은 당시 15살이었던 여학생이 대학생이 되어 쓴 글입니다.(내용이 마음에 남아 메모로 가지고 있던 글인데 아쉽게도 출처가 분명히 기록되어 있지는 않습니다만, 나와 인연이 있었던 학생의 글일 것으로 생각합니다.)

21세기를 살아가는 대한민국의 젊은 여성들에게 강남역 사선은 피할 수도 뺄 수도 없는 장이 되어 가슴에 박힌 것으로 보입니다. 1980년대에 20대를 보낸 세대의 '광주'처럼, 2014년 고등학생이던 세대의 '세월호'처럼 말입니다.

여성들에게 '강남역 사건'이 폭발력을 가졌던 가장 큰 이유는 '나일 수도 있었다'는 문장으로 요약될 수 있을 겁니다. 나일 수도 있었다는 생각은 이 문제가 더 이상 타자화될 수 없었음을 의미합니다.(사건이 일어난 시간이 비록 밤이었으나 그 장소가 대한민국에서 가장 번화한 곳의 공용공간이었다는 점도 충격의 파장 증폭 원인 중 하나였다고 보입니다.)

여기서 사건명에 대해 다시 얘기해보지요. 당시 이 사건은 여러 가지 명칭으로 불렸습니다. 누구는 '강남역 묻지마 살인 사건'이라

했고, 누구는 '강남역 조현병 환자 살인 사건'이라 했고, 그 외 '강남역 공중화장실 여성 살인 사건', '강남역 여성 혐오 살인 사건' 등의 명명이 사용되었습니다. 모든 명명에서 공통되는 것은 '강남역' '살인' '사건' 정도뿐입니다. '묻지마'라는 명명에서 여성은 사라지고, '조현병'이라는 명명에서 여성 혐오는 사라집니다.

일부 언론이나 사람들은 이 사건에서 여성과 혐오라는 단어를 수면 아래로 가라앉히고 싶어했습니다. 그러나 그 시도는 적어도 여성들에게는 통하지 않았습니다.

'진실(?)'을 증명하기는 쉽지 않은 일이겠지만, 사실 그건 덜 중요해 보입니다. 설사 정말 100% 우연히 여성이 피해자가 된 것이라 해도(물론 그래 보이지는 않습니다. 혐오가 얼마나 중요한 변수였는지는 차치하더라도 적어도 범죄의 타겟이 여성이었다는 것은 당시 정황을 보면 부정하기 어렵습니다.), 여성들이 이 사건을 여성 혐오 사건으로 인식했다는 것, 그리고 본인의 일로 받아들였다는 것 자체가 매우 중요하고 많은 단서를 제공하기 때문입니다.[23]

당시 사망자가 남성이었다면(살해자가 여성이라 가정해도 좋습니다.), 그때 남성들도 집단적으로 '남성이어서 죽었다', '나일 수 있었다'고 공분했을까요? 그건 아니었을 거라고 생각하신다면, 왜 내가 아직도 여전히 젠더 운동장이 평평하지 않다고 보는지 아주 조금은 더 '공감'할 수 있지 않을까 합니다.

약자적 조건을 가진 사람들 사이에서 공감력은 보다 쉽게 발화합니다. 여성뿐 아니라 장애인, 노인, 비정규직 노동자 등의 경우 모두 마찬가지일 겁니다. 문제를 개인화하지 않고(또는 못하고), 집단적 문제로 받아들일 가능성이 높은 겁니다.

그러나 여기서 한 발 더 나간 공감대는 '자연발생적'으로 만들어지긴 어려운 것 같습니다. 즉 성별을 넘어서는 공감이 가능한지, 장애인, 노인, 비정규직 노동자가 아닌 사람이 그들의 아픔에 대해 공감할 수 있는지는 '의식적 노력'과 관련되어 있습니다.

자신이 당하는 불이익과 차별에 대해 분노하고 연대하는 것은 배우지 않아도 됩니다. 누구나 당연히 하게 될 테니 말입니다. 문제는 '타인의 불이익과 차별에 대해서도 공감하고 편들어주고 연대하고 함께 분노해줄 수 있는지'일 겁니다. '공감의 확장능력'. 그 정도에 따라 한 사회의 '건강도'를 측정할 수 있을 것도 같네요.

그런데 여기에서 여성문제의 아킬레스건이 다시 등장합니다. 많은 수의 남학생(남성)은 장애인, 비정규직 노동자 문제 등에 대해 상당히 열린 마음인 것으로 보입니다. 명백한 약자라고 생각하기 때문이지요. 노인 문제에 대한 태도는 그에 비해서는 덜 분명해 보입니다. 오늘날의 노인이 꼭 약자인가라는 것에 대해 의문표를 붙이지요. 여성 문제로 오면 공감력은 더 떨어집니다. 말했듯 집단적 여성이 아직도 여전히 사회적 약자라는 명제에 동의하지 못하는 경우들이 많기 때문입니다.

지금까지 한 이야기를 정리하자면 다음과 같습니다. 첫째, 강남역 사건은 여성들에게는 '나의 문제'였습니다. 둘째, 우리는 약자의 아픔과 고통에는 보다 쉽게 공감합니다. 셋째, 적어도 일부 남성들은 여성의 '사회적 약자성'에 대해 동의하지 않습니다. 넷째, 하여 이 문제는 사건의 비극성에도 불구하고 공감보다는 성별적 갈등을 조장하는 측면이 부각된 면이 있습니다.

다시 질문합니다. 여성들은 왜 이 사건을 자신의 문제로 받아들였을까요? 여성이 남성보다 공감력이 뛰어나서요? 아니요, 여성들은 '본능적'으로 분노하고 연대한 것에 '불과'하다 생각합니다. 이는 여성의 약자성을 다시 확인해줍니다.[24] 그런데 아쉽게도 우리 사회는 거기서 한 발 더 나간 공감과 연대에는 성공하지 못한 것 같네요.

그럼에도 아직 희망을 버리지 않습니다. 내가 만난 대한민국의 많은 젊은이는 전 지구적 환경문제를 '나의 문제'로 생각할 줄 아는 이들이기 때문입니다. 그들과 조금 더 깊이 조금 더 많이 이야기하는 것이 나의 일입니다. 개인적 입장과 경험을 확장, 상대화킬 수 있는 능력을 키워 우리 모두가 서로 연결되어 있음을 인지하는 일이 우리가 해야 하는 일입니다.

공감력은 연결성을 인식할 때 생겨납니다. 예컨대 "차에서 내리는 순간 당신도 보행자입니다"라는 문구는 사실 너무 당연한 사실을 기술합니다. 그럼에도 마음이 살짝 찔리는 것은 왜일까요? 차에서 내리기만 하면 보행자이면서도, 내가 운전자일 때는 그 생각을 가끔 또는 자주 잊기 때문이겠지요. 성공적인 홍보문안입니다.

여성의 문제 또한, 우리가 자주 잊어버립니다만, 너무나 당연하게 여성만의 문제가 아닙니다. 나의 어머니, 형제자매, 배우자, 친구, 동료의 안녕과 행복에 관한 것입니다. 하니 어떤 남성과도 무관할 수 없는 일입니다. 여성이 불행하다고 느끼는 사회에서 남성의 행복을 기대할 수 없다고 생각합니다. 물론 반대의 경우도 마찬가지이지요.

젠더 문제는 여성의 문제가 아니라 우리 모두의 문제입니다. 설사 아직도 여전한, 여성의 집단적 약자성에 동의가 안 되는 부분이 있다 하더라도 이 점만은 꼭 기억해주길 바랍니다. 그러면 우리는 함께 반걸음 더 갈 수 있을 겁니다.

"여성혐오 걱정 안 하셔도 된다. 이준석은 여성 좋아한다"

"여성혐오 걱정 안 하셔도 된다. 이준석은 여성 좋아한다." 한 신문(중앙 210422)에 실린 이준석 국민의힘 대표의 이 발언을 보고 눈을 의심했습니다. 당의 대표라는 사람이, 그것도 청년을 대표한다는 사람이 내가 수업시간에 늘 듣는, 이런 비논리적 이야기를 공개적으로 하다니요. 물론 가부장적인 태도를 억지로 숨기며 페미니즘에 우호적인 척해야 했던 기성 정치인들에 비하면, 솔직하다고는 봐줘야 할까요.[25] 세상이 '좋아지는' 과정에서 남성들의 백래시(반발)가 커지는 상황에 편승한 나름 영민한 정치적 처신이라고 볼 수도 있겠습니다. 혐오 논의에 대한 '정확한 오해'를 보여주고 있는 말이라 이런 글을 쓸 수 있게 해주니 감사를 표해야 할 것도 같네요.

그렇습니다. 정말 많이 듣는 말입니다. "저 여성 안 싫어해요. 그런 제가 여성을 혐오[26]하다니 말이 되나요." 그런데 말입니다. 정확하게 그것이 문제입니다. 여성에 대한 멸시와 편견을 말하는 여성혐오(misogyny), 소위 여성 좋아한다는 사람들도 할 수 있습니다. 그리고 우리가 여기서 말하는 혐오는 그 대상이 여성, 흑인, 장애인, 그 누구든 간에 안 싫어하면서도 얼마든지 가능합니다. 미국 노예제가 엄혹하던 시절에도 해만 지면 '인종대통합'이 이루어지곤 했다는 기가 막힌 이야기를 읽은 적이 있습니다. 생각보다 훨씬 많은 미국인이 흑인 조상을 갖고 있다고도 하더군요.

그래서 흑인혐오, 흑인차별이 없(었)다고 주장할 수는 없는 노릇입니다. 이 땅에도 수많은 서자(庶子)가 있었습니다. 그들도 '사랑의 결실'이었겠지요. 그렇다고 그들이 소위 적자(嫡子)들과 같은 대접을 받은 것도 아니고, 그들을 향한 차별과 멸시가 덜했던 것도 아닙니다.

물론 이 대표가 여성혐오자라는 주장을 하려는 것은 아닙니다. 다만 '내가 여성을 좋아하니 또는 싫어하지 않으니 여성혐오를 하지 않는다'는 주장이 논리적이지 않다는 겁니다. 여성 혐오를 하는 적잖은 사람이(그것은 여성일 수도 남성일 수도 있습니다.) 여성을 싫어하지 않습니다.

많은 혐오가 '싫다'라는 감정에서 시작하는 것은 사실입니다. '그냥 싫다'는 건 더 강한 혐오의 단서가 되기도 합니다. 논리적 담론의 영역을 꽉 닫아버리는 것이니까요. 그리고 혐오는 '강자'의 입장에서 할 때 힘이 실리는 것이지, 그 반대는 아니라는 사실도 기억할 필요가 있습니다. 즉, 동성애자도 이성애자가 싫다고 말할 수 있지만, 이성애자가 '동성애자가 싫다'고 말하는 것과 동성애자가 '이성애자가 싫다'고 말하는 것은 전혀 다른 얘기라는 겁니다.(김지혜 2020: 143) 요즘 남혐이라는 말도 씁니다만, 그 본질적 맥락은 여성혐오에 대한 대항혐오에 가깝습니다. '원본'이 아닙니다.

아무튼 어떻게 보면 '나 너 싫어'로 시작하는 혐오는 구분해내기가 조금 더 용이한 측면도 있습니다. 그런데 '나 너 안 싫어해, 그런데 왜 내가'로 시작하는 혐오에는 대응하기가 더 까다롭습니다.

우선 분명히 합시다. 좋아한다고 주장하면서 여성을 (성적) 대상화하는 일은 희귀하지 않습니다. 스토킹을 하고, 희롱을 하고, 추행을 하고, 폭행을 하는 사람들이 없지 않습니다. 심지어 좋아해서 그런 것이니 정상참작을 해달라 주장하기도 합니다. 죄질이 더 나쁠 수도 있는 겁니다. 그러니 '좋아하니 혐오자가 아니다'라는 주장은 어폐가 있습니다.

나아가 개인적 선호나 감정의 상태와 사회문화적인 구조적 상황을 구분할 필요가 있습니다. 타자에 대한 혐오는 개인을 넘어 집단적으로, 지속적으로 이루어지는 사회적 현상이니 개인이 "나는 아니다"라는 말로 퉁 치고 넘어갈 수 있는 일이 아닙니다.

그리고 여기서 여성을 좋아한다는 말이 정확히 무슨 의미인지 분석할 생각까지는 없습니다만, 이성애자가 다수인 사회에서 여성을 '싫어하는' 사람이 다수인 사회가 있었을까요? 역사적으로 뿌리 깊은 여성에 대한 (성적) 대상화와 멸시와 편견은 여성을 좋아하는 사람이 다수였거나 다수인 사회에서 강고하게 존재해 온 것이고, 아직도 관찰되는 겁니다.[27]

여성을 좋아한다는 말이 그 사람이 여성을 혐오하지 않는다거나, 사회구성원 다수가 여성을 좋아한다는 주장이 사회적으로 여성혐오가 존재하지 않는다를 증명해주는 논거일 수는 없는 겁니다. 우리 사회에 여성혐오라는 것이 존재하지 않는다고 생각한다면 다른 논거를 대야 할 겁니다.

우리 사회에 여성혐오라 부를 수 있는 현상들이 여전히 있다고 생각합니다. 여성이라는 성 자체에 대한 편견과 비하, 차별과 폭력, 성적 대상화 등이 이제는 더 이상 없다고, 문제되지 않는다고 말하고 싶습니다. 진심입니다. 그러나 사정은 그렇지 못합니다.

한 가지만 얘기해 보지요. 취업이나 승진 면접에서 '결혼할 거냐, 아이는 낳을 거냐' 이런 질문을 남성들이 받을 확률이 얼마나 될 것 같으신가요? 질문을 받는다 한들, 그것이 취업에 부정적인 영향을 끼칠 확률이 얼마나 될까요? 많은 여성은 여전히 이런 질문 앞에 주눅 드는 삶을 살고 있습니다. '결혼 안 한다, 아이 안 낳을 거다'는 말을 지레 앞질러 하기도 한다는 언론 기사는 언제쯤 보지 않게 될까요?

그 누구를 향한 집단적 혐오와 차별도 정당화될 수 없습니다. 그런 사회를 만들겠다는 것, 우리가 이미 결정한 방향 아닌가요? 그러니 '나는 여성을 좋아하니 여성을 혐오하지 않는다'는 궤변을 늘어놓기 전에, 그리고 '이만하면 많이 나아지지 않았냐'라고 주장하기 전에 더 고칠 것이 없는지, 더 나아질 부분이 없는지 함께 고민해야 한다 생각합니다.

특정한 성별, 인종, 장애 등을 이유로 차별받지 않을까를 걱정해야 하는 사람들이 있다면 아직은 갈 길이 멉니다. 여성과학자로서 사는 동안 편견과 차별에 노출되어 있었고, 여성에서 남성으로 성전환을 하며 또 다른 편견과 차별 상황에 놓이게 된 과학자 벤 바레스의 말처럼 편견과 차별에 관한 한 우리 모두는 '괴물'일지도 모릅니다(2020: 230). 자신이 괴물인지도 모르는….

그러니 평생에 걸쳐 계속 노력하는 수밖에는 방법이 없습니다. 그런데 그 노력은 "차별받지 않기 위한 노력"이 아닌 "차별하지 않기 위한 노력"(김지혜, 2020: 189)이 돼야 하지 않을까요? 충분하지 않은 것은 충분하지 않습니다.

여성을 좋아하니 본인은 여성혐오자가 아니라고 주장하는 이들에게 그들보다 백배는 성찰적인 한 학생의 글을 권합니다

가만히 누워 하루를 생각해보면 수많은 내가 보인다. 한쪽에는 '젠더와사회' 수업

에 참여하고, 학내 복학생 협의회의 남성 이익집단화에 대해 불만을 표하며, 친구에게 여성혐오 발언을 줄이라고 말하는 내가 있다면, 다른 쪽에는 여성의 순결성을 은연중에 좋게 생각하고, 여자 아이돌의 짧은 치마를 유심히 바라보며, 친구들과 여성혐오 개그를 서슴지 않고 뱉는 내가 있다. 나는 나의 양면성이 혐오스럽다. 돌이켜보면 가끔 튀어나오는 가부장적인 발언과 여성혐오 개그를 할 때의 나는 대개 술을 마셨다거나, 고등학교 친구들을 오래간만에 만난, 대단히 본능적인 상태일 때가 많다. 화가 나지만 인정해야 한다. 나의 여성혐오는 본능이다. (16 ㄱㅎㄷ)

혐오표현을 '좋아하는' 사람,
'즐기는' 사람 있을까요?

누군가가 '혐오(hate)를 좋아한다'고 한다면 어처구니없다 생각하겠지요. 비정상적인 사람이라 생각할 겁니다. '정상적'인 사람이라면 고의로, 악의적으로 누군가를 혐오하기도 쉽지 않을 것 같고, 스스로를 그런 사람이라고 생각하는 경우도 많지 않을 것 같습니다.

그러나 내/우리가 거의 무의식적으로라도 특정 개인/집단을 부정적으로 묘사하거나 배제하고 차별하는 언명이나 행동을 하는 경우가 없을지 생각해보면 자신하기가 어렵습니다. 프로불편러가 되어서 한번 생각해보지요.

- 주린이, 캠린이, 이런 식으로 어린이라는 단어를 사용해 뭔가에 미숙한 상태를 표현하곤 하는데, 어린이를 '무시'하는 것으로 인식될 수 있습니다.
- '남자가 그까짓 것도 못 참아?'라는 말, 듣는 남자 기분 나쁠 것 같군요.
- '여자는 원래 수학에 약해', 특정 집단의 특성을 '자연화'시키고, 주저

앉히는 말 아닌가요?

- '결혼 안 하면 다 애야'라는 말, 사실도 아닌 것 같지만, 특정 조건의 사람들을 깔보는 뉘앙스가 있어 보입니다.
- '가방끈 짧은 사람들은 생각도 짧아', 특정 조건을 가진 사람들을 전체로 모욕하는 말이라 하겠습니다.
- '기레기 같으니라고'라는 말, 특정 직업을 영위하는 사람들에 대한 모독일 수 있겠습니다.

음, 이렇게 말하다 보니 할 수 있는 말이 거의 없어 보이기도 합니다. 그러나 다른 글에서 말했듯이 부당한 상처를 주는 사람이 되는 것보다는 재미없는 사람이 되는 길을 택하기로 했다면, 그리고 내/우리가 피해자가 되고 싶지 않다면, 우리가 생각하는 혐오(표현)와 미묘한 차별적 공격에 대해 가능한 한 넓게 범위를 잡으려는 노력을 하는 것이 좋겠습니다.

의미를 조금 더 짚어보지요. 혐오는 사전적으로는 '매우 싫어하고 미워함'이란 뜻이나, 지금의 맥락에서 혐오는 특정 집단에 대한 편견과 적개심을 말합니다.

혐오표현(hate speech)이라 할 때는 더 정확한 정의를 필요로 합니다. 국가인권위원회는 혐오표현을 "어떤 개인, 집단에 대하여 그들이 사회적 소수자로서의 속성을 가졌다는 이유로 그들을 차별, 혐오하거나 차별, 적의, 폭력을 선동하는 표현"(홍성수, 2018: 29~30)

으로 정의했습니다. 즉 혐오표현이란 단순한 싫어함을 넘어 사회적 약자나 소수자 집단(표적집단 또는 대상집단이라고도 함.)에 속하는 개인이나 다수를 그들이 가진 정체성 요소(=차별금지사유, 예: 인종, 민족, 성별, 연령, 종교, 장애 등)를 근거로 편견이나 적개심을 갖고 차별, 배제하려는 태도에서 기인하는 발화와 그 효과(홍성수, 2018: 24~25)에 관련되며 차별과 불가피하게 연결됩니다.

그래서 홍성수는 내가 파란색 옷을 입은 친구에게 '나는 파란색이 싫어'라고 말하는 것은 혐오표현이라고는 볼 수 없으나, 이슬람교도에게 '나는 차도르가 싫어'라고 말하는 것은 다른 일이라고 말합니다.[28]

그러니까 기본적으로 혐오표현이란 대등한 관계가 아닌 사회적 약자나 소수자집단을 향해 이루어질 때 성립되는 말이며, 특정 집단이나 집단에 속한 개인의 정체성과 특성을 부정, 차별, 배제하는 발화(효과)를 일컫습니다. 때문에 벗어나기도 어렵고 무시하거나 반발하기도 쉽지 않습니다.

미묘한 차별적 공격(microaggression)이라는 용어도 있는데, 예를 들어 백인이 흑인에게 "나는 당신의 피부색은 보지 않는다"고 말하는 것, 아시아계 미국인에게 "영어 정말 잘하시네요"라고 말하는 것 등은 미묘한 차별적 공격이 될 수 있습니다. 일부러 옆자리에 앉지 않는 것, 엘리베이터에서 경계하는 몸짓을 보이는 것 등도 미묘한 차별적 공격에 해당하며, 상대에게 물리적 폭력 못지않은 상처를 입힐 수 있습니다.(중앙 210403) 혐오표현을 미묘한 차별적 공격의 일종이라고도 볼 수 있을 것 같습니다.

그런데 여기까지 말하면 노인, 어린이, 장애인 등에 대한 혐오표현이나 미묘한 차별적 공격에 대해서는 보다 예민하게 반응할 사람들 중 적어도 일부는 여성혐오라는 단어에는 쉽게 동의하지 않는 것 같습니다. 여기에는, 이미 여러 번 언급했지만, 여성이라는 집단적 범주가 21세기 대한민국에서 더 이상은 사회적 약자집단이 아니라는 생각이 깔려있다고 봅니다. "너는 정말 지금도 여성 차별이 존재한다고 생각해?"라는 거죠.(더 이상은 그렇지 않다는 생각에 흔쾌히 동의해줄 수 있는 세상이 하루라도 빨리 오길 바라지만, 아직은 그러기가 어렵습니다.)

자동 연결되는 정체성 검증에 단골로 등장하는 문장도 있습니다. "너(도) 페미야?"라는 말이죠. 우선은 이런 말들 자체가 '혐오표현'의 요건을 갖추고 있다는 것만 밝혀 둡니다. 사회구성원으로서 마땅히 누려야 할 평등한 지위를 훼손할 우려가 있으며 차별 조장의 효과를 가진다고 보이기 때문입니다. 혐오할 의도가 없었다는 것은 결정적 요소가 못됩니다.[29]

의문문의 형태를 띠고 있으나 위 문장들은 의문문이 아닙니다. 연결의 고리는 대충 이리 될 겁니다. "너는 정말 지금도 여성 차별이 존재한다고 생각해?" → "그렇지 않다. 그렇게 생각하는 너는 페미다." → "페미가 문제다."

물론 누구나 혐오에 노출될 수 있고, 누구나 차별과 배제를 당할 수 있고, 그 대상은 여성일 수도 남성일 수도 있습니다. 하지만 집단적으로 그 존재 자체가 더 '열등'하고 더 '위험'한 존재로 여겨지는 것은 다른 차원의 일입니다.

강남순은 인류역사에서 여성혐오에 상응하는 방식으로 남성에 대한 구체적 억압과 차별이 행사되는 남성혐오가 존재한 적이 없다고 말합니다. 남성 전체가 "여성보다 '열등한 존재'로, 그리고 여성을 위험에 빠뜨리는 '위험한 존재'로 취급된 역사가 없"(2020: 232)기 때문입니다.

"남성은 여성이 자신을 비웃을 것을 두려워하지만, 여성은 남성이 자신을 죽일 것을 두려워한다"(마가레트 에트우드, 강남순, 2020: 233)는 말처럼 아직은 이 사회에서 '내가 여자라는 이유만으로 죽을 수도 있었다'는 말과 '내가 남자라는 이유만으로 죽을 수도 있었다'는 말의 무게가 동일하게 다가오지는 않는 것 같습니다. 젠더적으로 해석될 수밖에 없는 생존의 문제가 있다는 겁니다.

혐오의 멈춤은 이런 질문을 삼키는 것으로부터 시작해야겠습니다: "대한민국 여자들, 집단적 피해망상증에 사로잡힌 거 아냐?" 그리고 만에 하나 그것이 사실이라면 인구의 절반을 집단적으로 피해망상에 빠지게 한 사회에 그 책임을 물어야 할 것입니다.

Chapter 7
오늘 여기 우리의 페미니즘

학생들 사이에서조차 '페미 검열'이 이루어진다는 이야기를 들었을 때 처음 떠오르는 단어는 '어이없음'이었습니다. 사회적 변화가 모든 분야에서 동일한 수준, 동일한 시간에 일어나는 것은 아니라 해도 도대체 이런 일이 아직도 있다는 것이, 그것도 대학에서 이런 일이 벌어진다는 것이 믿어지지 않았지요. 그런 상황에 있는 학생들을 내가 가르치고 있다는 데 생각이 미치면 답답해져 숨을 쉬기 어려웠습니다.
그 다음 밀려오는 감정은 슬픔이었습니다. 이 딱한 젊은이들을 어찌하면 좋을까. 그저 자신이 처한 상황에 대한 문제의식을 갖게 된 것뿐인데, 이게 도대체 뭔지 궁금하고 알아보고 공부하고 싶을 뿐인데, 그것 때문에 친구, 동료, 가족으로부터 외면받을까 전전긍긍해야 하는 이 청춘들을 어떻게 위로하면 좋을까. 마음이 먹먹해졌습니다.

'미투'가
불편하신가요?

우리 사회에는 지난 몇 십 년 꽤 많은 변화가 있었습니다. 특히 제도적인 측면에서 여성의 지위 향상은 놀라운 면이 있기도 합니다. 그리고 적어도 공식적인 공론장에서 '젠더평등'은 실현된 것처럼 보이기도 합니다. 그런데, 이런 시선은 누구의 시선입니까? 누구의 말입니까? 여기서도 우리는 성별적 인식의 차이를 분명하게 확인할 수 있습니다.

적잖은 남성들은 말합니다. 이 정도면 정말 많이 좋아진 것 아니냐, 그리고 앞으로도 더 좋아질 것 아니냐, 그리고 어떤 측면에서는 역차별적 요소마저 생기고 있는 판이다, 그러니 이제 좀 천천히 가자…. 여성들의 입장은 좀 다릅니다. '삼종지도(三從之道)' 같은 말들은 더 이상 쓰이지 않지만 여전히 수많은 족쇄가 있다고 느낍니다. 그리고 어떻게 보면 이제 겨우 말할 수 있게 된 것이기 때문에 그동안에는 수면 아래 가라앉아, 문제로 생각조차 되지 않았던 많은 일이 아직도 떠오르는 중이라고 느낍니다.

그러니 '이 정도면…'이라는 말은 아직도 여전히 강자의 말로 남아있습니다. 강자 집단에 속한다는 그 이유만으로 '아무 말도 하지 마라, 부당한 요구들도 참아라' 이런 얘기를 하는 것은 아닙니다. 그러나 사회적으로 큰 물의를 일으켰던 대한항공 오너 가족들이 몇 차례씩 검찰 포토라인에 섰고 사과했으니 충분하지 않냐고 한다면, 쉽게 동의가 되겠는지요?

이런 상황인식 차이 때문에 갈등은 불가피해보이는 측면이 있는데, 일부 남성에게는 안타까운 일이겠습니다만, '칼자루'는 여성이 쥐고 있다고 보는 것이 맞다고 보입니다. 구조적으로 그렇다는 말입니다.

우리 사회가 변화해가는 가장 중요한 방향이 '수평화'이기 때문입니다. 다양성, 관용성, 개방성, 그 무슨 단어로 말해지든지 간에 수평화는 우리가 기꺼이 추구하기로 약속한 사회의 변화 방향입니다. 여성을 포함한 다양한 사회적 약자들의 목소리는 앞으로도 점점 더 커질 것이고, 이 과정에서 어떤 측면에서건 강자의 위치를 점하고 있었던 사람들은 불편함 내지 고통을 호소하게 되리라는 것은 쉽게 예측 가능합니다.

'큰물이 졌다'고 하지요. 그렇습니다. 이미 큰물이 졌습니다. 우리 사회는 변화하고 있고, 계속 변화해 갈 것입니다. 변화의 방향이 바뀔 가능성은 거의 없어 보입니다. 해서 적어도 당분간은 '평균적 사고를 하는 남성'이 불편한 상황이 지속될 것이고, 그 불편함의 정도가 커질 수도 있겠습니다. 이런 상황을 방치하면 우리 사회가 젠더 문제 관련해서 치러야 하는 '사회적 비용'은 눈덩이처럼 커져갈 것입니다. 내가 가장 크게 우려하는 것 중 하나는 바로 이 부분입니다.

다른 사회적 약자들의 상황과 유사하게 약자인 여성들의 인식은 변화 가속도가 붙은 반면, 상대적으로 강자의 위치에 있던 남성 집단의 인식변화 속도는 더딘 편입니다. 그 폭이 점점 벌어지면서 사회적 갈등상황도 증폭되고 있는 형국이지요.

좌우간 우리 사회가 겪고 있는 변화에 대응하는 남성들의 대도는 크게 두 가지가 있을 것 같습니다. 앞서가거나, 떠밀려가거나…. 당신은 어떻게 하시겠습니까?(협박처럼 들리십니까? 예, 그럴지도 모르겠네요. 그러나 현실에 입각한 간곡한 호소입니다.)

기왕이면 '깨어있는' 남성들이 앞서 가줬으면 하는 간절한 바람이 있습니다. 내가 쓰는 글이 남성들의 생각을 살짝 바꾸는 데 기여했으면 하는 작은 소망도 있습니다.

우리가 겪고 있는 이 모든 변화는 여성에게는 '꽃길'이기만 할까요? 내 생각에는 절대 그렇지 않습니다. 보다 많은 권리를 쟁취하면서, 보다 적은 의무를 지는 것. 아주 단기간에는 가능한 일인지 모르겠습니다만, 장기적으로 가능한 일이 아닙니다.

'저 놀부 두 손에 떡 들고' 식은 가능하지 않지요. 예를 들어 내가 여성 자본가라면, 자본가라는 부분은 쏙 빼놓고, 여성으로서의 약자적 측면에서 자신에게 유리한 변화만 요청할 수는 없는 일입니다. 그것은 수평화라고 하는 사회의 큰 변화 방향과도 전면적으로 배치되는 일입니다.

사회에 울려 퍼지는 여성들의 목소리는 앞으로 보다 더 당당한 주체로 서겠다는 선언이며, 보다 큰 사회적 책임을 지겠다는 약속일 수밖에 없습니다. 그리고 이것은 그동안 많은 남성을 짓눌러왔던 가부장적 책임감으로부터 그들을 해방시키는 길이 될 것입니다. 이것이 바로 남성들이 이 변화를 한발 앞서, 기꺼이 맞이할 수 있는 중요한 이유라고도 생각합니다.

말하지 않던/못하던 사람들이 말하게 된 것, 그것이 '미투'라고 생각합니다. 상처가 없었던 것이 아니라, 말하지 않았던, 아니 말하지 못했던 것이지요. 여성이, 학생이, 장애인이, 외국인 노동자가…, 그리고 우리는 앞으로 보다 많은, 보다 다양한 '미투'와 만나게 될 것입니다. 예언입니다!

그리고 이것은 우리 사회가 '모든 인간이 동등하게 존중받는 사회'라는 방향으로 가는 길목에 서 있음을 말해줍니다. 이를 우리가 '논리적'으로 이해하고, 보다 적극적으로, 보다 전향적으로 맞이할 수 있게 되길 바라마지 않습니다.

성별적으로
대동단결?

모든 남성이 동일한 생각을 가지고 있는 것은 아닙니다. 여성도 마찬가지입니다. 여성과 남성의 평균적인 젠더의식 차이는 분명해 보이지만, 같은 성별 안에서의 차이도 만만치 않습니다.

자연스러운 일이지만, 때로 같은 성별 내 젠더의식 차이는 성별 간의 그 차이보다 더 큰 좌절을 느끼게 합니다. 그것은 뭐랄까, 암묵적으로 같은 편이어야 할 것 같은데 그렇지 않다고 느끼게 되는 데서 연유하는 것 같습니다.

예컨대 스스로 젠더 의식이 높지 않다 생각하는 여학생들은 젠더 이슈에 대해 잘 모르기도 하고, 관심도 별로 없다며 말하기를 꺼립니다. 다른 사람들, 특히 여성들, 그중에서도 젠더의식이 높은 사람들이 좋지 않게 볼 것을 우려하고, 젠더문제에 대해 별관심이 없는 자신에 대해 '내가 정말 뭔가 잘못된 것일까'라는 걱정을 하기도 합니다.

젠더 수업에 참여할 마음을 먹은 남학생들은 또래 집단에서 '아니 그런 걸 왜 들어. 그거 여자애들이나 듣는 거 아냐'라거나 '너 남페미냐'는 빈정을 듣기 일쑤라 수업 참여에 대해 굳이 말을 하지 않는다고도 합니다. 암묵적으로 알고 있는 거죠. 본인이 '평균'에서 벗어나 있다는 것을.

어떤 경우든 본인의 준거집단에서 주변부로 밀려나는 것에 대한 약간의 걱정과 두려움이 없지 않아 보입니다. 오늘 대학의 상황은, 적어도 젠더적인 측면에서는, 외부에서 보는 것보다 '참, 옛날' 일지도 모르겠습니다.

수업 때 보면 학생들이 보통의 20대는, 보통의 20대 남성은, 보통의 20대 여성은 어느 정도 비슷한 생각, 그것도 자신과 비슷한 생각을 한다는 가정을 하는 것으로 보이기도 합니다. 인터넷 양극단 싸움은 '머리에 뿔난 사람들'이 하는 것이고. 내 눈에 평범해 보이는 과, 동아리, 수업에서 만나는 동료들은 자신과 크게 다르지 않을 것이라는 착각(?)을 하는 거지요.

이 착각은 수업 중에 산산조각이 납니다. 수업에서 지속적으로 확인되는 것은 성별 간의 젠더의식 격차이기도 하지만, 성별 안에서의 서로 다른 생각이기도 합니다. 사안별로, 주제별로 전선(?)이 계속 바뀌는 것이 관찰되기도 합니다. 성매매와 관련해서는 '내 편'이던 동료가 성소수자 얘기를 할 때는 '반대편'이 되는 경험을 하지요.

한 반에 앉아 있는 수십 명 학생들 사이의 생각 편차가 막연한 상상보다 더 크다는 것을 확인하는 일은 우리 모두에게 놀라움을 불러일으킵니다. 물론 그중에서도 본인과 비슷한 생각을 하는 이들을 발견하며 연대감을 형성하기도 합니다만, 수업이라는 측면에서 보면 '다름'을 확인하는 일이 훨씬 더 의미 있는 일이라 여겨집니다.

내가 평균, 기준, 합리적이라는 생각이 동료들을 통해 흔들리는 경험은 '아름답다'고 표현하고 싶습니다. '흔들리지 않으며 피는 꽃이 어디 있으랴'는 시 구절처럼 흔들림은 성장을 위해 꼭 필요한 일이며, 그 결과물은 아름답습니다.

다른 이의 합리성이 나의 합리성과 같지 않을 수 있다는, 그런데 그 안에 나름의 논리와 설득력이 있다는 것을, '평범한' 동료들과 대화를 하면서, 그것도 젠더와 같은 발화력이 높은 주제로 토론을 하면서 경험하게 되는 것은 정말 중요해 보입니다. 그 자체가 훌륭한 큰 공부 아니겠는지요. 흔들리지 않는 나침반은 무용합니다. 절대, 결코 흔들리지 않는 생각도 그러합니다. 무용할 뿐 아니라 위험하기까지 합니다. 생각 없음과 마찬가지로 말입니다. 생각은 변화가능성 안에서만 그 건강성을 잃지 않을 수 있기 때문입니다.

내 생각이 다른 이의 생각과 다른 것은 걱정할 일이 아닙니다. 모르는 것 또한 부끄러워할 일이 아닙니다. 타인의 시선에 신경 쓰느라 자신의 생각을 표현하기를 주저함을, '미움 받을 용기'가 없어 자신을 드러내지 못함을 속상해하길 바랍니다.

아무튼 그러니, 성별적으로 대동단결? 이것이야말로 시대착오적이며 위험한 발상이겠지요. 한나 아렌트의 말처럼 "모든 의견이 동일해지는 곳에서는 의견이 형성될 수 없"(2004: 352)기 때문입니다. 근대사회에서 다름의 경험은 일상이며, 다름을 건강하게 살아내는 일은 우리 시대의 운명입니다.

명백히 반사회적인 것이 아니라면, 죄의식 없이, 두려움 없이, 주저함 없이 서로 다른 자신의 생각을 드러낼 수 있는 사회. 그런 사회가 우리가 바라는 사회의 모습에 가깝지 않겠는지요? 누군가는 어디에서인가는 시작해야 합니다. 그것을 가능하게 하는 시공간을 만들어가는 일이 중요합니다.

수업시간은 가끔 '간증시간' 같습니다. '여기에서는 내 생각을 말해도 될 것 같아, 위험하지 않을 것 같아, 저격당하지 않을 것 같아', 그리 생각하게 된 학생들이 자신에 대해 말하고자, 자신의 생각을 말하고자 입을 떼기 시작하기 때문입니다.

이 강의는 비난하는 이 없는 대나무숲이었습니다. 후련하게 내 생각을 마음껏 말할 수 있는 곳, 그러나 비난받지 않는 곳. 수업을 함께하는 남학우의 수가 상대적으로 적은 수이기는 했지만, 그들에게 제가 그토록 하고 싶었던 말을 하며 어떤 해방감을 느꼈습니다. 제 이야기를 듣는 학우들이 저를 비난하려 하지 않고 제 말을 적어도 들어주려 했기 때문에 가능했던 것이겠지요. 사실 저는 이런저런 일들을 겪으며 우리는 서로를 이해할 수 없을 거라 조금은 단언했습니다. 하지만 이제는 우리가 대화할 수 있는 '가능성'을 믿습니다. 마지막 강의가 끝난 후 두 명의 남학우에게 받았던 격려 메시지는 제 마음에 아주 오랫동안 남아 그 믿음을 포기하지 않는 지렛대가 될 것입니다.   (20 자료집 ㅇㅁㅅ)

페미니즘에 대해 잘 모르거나 관심이 없는 여학생, 페미니즘에 관심이 있거나 우호적인 남학생, 모두 하나도 '이상'하지 않습니다. 그 이야기를 편안하게 할 수 없는 사회가 이상합니다. 이들을 이상하게 보이게 하는 사회가 문제입니다. 그대들 문제가 아닙니다. 젊은이들이 해야 하는 일은 그저 지금 자신의 자리에서 성장하려는 노력을 중단하지 않는 것뿐입니다.

저는 꾸미고 싶은 페미니스트입니다!

내가 대학 다닐 때는 외모만으로도 알 수 있는 경우가 많았습니다. 누가 운동권인지 아닌지. 최루탄과 돌멩이가 날아다니는 데모 현장에 치마와 구두가 어울리기는 쉽지 않지요. 그런 의미에서도 나는 '비운동권'이었습니다. 대단히 요란스럽게 꾸미고 다닌 것은 아니었어도, 내 외모를 보고 운동권이라고 짐작하는 사람이 많지는 않았을 겁니다. 지각 있는 대학생이라면 운동권인 것이 당연하고 마땅한 것으로 받아들여지던 때, 비운동권으로 보인다는 것은 살짝 부담스러운 일일 수도 있었습니다. 분위기가 그랬던 때이지요.

페미니스트에게도 '적절한 외모'가 요청되곤 합니다. 적어도 짙은 화장과 짧은 치마, 하이힐이 페미니스트와 바로 연결되지는 않지요. 꾸미는 것을 좋아하던 친구들도 페미니즘을 알게 되며 꾸미는 일을 그만두는 경우가 적지 않습니다. 그러지 못하는 경우, 그것에 대해 '자기검열'을 하는 경우도 있습니다.

저도 여자라고 꼭 예쁘지 않아도 되고 마르지 않아도 되는 것은 잘 알고 있습니다. 사회가 여성에게 요구하는 미의 기준이 참 기이하고 비정상적이라는 것도 압니다. 많은 여성이 무리하게 그 틀에 맞추려 건강을 잃고 비용을 지불하는 것도 알고 있습니다. 누군가에게 그러지 않아도 된다고 예쁘지 않아도 된다고 말할 수도 있습니다. 하지만 모순적이게도 제가 그 틀에서 벗어나는 것은 너무나 어렵고 그렇게 할 수가 없습니다. / 저처럼 소극적인 페미니스트 때문에, 대의를 위해 기꺼이 포기하지 않는 것이 있는 여성들 때문에 또 그러는 여성들이 많기 때문에 사회가 변하는 속도가 더 딜 수도 있다는 점, 인정합니다. 이 글을 쓰면서도 내가 이렇게 당당하게 말해도 되는가 하는 의문이 듭니다. 제가 참 비겁하고 이기적으로 느껴집니다. / 그래서 일단은 이렇게 생각하기로 했습니다. 아직 나는 그 단계가 아니다. 어쩌면 평생 그렇게 살지 못할 수도 있겠지만, 그래도 나는 페미니스트다. 제 머리와 마음이 '나는 페미니스트다'라는 문상보다 '나는 페미니스트가 아니다'라는 문장에 더욱 동의하기 어렵기 때문입니다. 소극적인 페미니스트가 답답하고 이기적으로 느껴질 수도 있겠지만 우리 모두가 추구하는 것은 하나, '평등한 세상'임을 잊지 않았으면 좋겠습니다.

(20ㅇㅁㅅ)

    어떤 이는 꾸미는 일은 전적으로 자신의 만족을 위한 것이라고 말합니다. 그러나, 관계망 안에서 생존하는 인간에게 자신만을 위해 하는 일이라는 것이 존재하는지는 의문입니다. 특히 여성에게 특정한 꾸밈이 요청, 아니 '강제'되는 상황에 대한 인식에 이르게 되면 꾸미는 일에 대해 흔쾌한 생각을 갖는 것이 오히려 쉬운 일이 아니지요.

    오래된 글 스크랩에서 작가 김훈의 글 일부분을 어쩌다 발견해 다시 읽었습니다. 개그우먼 이영자의 '다이어트 사건'에 관한 부분이었습니다. 읽다 글의 현재성에 전율했습니다.

도대체 개그우먼 이영자는 무슨 죽을죄를 지었길래 저 지경이 되어서 처박혀야 하는지 모르겠다. 여자의 몸에 대한 이 사회의 미의식은 날씬한 여자를 우대하고 숭배하며, 뚱뚱한 여자를 모멸하고 혐오한다. 이 혐오감은 이미 미의식을 넘어서서, 사회적 폭력에 가깝다. 그것을 폭력이라고 말하고 있는 나는 어떤가. 나도 뚱뚱한 여자를 여자로서 좋아하지 않는다. / 여자의 몸은 사물화되어 간다. 이 사물화의 목표는 '잘빠진 여자'이다. 언론과 대중예술과 상업광고와 패션과 디자인과 의학기술과 식품산업과 미용산업과 화장품산업과 대량소비시장의 힘이 모두 합쳐진, 이 사회의 가공할 연합세력이 여자의 몸을 쉴 새 없이 옥죄고 비틀고 있다. 사회 전체가 이러한 판국에, 개별적 여자의 자의식이 거기에 저항하기는 어렵다. 그래서 세속도시의 여름은 '잘빠진' 여자들이 내뿜는 성적 긴장으로 터질 듯하다. / 살을 빼서 날씬한 여자를 상대로, 그 여자가 운동을 해서 살을 뺐느냐, 수술로 살을 뺐느냐를 검색하고 입증하는 일도 언론의 사명일 수 있다는 것은 끔찍하다. / 이영자는 기자회견장에서 서럽게 울었다. 그 여자는 이 나라의 언론을 향해서 이렇게 말했다. "여러분들이 (내 직업을) 그만두라고 하신다면 그만두겠습니다." 나는 경악했다. 이 나라 언론이야말로 여자의 몸을 옥죄고 비틀어온 가장 무서운 권력이었다. / 여자의 몸을 이처럼 사회 전체의 노리개로 삼아도 되는 것인가. 나는 이영자에게 쏟아지는 이 사회의 도덕적 분노가 두렵다.　　　　　　　　　　- 김훈, 2002: 31~33[30]

그래서 '꾸밈노동'이라는 단어도 생겨난 것이겠지요. 노동이라는 말이 나쁜 말이냐고요? 전적으로 그렇지야 않지요. 그러나 꾸미는 일이 마치 자유의지로 할 수도 하지 않을 수도 있는 단순 취향의 문제가 아니라, 사회가 요구하는 미적 기준이 존재하고, 그것이 특히 여성에게는 의무 또는 강제로 여겨지는 성격이 있다는 것을 강조하기 위해 선택된 단어일 겁니다.

그리하여 페미니스트들에게 꾸미는 일이, 그리고 꾸미는 여성이라는 주제가 결코 간단한 문제일 수는 없습니다. 그런데 바로 여기에서 파생되는 딜레마적 상황이 하나 있습니다. 꾸미는 일을 좋아하는 페미니스트를 어찌 볼 것인가 하는 문제죠. 어떤 학생들은 그들대로 혼란스럽습니다: "저는 페미니스트입니다.(페미니스트이고 싶습니다.) 그런데 꾸미고도 싶습니다. 저, 잘못된 것일까요?"[31]

수업시간에도 잘 관찰해보면 '여성스러운' 차림새의 여학생은 학생들 사이에서 일단 젠더의식이 그리 높지 않은 것으로 '간주'되는 경향이 있는 것 같습니다. 물론 그 학생들 중에도 젠더의식이 높은 학생들이 있고, 자신의 외모와 차림새 때문에 살짝 곱지 않은 시선이 존재한다는 것도 인지하고 있는 경우가 많습니다.

어떻게 생각해 봐야 하는 것일까요? 여성에게 보다 많은 꾸밈노동, 특정한 방식으로의 꾸밈활동이 요구되는 측면이 있음을 적극 인정합니다. 그런 사회적 요구가 여성 스스로에게 내재화되어 강박으로 작용하는 경우도 적지 않지요. 하여 페미니즘 진영에서 꾸밈노동에 대해 문제를 제기하는 것 또한 일리가 있다는 것 적극 인정합니다. 꾸밈이라는 문제 자체에 대해 성찰을 요청하는 부분이 분명 있고, 성차별적인 측면도 지적될 필요가 있지요.

> 여자는 더 사랑받고 싶고 더 예뻐지고 싶고 더 좋은 것을 갖고 싶다. 그것이 여성의 본능이다.
> - 롯데홈쇼핑 쇼핑호스트 이수정, 2021 어느 날 방송 중
>
> 여자에게 '외모'는 자존감의 표현이다!" "여자에게 있어 외모를 가꾸는 일은 가장 '나다워지는 방법'이자 자존감을 높이고 스스로를 격려하는 '최고의 삶의 기술'이다.   - 중앙 161121, 책 광고

위와 같은 말들이 아무렇지도 않게 공중의 장에서 쏟아지는 상황이니 성찰의 결과로 특정한 방식으로의 '꾸밈중지'가 결단되기도 합니다.

그러나 그럼에도 그것이 '페미니스트=바지, 운동화, 생얼, 짧은 머리'로 통일되어야 한다거나 그것만이 옳다는 이야기로 흘러가는 것은 좀 아니라고 생각합니다. 페미니스트적인 삶의 모습을 적극적으로 구현하는 하나의 방식으로 그런 외모와 차림이 선택될 수 있겠고 존중되어야겠지만, 그것이 그렇지 않은 여성이나 페미니스트의 모습을 곱지 않은 시선으로 봐야 하는 이유는 되지 않아야 할

것입니다.(나아가서 특정한 외모와 꾸밈이 '여성스럽다'고 여겨지는 전통적 의식 자체가 변할 필요가 있다고 봅니다.)

수업시간에 만났던 '여성스러운' 모습의 젠더의식이 높은 한 여학생은 자신의 외적인 모습에 대한 편견(?)을 발표 주제로 삼을 수 있을 만큼 당찼고, 토론과정에서 아주 훌륭하게 자신의 능력을 보여주었지요. 그 학생에 대한 다른 학생들의 시선도 시간과 함께 변해갔던 것으로 기억합니다.

우리 모두의, 특히 여성의 꾸밈은 결코 자유의지만은 아니라는 것, 사회적 시선에서 자유롭지 않다는 것, 그리고 우리 모두, 특히 여성은 외모 지적과 품평에 보다 많이 노출되며, 특정한 형태로의 꾸밈을 강제당하는 부분이 있다는 것을 인정하면서도, 자신이 아름답다고 느끼는 방식으로 자신을 꾸미는 일을 페미니스트라는 이유로 그만두어야 할 필요충분한 이유가 있는지에 대해 '질문'할 수 있는 친구라면, '예쁘게 꾸민 페미니스트'에 대한 편견(?)에 질문을 던질 수 있는 친구라면, 나는 괜찮다고 생각합니다.

다만 부디 꾸밈의 기준이 자신에 대한 깊은 성찰과 분리되지 않도록 끊임없이 노력하는 태도를 가져 주었으면 하는 바람이 있습니다. 더불어 특정한 성에게 강요되는 특정한 꾸밈에 대한 문제의식도 늘 선명하게 벼리고 있기를….

'여성스러운' 페미니스트를
문제 삼는 것도 문제겠지만…

바로 앞의 글에서 살펴본 바와 같이 '페미니스트'라는 말과 '여성스럽다'는 말이 바로 연결되어 떠오르지는 않을 듯합니다. 오히려 페미니스트와 '여성스럽지 않음' 또는 '여성스러움을 거부함'이 보다 쉽게 연결될 듯하네요. 그 때문이겠지요?《우리 모두 페미니스트가 되어야 합니다》라는 책에서 저자가 본인은 '하이힐을 좋아하는 페미니스트'(아디치에, 2016: 14, 43)라고 굳이 밝히는 것은.

그런 '항변'의 이유가 이해는 되면서도 나는 그 논지가 편하지 않았습니다. 페미니즘과 여성스러움을 조금 다른 각도에서 성찰해야 한다고 생각합니다. 소위 여성스러운 페미니스트이건 여성스럽지 않은 페미니스트이건, 그런 수식어가 수반하는 메커니즘은 동일하다 생각하기 때문입니다.

우리가 정작 문제를 삼아야 하는 것은 소위 여성/남성스러움이라는 고정된 시각의 시대착오적, 차별적 성격이지, '페미니스트는 여성적이지 않다는 편견이 있는데 꼭 그렇지 않다, 나는 대단히 여성스럽지만 페미니스트'라고 주장하는 것은 '충분히 좋은' 반론이 되기에는 부족해 보입니다.

같은 맥락에서 여성이란 성에, 예를 들어 21세기는 여성(리더십)의 시대라며, 온갖 긍정적 특성을 갖다 붙이는 것도 불편합니다. 민주적, 상호작용적, 관계지향적, 유연성, 포용, 섬김, 배려, 소통, 탈권위, 투명성, 진정성, 다양성, 조화, 끌어내고 육성하는 능력 같은 것 말입니다. (이 조건을 갖추려면 나는 '여성'이 되기 굉장히 어려울 것 같습니다.)

- '여성성의 본질은 포용성, 개방성, 관계성, 윤리성' - 여성학자 로즈마리 통
- "포근한 여성시대" "배려와 헌신, 돌봄과 보살핌, 그 숭고한 모성의 품으로." "남자들이 지니지 못한 그 부드러운 평화의 목소리."
  - 이우근 법무법인 충청 대표, 중앙 131111
- 심리학 연구에 따르면 "여성이 수평적이고 참여적이며 긍정적 보상으로 설득하는 변혁적 리더십 스타일을 보이는 경향이 있는 데 반해, 남성은 위에서 아래로의 명령과 통제, 위협을 함으로써 설득하는 리더십 스타일을 보이는 경향." - 정치학자 김민전, 중앙 161006

어떤 여성은 "포용과 배려의 서번트 리더십"을 보이는 반면, 어떤 여성은 "목표지향적인 카리스마 리더십"을 보일 뿐입니다. (손병옥 푸르덴셜 사장, 우치나가 유카코 벌리츠 인터내셔널 전 CEO(현 인재경영 컨설팅 회사 GRI CEO), 중앙 131123) 그중 어떤 사람이 여성이 아닌 것도 아니고요.

페미니스트든 누구든 소위 여성스러울 수도 있고 아닐 수도 있

지요. 물론 성별적으로 생물학적인 평균 차이가 존재하고, 성별 고정관념, 여성/남성스러움이라는 사회적 규정의 일부는 그런 차이에 기반합니다. 전혀 뜬금없이 하늘에서 뚝 떨어진 소리는 아닌 경우가 적잖다는 겁니다. 허나 그 여성/남성스러움이라는 것이 어떤 절대적 기준이 되어 그 기준에서 벗어나는 사람들에게 억압적인 요인으로 작용한다면, 그것은 문제라고 생각합니다.

'여성스러운 남성'도 있고, '남성스러운 여성'도 있습니다. 무엇이 문제인지요? 나아가서 추진력 강하고 씩씩한 사람도 있고, 세심하고 배려심 많은 사람도 있고, 그중 누군가는 우연히 여성이고 누군가는 우연히 남성인 것 아닐까요? '여성스러운 페미니스트'도 있다고, 그것은 이상한 일이 아니라고 주장할 일이 아니고, 여성/남성스러움 자체의 해체에 더 방점을 찍을 일입니다.

내가 '남성도 치마를 입을 수 있지 않나, 그것이 무슨 문제인가'라고 말하는 것도 남성을 여성화시키자는 것이 아니지요. 하나의 의상 형태에 불과한 치마가 여전히 소위 여성스러움의 전유물처럼 여겨지는 고정관념에서 벗어나야 하지 않을까 함입니다.

최근 한 음악 경연 프로그램에서 화제가 된 가수는 '저를 보고 틀을 깨는 사람이라 하는데, 칭찬으로 생각하지만 그렇다고 내가 늘 틀을 깨야 한다는 틀에 갇히지는 않겠다. 나는 계속해서 내가 좋아하는 것을 해나가겠다'는 취지의 말을 했습니다. 참 멋진 사람이다 싶었습니다.

그렇습니다. 우리의 사고가 어떤 형태로든 고정관념에 사로잡혀 있지는 않은지 늘 경계할 일입니다.

'집단의 차이가 아무리 커도 개인 간의 차이보다 크지 않다'는 말을 믿습니다. '집단적 편견'을 깨는 보다 좋은 방법은 '여성스러운 페미니스트'가 있다고 그것은 아무 문제가 아니라고 주장하는 것을 넘어 페미니스트들을, 아니 그 누구라도, '온전한 개인'으로 보는 것이 아닐까 합니다. 나는 나이면 되는 것 아닐까요.

성 개방성 논의는
젠더 중립적?

젠더 관련 논의 중 '성 개방성'은 시간과 함께 급격하게 변한 부분 중 하나일 겁니다. 혼전순결 같은 얘기를 하면 아마 석기시대 사람 취급을 받을지 모르겠습니다. 그러나 이런 변화가 성별적으로 동일하게 체감되는지는 의문입니다.

입에 담기 어려운 비속어라 언급하기가 꺼려집니다만, 성 경험과 관련해 '걸레'라는 말이 사용되는 것을 들어보셨을 겁니다. 성 경험 많은 여성을 이런 용어로 모욕하는 경우는 여전히 어렵지 않게 찾아볼 수 있습니다. 최근 젊은 세대는 이 말을 남성에게도 쓴다고는 합니다만, 남성의 성 경험은 예전이나 지금이나 (훨씬) 더 너그럽게 받아들여지고 있다고 생각합니다. 이에 대한 생물학적인 설명이 아직도 설득력 있게 유통되고 있습니다. 남자는 원래 그렇다는 거죠.

인간도 동물이고, 생물학적 조건에 크게 영향을 받습니다. 난자와 정자의 차이에 대한 사회생물학적 설명에 고개를 주억거리게 되는 부분이 분명 있기도 합니다. 정자는 '생산단가'가 굉장히 낮아 널리 퍼트리기 쉽고 널리 퍼트리는 것이 유전자적으로 유리하다는 것. 난자는 그 반대로 생산단가가 높고 임신의 가능성이 있어 굉장히 조심스럽게 사용되는 경향이 있다는 것. 뭐 알아들을 수는 있습니다.

그러나 이 설명을 따른다 해도 그 때문에 남성이 바람둥이일 가능성이 더 많다는 명제에 그대로 동의하기는 어렵습니다. 보다 우월한 정자를 찾아야 하는 여성이 보다 적극적인 정자 탐색에 나설 이유가 충분히 있다고 볼 수도 있지 않을까요? 또는 정자의 지속적인 교체가 난자에 유리한 측면이 있지는 않을까요?

이 이야기를 하는 이유는 물론 여성과 남성의 바람기 정도를 비교하려는 것이 아닙니다. 남성의 생물학적인 조건이 남성의 특성한 사회적 행위를 정당화하는 데 너무 열심히 사용되는 것을 비판하려는 목적이 큽니다.[32]

인간이 동물인 것은 사실이지만, 동물이기만 한 것도 아닙니다. 만약 그렇다면 인의예지(仁義禮智), 그 어떤 것에 대해서도 우리는 아무 할 말이 없을 겁니다. 남성은 동물이기만 하다고 주장하고 싶은 것이 아니라면, 남성의 생물학적 조건에 기초한 성 개방성 정당화 남용은 삼갈 일입니다. 설마 남성은 그 점에서만 동물에 가깝고, 다른 점에서는 고매하다는 주장을 펼 생각은 없으시겠지요?

인간의 다른 활동과 마찬가지로 인간의 성생활은 생물학적이기도 하지만 또한 대단히 사회적이고 문화적인 활동이기도 합니다.

그리고 역사적으로 여성에게 대단히 불리한 방향으로 성생활 방식이 짜여 왔다는 것도 부인하기 어렵습니다. 성 개방시대를 사는 지금도 그 개방 속도가 성별적으로 동일하게 적용되는 것으로 보이지는 않습니다.

그렇다면 마치 우리가 아주 자유로운 성 개방시대를 사는 것처럼 보이더라도 문제상황에서 여성이/만 피해를 입게 될 가능성이 큽니다. '결국 여성만 손해'라는 낡은 명제가 그 힘을 잃지 않고 계속 회자되는 이유입니다.(요즘 같은 세상에 일회성 성관계가 무슨 문제인가 생각하면서, 성의 문란이라는 단어를 입에 올린다는 것은, 그것도 성별적 비난을 위해 사용한다는 것은 논리적으로 이해하기 어렵습니다. 어느 성별이든 얼마나 많은 연애 상대가 있었는가가 문제 되지 않는 세상이라면서 사귀던 사람이 많았던 여성만을 문제로 상정하는 소위 '설거지론'의 회자는 대단히 유감입니다.)

피임, 동거, 이혼 등 어떤 상황에서도 여성이 더 유리한 경우는 없어 보입니다. 예컨대 (혼전)동거를 했다 헤어졌을 때 그 사실이 남성에게보다 여성에게 약점으로 작용할 가능성이 높다는 거죠. 성에 대한 개방성이 증가하는 것 자체를 가치적으로 판단할 생각은 없습니다. 다만 그 개방성의 결과에 대한 의무와 책임이 특정 성에게 가중적으로 지워지는 상황은 무시하면서 성 개방성을 소리 높여 부르짖는 것은 무책임해 보입니다.

상호 동의하는 관계를 맺고, 성별과 무관하게 동일한 권리, 의무, 책임을 나눠지는 사회라야 비로소 성 개방성은 그 원래의 의미를 발할 수 있으리라 생각합니다.

덧댐 ....
인간과 유전적으로 가까운 보노보노나 침팬지 사회에서는 성폭행이 관찰되지 않는다고 합니다.

미러링,
어디까지 정당화될 수 있을까?

 현재 벌어지고 있는 혐오와 차별, 폭력적 상황을 뒤집어 연출하는 행위를 지칭하는 미러링(mirroring). 상대방이 하는 말이나 행동을 뒤집은 상태로 똑같이 따라 함으로써 불쾌감이나 공감을 느끼게 하는 전략. 미러링은 젠더 이슈에서 '뜨거운 감자' 중 하나임이 분명합니다. 페미니즘 옹호자들 상당수는 미러링의 불가피성에 동의하는 편입니다. 대단히 옳고 좋고 바람직한 일이라고는 생각하지 않더라도 말입니다. 반대편에 있는 사람들은 미러링을 혐오를 혐오로 되갚는 일이라 규정하고, 그것은 정당화될 수 없다고 주장합니다. 폭력을 폭력으로 되갚는 것이 옳은가라는 질문은 설득력이 있습니다.
 우선은 미러링의 내적 논리를 잠시 따라가 보도록 하지요. 미러링의 왜곡된 형태가 있기도 하겠지만, 미러링의 본래 목적은 혐오와 차별, 폭력의 재생산이 아니라 그것을 행하는 사람들에게 자신들이 하는 일이 무엇인지를 직면하게 하는 데 있습니다. 칼을 칼로

갚는다는 것이 아니라 '당신들이 별 큰 죄의식 없이 행하는 일이 도대체 얼마나 차별적이고 혐오생산적인지 모르는 거지? 그럼 알려줄게' 이런 거지요. 어찌 보면 반사해서 보여줄 뿐입니다. 그래서 미러링이라 불리는 겁니다.

미러링은 어떤 일이 자신의 일이 되기 전까지는 쉽게 들으려고도 보려고도 하지 않는 인간의 사회적 습성에 대한 강력한 경고입니다. 예컨대 김치녀, 된장녀, 맘충… 여성에 대한 수많은 비하가 난무했지만, 그 똑같은 집단적 폄하가 남성을 향하기 전까지 사회적 성찰의 메아리는 너무나 작았던 겁니다. 한남(충)이라는 말로 대표되는 남성 혐오표현의 등장을 통해 그 부당함의 사회적 가시화가 가속화된 측면이 분명 있습니다.[33]

예를 들어 "남자 목소리가 담장을 넘으면 패가망신한대", "집안에 남자를 잘 들여야 한다더니" 등의 한 개그우먼의 발언은 철학자 유민석의 말대로 기존의 성차별적 혐오표현에 기생해 그 부당함을 드러내고 되돌려 주는 미러링, 일종의 '맞받아치기'라 볼 수 있습니다.

혐오표현은 '저항의 계기'를 만들어내기도 하며, "그것이 작동했던 과거의 영토를 파괴하는 재배치(redeployment) 속에서 저항의 도구"(주디스 버틀러, 2016: 302)가 됩니다. 동성애자를 모욕하는 말이었지만, 지금은 성소수자를 지칭하는 보편적 언어로 사용되는 '퀴어'라는 말은 혐오표현의 '전복적인 재인용' 사례의 한 전형이라 볼 수 있습니다.

미러링은 저항의 계기가 될 때, 저항의 도구가 될 때 의미가 있습니다. 이런 맥락에서 보다 적극적인 의미의 '대항표현'(counter speech)이라는 용어에 주목합니다. 혐오발화자가 목표했던 의도를 좌절시켜 그 표현의 효과를 무력화하고, 혐오표현이 본래의 목적과는 전혀 다르게 사용되도록 하는 다양한 '재의미부여하기'와 '재수행하기'(주디스 버틀러)를 통해 혐오와 차별의 대상이었던 화자가 자신의 사회적, 정치적 위치를 바로 세우고, 별 의식 없이 혐오와 차별을 하던 이들을 '의식화'시켜내는 데 이를 수 있기를 바랍니다. 음식은 씹어야 맛이고, 말은 해야 맛이나, 음식에도 말에도 격이 있습니다. 우리 사회의 미러링이 단순한 되비치기를 넘어 혐오의 매커니즘을 넘어서는 대항의 표현이 될 수 있기를 희망합니다.

딱히 젠더적 혐오표현은 아니나, 몇 해 전 교육부 정책기획관이라는 이가 민중을 개돼지 취급한 막말이 공개되었던 것을 기억하실 겁니다. 정치학자 김영민은 이 사태가 우리 교육이 '과학적 태도를 양성하는 데도, 논리적 사고력을 기르는 데도, 공감능력을 유지하는 데도, 고전 교육에도, 수사법 교육에도, 토론 교육에도' 실패했다는 것을 만천하에 보여준다며, "인간의 말을 하는 공직자를 보고 싶다"(2018: 195~198)고 일갈합니다. 상스러운 말을 섞지 않고도, 우아하고 품위 있게, 아주 심한 욕을 하는 방법이 있습니다.

교육이 필요한 또 하나의 이유입니다.

물론 본래의 목적이 정당했다고 해서, 시작이 선의였다 해서, 그것의 왜곡된 결과까지 정당화될 수는 없다고 생각합니다. 만약 어떤 미러링이 그 본래 의미를 잃어버리고 증오와 폭력의 재생산을 목적으로 하게 되었다면, '정지'의 싸인이 필요합니다. 범죄가 목적인 미러링? 그런 것은 있을 수 없습니다. 그것은 더 이상 미러링이 아닙니다.

그러나 동시에 미러링이 미러링이었다는 사실을 잊지 않을 필요가 있습니다. 하늘에서 뚝 떨어진 것이 아닙니다. '원본'이 있었다는 것이죠. 그 시작은 지속적인 부당한 혐오와 차별, 폭력에 대한 절규였다는 것입니다. 만약 절규가 되기 전에 그 목소리가 사회에 닿았더라면 탄생하지 않았을 현상입니다. 듣지 못했고 듣지 않았던 우리 모두의 반성이 필요한 지점입니다.

그러니 미러링을 없애려는 것이 우선일 수 없으며 미러링이라는 현상을 낳은 원본 자체를 없애려는 노력이 우선되어야 하지 않을까요? 원본이 사라지면 미러링은 자연히 소멸됩니다.

그 본래 취지를 잃어버린 미러링에 동의해줄 생각은 없지만, 미러링에 대한 비난에 우선되어야 할 것이 있습니다. 왜곡된 미러링에 대한 비난이 미러링을 낳은 우리 사회에 대한 반성보다 우선할 수는 없습니다.

2014년 12월 19일, 당시 버락 오바마 미국 대통령의 연말 기자회견장. 이 자리에서 오바마 대통령은 총 8명의 기자를 질문자로 지목했는데, 모두 여성 기자였습니다. 정교하게 기획된 미러링이었다 하는군요. 반면 전임 조시 부시 대통령은 임기 중 43번의 기자회견을 하면서 여성 기자들에게는 단 한 번의 질문 기회도 주지 않았답니다.(강남순, 2020: 106) 쉽지 않은 일이겠지만 유쾌, 상쾌, 통쾌한 미러링을 볼 수 있는 기회가 많았으면 합니다. 아니 정정하겠습니다. 미러링을 할 필요도 볼 필요도 없기를 바라는 것으로요.

성전환자,
페미니즘 내부의 아킬레스건

학교에 페미니스트 동아리가 생겼고, 관련 이야기를 이런저런 기회에 들을 수 있었습니다. 공식 동아리로 등록하는 데 있어서의 어려움에 관해 들은 적도 있고, '공격'이 두려워 익명으로 활농할 수밖에 없는 상황에 대한 고민을 들은 적도 있습니다.

그 모든 어려움에도 불구하고 잘 버티기만을 바라던 중 결이 다른 이야기가 들려왔습니다. 내부적 긴장에 대한 것이었지요. 성전환자(트랜스 젠더) 문제를 어떻게 볼 것인가라는 것이 분란의 원인이 되었다는 겁니다. 페미니즘 안에서도 성소수자 문제는 까다로운 부분이 있습니다만, 성전환자 문제는 그중에서도 민감한 주제이지요.

학생들 사이에서는 생물학적 남성에서 여성으로 성전환한 사람들 또는 아직 생물학적 남성이지만(=남성의 성기를 갖고 있지만) 호르몬 치료를 받고 있고 스스로를 여성이라 생각하는 사람들에 대한 태도로 분란이 생긴 것으로 들었습니다.

여대에 입학하려 했던 남성 → 여성 성전환자 이슈도 있었고, 역시 남성 → 여성 성전환자인 군인의 전역 이슈도 있었습니다만 사회적으로 아직 제대로 된 논의조차 시작되지 못한, 쉽지 않은 문제입니다.

우선 이들의 존재는 누가 도대체 여성/남성인가라는 원초적 질문을 다시 제기합니다.(적어도 이 질문의 일부분은 의과학의 발달로 가능해진 부분이 있습니다.) 당신이라면 어제까지 남자였던 사람이 수술을 받고 여성이라고 나타났는데, 그 사람을 여성으로 자연스레 받아들일 수 있는가, 대중탕에서 만났을 때 편안하게 대할 수 있는가, 이런 감정적인 수준의 질문도 물론 있을 수 있고 무시할 수 없지만, 보다 심층적 문제가 있습니다.

호르몬 치료를 받고 남성의 성기를 없애면 여성이 되는 것인가, 본인이 여성/남성이라고 생각하면 그것이 여성/남성의 필요충분조건인가. 여성/남성이라는 것을 누가 어떻게 증명하는가, 그것은 '인정' 여부와 관련되는 것인가, 그렇다면 인정을 해주는 힘은 누가 갖는가. 진정한 여성/남성과 그렇지 않은 여성/남성이 존재하는가 등등.

이런 문제가 젠더적으로만 논란거리인 것은 아닙니다. 어떤 정체성 관련 상황에서도 제기될 수 있는 문제이죠. 그리고 단칼에 결론 낼 수 있는 문제도 아닙니다. 매우 조심스럽고도 다양한 측면에서의 고려와 논의가 필요합니다. 오래 천천히 이야기해야 합니다.

그래서 지금 이 자리에서는 성전환자의 존재가 우리에게 던지는 까다로운 철학적 질문이 있다는 것을 확인하는 선에서 넘어가야 할 것 같습니다.

지금 좀 더 이야기할 수 있다고 보는 부분은 '전통적인 여성스러움'을 추구하고 '과장된 여성스러움'을 구현하는 일부 남성 → 여성 성전환자에 대한 '본래 여성'인 페미니스트들의 거부감에 대한 것입니다.

페미니즘 내부에서 레즈비언이나 게이 등의 성소수자 문제는 상당히 개방적으로 수용되고 있는 것으로 알고 있지만, 성전환자로 넘어가면 공기가 좀 달라집니다. 아무래도 여성이 페미니즘 진영의 다수를 점하고 있기도 하고, 여성→남성으로의 전환과 남성 → 여성으로의 전환 이유가 서로 다른 차원으로 인식되는 바,[34] 남성에서 여성으로 성전환을 한 경우가 더 많이 문제로 언급됩니다.

이때 질문은 예를 들어 이런 겁니다: "도대체 당신들은 무엇을 위해서 그토록 여성이 되길 원하는가." 특히 본인들이 부수기 위해 그렇게 열심히 싸워왔던 '사회적으로 강제된 고정적 여성스러움'을 더 과장되게 구현하지 못해 안달이 난 것 같은 일부 남성 → 여성 성전환자들의 모습은 본래 여성 페미니스트들에게 당황스러움 자체입니다.

'깨인 여성으로서 올바름'의 문제가 개입되면서 '과장된 전통적 여성스러움'에 몰두하는 이들에 대한 거부감도 커집니다. 스스로를 여성이라 생각하고 그리 주장하나 남성의 성기를 여전히 갖고 있는 일부 사람들에 대한 여성들의 공포도 존재합니다. 그 공포가 과장된 것일 수 있고, 다소 막연하고 모호한 성격을 지니고 있다고 생각되기도 하나 논리적으로도, 정서적으로도 이해되는 부분이 없지 않습니다.

스스로를 영 페미니스트라 지칭하는 한 학생은 수업시간에 제출한 한 글에서 이들에 대한 곤혹스러움을 표현하며 솔직히 받아들이기 어렵다 고백합니다. 스스로 '사회적 약자' 경험을 하며 살면서 다른 약자에 수용적이지 못한 자신의 모습을 마주하는 건 쉬운 일이 아닐 겁니다. 그렇습니다. 성전환자의 문제는 약자의 경험을 공유하는 여성들에게 또 다른 약자인 어떤 존재를 '잠재적 가해자'로 상정하게 하는 '모순적 경험'에 빠지게 합니다. 비유적으로 뒤집어 보자면 백인 비장애인 남성이 성적 피해자인 경우 유색 장애인 여성이 피해자인 경우보다 그 피해자성이 충분히 인정되지 않을 역설적 가능성에 대해 생각해볼 수도 있겠습니다. 영화 〈모가디슈〉의 대사처럼 세상에는 두 개의 진실이 있는 경우가 적지 않습니다. 삶은 자주 꼬여 있는 나선상에서 진행되지요.

딱 부러지는 결론을 낼 능력이야 없습니다만, 관련해 한두 가지 의견을 남기고자 합니다. 위에서 말했듯 이 문제는 풀기 어려운 방

정식입니다. 시간이 필요합니다. 성급한 결론에 도달하려 하지 않았으면 합니다. 시간이 해결해주는 문제도 있는 법입니다. 시간과 함께 우리 자신의 생각 또한 변할 수 있음도 적극 인정합시다.

다만 닥치는 현안에 대한 대응은 해야겠지요. 그저 할 수 있는 일을 하길 빕니다. 그나마 옳다고 생각하는 일을 하기 위해 노력하길요. 이 과정에서 가능한 대로 '상처받고 다치는' 사람들이 없도록 노력하길 또한 빕니다. 페미니즘이 지향하는 바가 '진성' 구성원을 추려내 방주에 태우는 것이 아니기에, 낭장은 당혹감과 혼란의 원인이 되는 사람들조차 '있는 그대로' 인정하고 천천히 함께 길을 갈 수 있는 방향을 찾아가아지 잃을까 합니다. 모두가 존엄한 존재로 서로를 존중하는 사회, 라는 북극성만 잊지 않는다면 잘 해낼 수 있을 겁니다.

덧댐 ....

"성소수자가 행복해질 권리는 당신이 행복해질 권리와 같다." 20대 트랜스젠더와 그 어머니의 이야기를 다룬 영화 〈너에게 가는 길〉의 마지막 대사입니다.

질문이
잘못된 것은 아닐까?

　젠더 수업시간에 토론 주제로 등장하는 것 중에는 예를 들어 동성혼(同姓婚), 비혼(非婚) 출생 같은 주제도 있습니다. 찬/반 논쟁이 붙지요. 물론 제도와도 관련되어 있는 문제이니 토론을 통한 사회적 합의 과정이 필요해 보입니다.

　다만 동성혼 찬/반, 비혼 출생 찬/반… 이런 토론을 하다 보면 사실 이것이 누가 허락하고 말고의 문제인가? 누군가의 존재양식 자체에 대해 타인이 찬성 또는 반대를 한다는 것은 좀 '주제넘은' 일 아닌가? 이런 생각이 스멀스멀 올라와 마음이 불편해집니다.

　'성 중립 화장실(All Gender Neutral Restroom)이 필요한가'라는 질문도 마찬가지입니다. 이런 논의의 출발점은 누구를 우대하려는 것이 아니라, 차별을 하지 않으려는 노력이라고 생각합니다. 목표는 모두가 안전하고 편하게 이용할 수 있는 화장실을 만드는 것이고요. 정당하고 필요한 일이라면 방법론적 고민이 요청되는 부분도 있겠지만 이런저런 어려움에도 불구하고 해야 하지 않을까요?

'장애인 화장실이 필요한가'라는 질문, 이제 우리는 이 질문을 더 이상 '타당한' 질문으로 여기지 않습니다. 하지만 처음 이 질문이 제기되었던 때, 그때는 이 질문도 찬/반 논쟁을 일으키지 않았을까요? 꼭 필요한지, 당장 급한 일인지, 효율성이 있는 일인지…. 성 중립 화장실도 아마 10~20년 뒤에는, '그땐 그런 논쟁을 했었대'라고 옛말하게 될지도요.[35]

이런 사안들에 대한 찬반 토론이 불필요하다는 주장을 하려는 것은 아닙니다. 사회적 자원도 한정되어 있고, 제도화의 우선순위도 있을 수 있고, 최소한의 사회적 합의가 요청되는 부분도 있을 겁니다. 그러나 동성혼, 비혼 출생, 성중립화장실 등의 주제로 토론을 하는 우리의 태도가 도로확장문제, 비행장 이전 문제 등에 대한 토론의 그것과 같아서는 안 된다고 생각합니다.

또 다른 이슈로는 이런 것도 있습니다. "동성애, 그래 뭐 본인들이 좋다는데… 그런데 퀴어 축제는 좀 과하지 않아?" 이런 거요. 이런 태도는 마치 '그래 동성애, 당신들이 좋다니까 그건 알아서 할 일이지만, 우리 눈에만 띄지 마' 이렇게 말하는 듯합니다. 그런데 생각해보면 동성애에 대한 찬반 입장과는 별개로 동성애가 이성애자들이 동의 내지 인정하고 말고 할 일인지 그것이 좀 이상합니다. 그리고 세상에 내가 보기 싫어하는 것 많고, 과하다고 생각하는 것 많지요. 그런데 보통은 그런 경우에 "그럼 네가 보지 않으면 되잖아" 이리 되지 않나요.

우리가 위에서 언급한 문제들이 인간의 존재양식에 대한 질문과 관련되어 있으며, 기본적으로는 누군가가 '전지적 참견시점'에서 '판정'을 내릴 수 있는 문제가 아니라는 점을 잊지 않을 필요가 있다고 봅니다. 그러니 토론에 임하는 우리의 태도는 아주 조심스럽고 절제된 모습이어야지 않을까 합니다.

나아가 우리 사회가 보여주는 모종의 부정적 태도 때문에 사회 안에 엄연히 존재하는 이들이 '투명인간' 취급을 받고 있다는 것도 기억해야 합니다. 예컨대 미국의 경우 '동성 관계 보호법'이 생기기 이전(1995년)보다 이후(2009년)에 스스로를 동성애자로 응답한 비율이 30% 높게 나타난 연구결과가 보고되고 있습니다(김승섭, 2017: 195). 우리가 '그들'을 인정하니 마니 '논쟁'인지 '토론'인지를 하는 동안에도 우리 안에, 우리가 우리라고 믿고 있는 '숨은 그들'이, 눈에 보이지는 않지만 힘겨운 정체성 투쟁을 하고 있는 중입니다.(그러느라 그들은 더 아픕니다. 예를 들어 성소수자는 이성애자에 비해 우울증, 불안장애 유병률이 1.5배 높고, 자살시도율도 2.5배 높은 것으로 조사된 바 있습니다. 한국의 경우 성소수자 자살 시도비율이 다른 사람의 9배나 된다는 데이터도 있습니다. 김승섭, 2017: 196, 216).

그런 그들은 우리의 가족, 친구, 동료, 이웃이라는 이름도 갖고 있습니다. 우리 사회에서 관찰되는 일정 정도 '퇴행성'에 대한 우려 때문에 굳이 덧붙이자면, 이성애자가 애써서 억지로 이성애자가 되지 않은 것처럼, 동성애자도 그러합니다. 이는 의과학계에서는 이미 오래전에 논의가 종료된 사안입니다.[36]

어떤 질문은 한 인간의 존재 그 자체를 향합니다. 그 찬/반을 논할 권리가 누구에게 어떻게 부여되었는지 궁금하기 짝이 없습니다.

한국 페미니즘은
여성우월주의?

"성평등을 주장하는 페미니즘에는 동의합니다. 그러나 한국 페미니즘은 여성우월주의를 주장하는 것 같습니다"라는 주장을 접하곤 합니다. 여기에는 본래의 페미니즘은 나쁜 것이 아닌데, 한국에 와서 왜곡되었다는 의혹이 깔려 있습니다. "몇몇 극렬 페미니스트들의 말과 행동이 페미니즘 전체를 욕 먹이는 것 같습니다"라는 이야기도 자주 듣습니다.

관련해서 몇 가지 생각을 나눠 보고자 합니다.

먼저 이런 주장을 하려면 페미니즘에 대해 꽤 잘 알아야 할 것 같습니다. 우리나라와 해외의 페미니즘에 대해 비교할 정도가 되려면 말입니다. 나도 이럴 능력을 갖고 있다고 생각하지 않을 뿐더러 이런 주장을 하는 사람들 다수가 그만큼 페미니즘에 깊은 관심을 갖고 공부했으리라는 것에 선뜻 믿음이 가지는 않습니다. 실제로 그런 사람에게는 미안한 말이지만요.(그런데 여기서 한발 더 나가면 '진짜 공부'를 한 사람이 이런 주장을 하게 되지는 않을 것 같습니다. 하버드대학 교수라는 사람이 일본 제국주의 시대 성노예 피해자분들을 향해 '자발적 매춘'이라는 주장도 하니 장담할 수는 없습니다만⋯.)

내 '편견'을 전제로 추측해본다면 이런 사람들이 가진 페미니즘에 대한 정보는 대부분 인터넷 상에서 얻은 것이고, 그것에 근거한 주장이 아닐까 의심합니다. 물론 전문가만 말할 수 있다는 것은 아닙니다. 그러나 '한국 페미니즘은 여성우월주의'라는 말은 아주 강한 주장을 담고 있기에 이 정도 주장을 하려면 진지한 토론에 임할 수 있는 충분한 지식과 분명한 입장을 가지고 있어야 한다고 생각합니다. 던져 놓고 '아니면 말고' 식으로 할 수 있는 주장은 아닙니다.

다음으로 인터넷 상이든 어디든 여성우월주의적인 주장을 하는 사람들이 있을 수 있습니다. 그러나 그들이 주장하는 것이 진정 여성우월주의이고 여성만 행복하면 된다는 것이라면, 그것은 이미 페미니즘이 겁니다. 이 글 맨 위 인용 문장에서 보듯 페미니즘은 성평등을 지향합니다. 그러니 페미니즘이라는 이름 아래 특정한 성의 우월함을 주장하고 있다면, 그것은 한국이든 일본이든 어디든 간에 페미니즘이 아니지요.

그러니 한국 페미니즘이 여성우월주의인 것이 아니고, 페미니즘이란 이름으로 여성우월주의적인 입장을 설파하는 사람들이 있다고 보는 것이 논리적으로 더 타당하지 않을까요? 그 사람들을 비판하면 될 일이지 한국 페미니즘이 문제라고 몰아붙일 일은 아니라 생각합니다.

어떤 학생들은 말합니다: "선생님은 인터넷 댓글 이런 거 안 본다고 하셨죠? 그래서 모르시는 것 같은데 온라인에서 보여지는 일부 페미니스트들의 행태는 상상 이상이고 진짜 너무 문제가 많습니다. 그걸 보면 페미니즘에 대해 부정적인 생각을 가질 수밖에 없습니다." 물론 그럴 수도 있겠습니다. 어느 정도 이해가 됩니다. 목사님이 마음에 안 들어 교회를 못가겠다고 하는 사람이 떠오르기도 합니다. 어떤 지역, 어떤 집단에 속하는 사람의 말과 행동이 부정적으로 이해될 때 그 지역, 집단 전체에 대한 인상이 흐려질 수 있습니다. 그리고 내가 인터넷 댓글 이런 것을 거의 보지 않아 잘, 아니 거의 모르는 것도 사실입니다.

그러나 논리적으로는 여전히 하고 싶은 말이 있습니다. 혹시 내가 속한 지역 전체에 대한 혐오 발언을 들어보셨나요? 어떠셨나요? 동의가 되시던가요? 그런데 혹시 내가 속하지 않는 어떤 지역에 대해서는 무심결에 그 지역 전체, 그 지역에 사는 사람들 모두를 싸잡아 부정적 언사를 구사한 적은 없으신가요? 한번 생각해보지요.

특정 지역의 자연적, 역사적 특징이 있을 수 있지만 수만, 수십만, 수백만 사람들이 살고 있는 지역에 특정한 부정적 낙인을 찍는 것이 옳다고 공개석상에서 말할 수 있는 사람은 아마 없을 겁니다. 설사 속으로는 그리 생각하더라도요. 왜 그럴 수 없는 걸까요? 단편적이고 극단적인 사례로 전체를 매도하는 일은 늘 경계해야 하는 일임을, 그리고 그것이 옳지 않은 것으로 받아들여질 것에 대해 이미 '알고' 있기 때문일 겁니다.

그리고 현재까지도 주류의 대명사인 '백인 남성'에 대한 집단적 '마녀사냥'이 벌어졌다는 이야길 들은 적이 있는지요? 집단적 낙인은 거의 늘 비주류집단을 향합니다. 매우 비겁한 성격을 갖고 있지요. 대학 내 A, B라는 단과대학에 문제가 많다고 가정해보지요. A단대에는 여성교수가 다수, B단대에는 남성교수가 다수입니다. 그런데 A단대에 대해 말할 때 사람들은 자주 "좌우간 여자들이 문제야"라고 하더군요. B단대에 대해 말하는 사람이 "좌우간 남자들이 문제야"라고 말하는 것을 듣지는 못했습니다. 왜일까요?

또 한 가지! 모든 페미니스트가 논리적으로 완벽하고 도덕적으로 완전하며 예의까지 바른 사람들이라고는 생각하지 않습니다. 아니 그래야 합니까? 왜죠? 그런 집단이 존재하긴 합니까? 모든 아동은, 장애인은, 노인은 착합니까? 착해서 보호해야 합니까? 착해야 배려 받을 수 있습니까? 싸가지 없는 아동, 철면피 장애인, 막무가내 노인 없겠습니까? '물의를 일으키는 일부'는 어느 집단에나 있습니다. 그러나 그것이 특정 집단 전체를 비난하는 이유가 될 수는 없습니다.

타당하지 않은 말과 행동을 하는 일부 페미니스트들(또는 페미니스트를 자처하는 사람들) 있을 수 있겠지요. 부적절한 행태가 있다면, 그

305

행태에 동의해 줄 생각 없습니다. 인간에 대한 기본적인 예의도 갖추지 못한 소위 페미니스트라 주장하는 사람을 옹호할 생각 없습니다.

다만 좀 이상하게 생각하는 것은 어떤 집단에게도 하지 않는 요구를 왜 페미니스트 집단에만 하느냐는 겁니다. 그리고 그들의 존재가 페미니즘 자체를 거부해야 할 타당한 이유처럼 말해지는 데는 이의를 제기하고 싶습니다. 그들의 존재가 페미니즘이 여성과 나아가 우리 모두가 보다 평등한 세상에서 살기를 바라는 운동이라는 것을 부정하게 만들지는 못합니다.

덧붙여 아동인권운동, 노인복지운동, 장애인인권운동 등 그 어떤 사회적 약자, 소수자 운동도 그들만의 인권, 복지를 주장하지 않습니다. 그들만이 더 살겠다고 주장하는 운동을 보셨는지요? 여성운동도 마찬가지입니다. 다시 말하지만 여성만 중요하고 여성만 우월하다는 주장을 하는 누군가가 있다면 그는 페미니스트가 아닙니다. 아무리 페미니즘의 성격이 다양하다 해도 말입니다.

나아가 어떤 사회적 약자, 소수자 운동에서 소속 그룹만의 이익을 좇는 것은 논리적으로 불가능합니다. 설사 아주 단기적으로는 가능할지 몰라도 장기적인 지속은 불가능합니다. 잠시 잠깐은 '여성은 혜택을 가져가지만 하고 책임은 지지 않는 것처럼' 보일지 모르나 지속적으로는 가능한 일이 아닙니다.

여성해방은 여성이 보다 많은 의무와 책임을 자처하는 일입니다. 더 이상 누군가의 뒤에 숨지 않겠다는 선언입니다. 하여 그것은 동시에 가부장적 시대에 남성이 지고 있었던 '부당한' 짐을 내려놓게 도와주는 과정이기도 합니다. 남성들이 "괴로워도 울지도 못하고, 아픈데 말도 못하고 야근해야 하는 상황"을 바꾸고자 하는 겁니다. 여성해방은 남성해방의 과정입니다. 논리적으로 그럴 수밖에 없습니다.

다른 글에서 잠시 이야기했듯, '학생이 행복'하다면, 학교의 다른 구성원도 행복할 수밖에 없을 겁니다. 다른 구성원들이 행복하지 않은 학교에서 학생들만 행복할 수 있을까요? 말이 되지 않지요? 내 생각에 학생이 행복한 학교는 학생도 행복한 학교이지 학생만 행복한 학교일 수 없습니다. 논리적으로도 실제적으로도 말입니다.

'여성이 행복한 나라'라는 슬로건이 있다고 해보죠. 장애인이 행복한 나라, 아이, 노인이 행복한 나라, 그 무엇이라도 상관없습니다. 그 모든 슬로건이 궁극적으로 바라보는 곳은 우리 모두가 행복한 나라일 수밖에 없지 않겠는지요.

무례한 (소위) 페미니스트를 만나셨나요? 그럼 그 사람에게 그러지 말라고 하면 됩니다. 논리적으로 정중하게. 페미니스트를 자처하며 페미니즘의 기본 원리에 어긋나는 주장을 하는 사람이 있던

가요? 분명하게 비판합시다. 그러나 그들의 존재가 페미니즘, 한국 페미니즘 전체를 부정하게 만드는 이유가 될 수는 없음도 분명히 합시다.

너도 페미야?
페미니스트라고 '낙인' 찍힐까 두렵습니다

일제 하 독립운동을 하는 것도 아니고, 군사독재 때 학생운동을 하는 것도 아닌데 페미니스트라는 '낙인'을 걱정해야 하는 학생들을 보면 마음이 아픕니다. '전투적'인 이들노 있시만, 대부분의 젊은 페미니스트들은 그냥 보통의 평범한 여/남학생들입니다.(당연한 말이지만, 페미니즘은 생물학적 여성의 전유물이 아닙니다.) 어느 때인가 자신이 '우연히' 가지게 된 성이 '사회적 문제'일 수 있음을 인식하게 되었거나, 여성의 인권에 대해 아직은 더 이야기할 필요가 있다는 것을 알게 되고 그것이 곧 나의 인권을 지키는 길임을 알게 된 그런 학생들입니다.

예를 들어 페미니즘에 별 관심이 없고, 오히려 페미니즘을 말하는 동료가 부담스럽기만 했던 한 학생은 어느 날 학교 화장실에서 벌어진 성범죄에 대해 알게 되고, 그 실상을 알리려던 동료의 포스트잇을 보게 됩니다. 그 포스트잇을 선생님이 보기 싫어하실 거라며 떼어가는 또 다른 동료의 모습도 봤습니다. "여성으로서 '젠더적 침해'를 당한 한 인간의 권리를 위해, 언젠가는 내가 될지도 모르는 상황을 대비해 용기 낸 누군가의 한 걸음을 짓밟은 그 친구에게 화가 났고", 그를 막지 못한 자신에게 화가 나 그 이후로 페미니스트가 되었다고 고백합니다.

그런데 적잖은 이들은 그런 인식에 눈을 뜬 것이 또 하나의 문제가 될 수 있음을 곧 알게 됩니다. 이 학생들을 위축시키기에 이 짧은 문장이면 충분합니다: "너(도) 페미야?"

나름 젠더의식이 높다고 생각하는 학생들도 '페미니즘'이라는 단어가 들어가는 책을 과방에서, 학교 식당에서 맘 편히 펴놓지 못한다 합니다. 책 표지를 싼다고도 합니다. 2020년대 대학가에서도 이런 일이 있을 수 있군요. 1980년대 군사정권시절, 소위 좌파불온서적의 표지를 싸야만 했던 대학시절의 기억을 이렇게 떠올리게 될지는 정말 몰랐습니다.

친구들이 동료들이 이런저런 얘길 하다, 페미니스트 욕을 하며, '너는 페미 아니지?'라는 질문을 하면 대충 얼버무린답니다. 분위기 싸해질까봐. "오늘도 한 여성이 페미니스트임을 밝힌 후 면접에서 탈락했다는 글을 보았다. 착잡한 마음이 들었다"며, "남자가 다수인 집단에서 절대 페미니스트임을 밝히지 않겠노라" 다짐 아닌 다짐을 하는 학생도 있었습니다. 아, '정체성 공개심판'도 아니고 이건 정말 뭘까요?

이쯤 해서 학생들의 목소리를 차분히 들어보지요.

"○○야, 미안한데 너 혹시 페미니스트야?" 제가 학기 초에 동기에게 받았던 질문입니다. 이런 질문을 남에게 받아보는 것은 처음이었습니다. 그래도 저는 그 자리에서 바로 그렇다고 당당하게 대답하고 싶었습니다. 하지만 막상 말이 쉽게 나오지 않았습니다. 순간, 많은 생각이 제 머릿속을 스쳐 지나갔습니다. 왜 물어보는 거지? 미안할 건 또 뭐지? 당시 그 짧았던 순간에 저는 이 질문까지 도달할 수 있었습니다. '내가 나 스스로 페미니스트라고 이야기할 수 있을까?' 페미니즘에 대해서 모르는 것이 아직 너무 많고, 여권 신장을 위해 내가 한 일이 도대체 무엇이 있을까 생각했습니다. 그렇게 이런저런 생각들로 저는 동기에게 당당하게 페미니스트라고 이야기하지 못했습니다. (19 2분스피치 ㅊㅈㅅ)

나는 요즘 들어 '젠더와사회' 수업이 끝나고 나서 강의실을 나오면 그때부터 이제 현실로 돌아오는 기분을 느낀다. 수업시간에 자연스럽게 사용했던 페미니즘과 관련된 여러 단어를 현실에서는 사용할 수 없다. 주위 사람들이 '얘 페미니스트래. 걸러야겠다'라고 느낄 것만 같기 때문이다. / 나는 주말마다 학원에서 조교로 아르바이트를 한다. 얼마 전 조교실에서 남자 직원 선생님과 일을 하고 있는데 여성 강사 선생님께서 프린트를 부탁하신다고 조교실을 들렀다 나가셨다. 그런데 그 강사 선생님께서 나가시자마자 옆에 있던 남자 직원 선생님께서 "저 쌤 페미라는 소문이 있어"라는 말을 하셨다. 맥락상으로 '페미'라는 단어를 부정적인 의미로 사용한 것이 분명했다. 내가 그 말을 들었을 때 가장 먼저 들었던 생각은 '학원에서 내가 페미니즘에 관심 있다는 것을 최대한 티 내지 말자'였다. 그래서 그냥 못 들은 척하면서 "아, 그래요?"라고 대답했다. 페미니스트를 무조건 나쁘게 바라보는 사람들의 시선이 잘못되었다는 것을 알면서도 현실에서는 그들의 편견에 반박하지 못하고 솔직하지 못하게 행동하는 내 자신이 싫었다. / '젠더와사회' 수업시간에는 경북대학교에도 젠더 이슈에 관심있는 사람들이 많다는 것을 느끼지만 학과 사람들이랑 대화하거나 학생 커뮤니티인 '에브리타임'을 보면 한숨이 나온다. 페미니즘과 페미니스트를 비하하는 단어가 자주 사용되며 아무 논리 없이 그들을 혐오한다. 프리 토크 젠더를 했을 때도 조원들과 비슷한 얘기를 한 적이 있었다. 이러한 담론의 장이 있다는 것은 큰 의의가 있지만 젠더 문제에 관심이 없거나 혐오적 시선을 가진 사람들과 대화하여 그들의 생각을 바꾸는 것이 아닌 관심있는 사람들끼리만 상황의 개선에 대해 이야기하는 것에 회의를 느낀다는 것이었다. 우리가 아무리 바꾸려 해도 바꿀 수 없는 현실의 벽이 존재하는 느낌이었다. / 그럼에도 불구하고 앞으로도 계속 젠더 문제에 관심을 가질 것이냐고 묻는다면 나는 그렇다고 대답할 것이다. 그 이유에 대해 지금까지는 크게 생각을 해본 적이 없었는데 이번 주 수업시간에 선생님이 해답을 주신 것 같다. 내 자존을 지키기 위해서다. 자신을 지키는 것을 포기하지 않을 것이기 때문이다. 잘못된 걸 알면서도 '변화하기 귀찮으니까, 그냥 생각 없이 사는 것이 편하니까' 등의 이유로 고민을 멈추는 것은 자존을 포기하는 것이다. (19 ㅇㅇㄷ)

이제 대학생활을 시작한 지 3주. 그리 길지 않은 시간 동안 나는 이 학교가 페미니즘이나 장애, 사회적 소수자에 대한 감수성에 대해 그리 고민하지 않는 것 같다는 인상을 받았다. 과 오티에 갔더니 선배들은 신입생들에게 '병신샷', '섹시 웨이브'를 시범하고 있고, 어떤 교수는 "버닝썬이 버닝하고 있는데, 여러분도 조심하라"는 발언을 한다.(클럽 버닝썬 사건: 마약을 동반한 지속적인 불법 성매매와 성폭력이 드러났던 사건) 도대체 무엇을 조심하라는 말인가? 단톡방 유출되지 않게? 아니면 성폭행 당하지 않게 몸가짐을 조심하라는 말인가? 애초에 분명한 피해자가 있는 심각한 가해 사실을 이렇게 쉽게 말해도 되는가? 이런 상황에 처할 때마다 머릿속은 온통 말들로 가득 차지만, 혹시나 '메갈'로 찍힐까 봐, 분위기를 흐리는 사람이 될까 봐 가만히 있을 때가 많다. 지난 주 수업에서 많은 수의 학생들이 2분스피치에서 언급했듯이 그 순간에 나의 입을 막는 건 역시 두려움이다. (19 문화와일상 ㅇㅈㅇ)

선생님께서 말씀하시길, 페미니즘에 관심이 있다는 것, 심지어 '젠더와사회'라는 강의를 듣는 것조차 주변에 쉽게 말하지 못한다는 게 마음이 아프다고 하셨다. 나는 그때 왠지 모르게 작은 위로를 받은 기분이 들었다. 실제로 나는 내 주위 친구들과 페미니즘에 대해 대화 나눌 기회가 없었기 때문이다. 조심스레 꺼낸 이야기에 너무 예민하게 생각하지 말라면서 결국 너만 피곤해진다고, 그냥 흘러가는 대로 살면 안 되겠냐며 친구는 내게 말을 건넸었다. 그때 물론 걱정을 해준 친구의 마음은 고마웠지만 한편으론 씁쓸한 기분도 들었다. 비록 지금 우리는 페미니즘에 대해 세상에 조심스럽게 다가가고 있지만 앞으로는 모두가 함께 자유롭게 의견을 나눌 수 있는 날이 왔으면 좋겠다.   (20ㅇㅇㅎ)

학우들의 스피치에서 가장 공감이 되었던 것은 자신을 페미니스트라 말하는 것이 쉽지 않았다는 내용이었습니다. ㅇㅇ 학우는 친구들이 페미니스트에 대해서 부정적 의견을 표할 때 자신이 페미니즘에 관심이 많음에도 불구하고 '나도 그런 거 왜 하는지 모르겠다'며 동조를 하곤 했다고 이야기를 해주었습니다. 저도 여성 인권 신장에 관심이 있고, 가부장적 제도에 신물이 난 적이 있는 만큼 페미니즘에 우호적인 사람입니다. 하지만 누군가가 '너 페미니스트냐'라고 물었을 때는 '아니? 뭔 페미야~' 따위의 말이나 뱉고 있었습니다. 이는 ㅇㅇ 학우의 스피치 내용에서도 나왔던 변질된 페미니즘으로 인한 사람들의 부정적인 인식 때문인 것 같습니다. 나쁜 일이 아님에도, 당당히 내가 페미니즘에 관심이 있고 페미니스트임을 밝히기가 쉽지 않은 것은 참 슬픈 일입니다. ㅇㅇ 학우가 말했던 것처럼 저도 페미니스트로서의 정체성을 인정하는 것으로부터 시작하여, 페미니즘에 대한 안 좋은 인식을 바꾸기 위해 노력하는 태도를 가져야겠다고 다짐했습니다.   (20ㅎㅇㅇ)

페미니즘에 우호적인 한 남학생은 이렇게 좌절감을 토로하기도 했습니다.

최근에 수업 중에 나눴던 이야기들과 페미니즘에 관한 내 생각을 여러 명의 친구들이 있는 자리에서 꺼냈다. 이런 얘기를 꺼냈을 때 다수 대 1이 되는 느낌에는 익숙해져 있었지만, 가장 기분이 나빴던 것은 "뭐 그런 얘기하면 여자들이 니 좋아해줄꺼 같냐?"라는 반응이었다. 수업시간에 한 학우가 남성이 페미니즘에 관한 이야기를 하면 여성에게 플러스 요인을 기대하는 것으로 보일 수도 있다는 이야기를 한 적이 있었지만 이런 반응을 직접 겪어보니 실로 당황스러웠다. 결단코 그런 의도에서 나를 페미니스트로 자칭하는 것이 아니지만, 이렇게 힘 빠지게 만드는 소리를 들으면 그런 친구들 앞에서 이런 얘기를 해서 무엇하나 하는 무기력감이 몰려온다. 입을 청테이프로 감는 느낌이랄까. 그냥 난 여성이 이런 대우를 받는 이 땅에서 나의 어머니, 여자친구, 미래의 내 딸이 부당한 대우를 받지 않았으면 하는 의도일 뿐이었는데, 이런 반응을 겪을 때마다 실로 '탈조선'이라는 단어가 몸에 와 닿는다. 아직 이런 리액션 그리고 그 말에 동조하는 사람이 다수인 집단이 보편적이라는 것을 느낄 때마다, 대한민국 땅에서 페미니즘을 자유롭게 터놓고 이야기할 수 있는 날이 오기까지는 갈 길이 멀어 보이는 것 같다.   (16 ㄱㅇㅅ)

학생들 사이에서조차 '페미 검열'이 이루어진다는 이야기를 들었을 때 처음 떠오르는 단어는 '어이없음'이었습니다. 사회적 변화가 모든 분야에서 동일한 수준, 동일한 시간에 일어나는 것은 아니라 해도 도대체 이런 일이 아직도 있다는 것이, 그것도 대학에서 이런 일이 벌어진다는 것이 믿어지지 않았지요. 그런 상황에 있는 학생들을 내가 가르치고 있다는 데 생각이 미치면 답답해져 숨을 쉬기 어려웠습니다.

그 다음 밀려오는 감정은 슬픔이었습니다. 이 딱한 젊은이들을 어찌하면 좋을까. 그저 자신이 처한 상황에 대한 문제의식을 갖게 된 것뿐인데, 이게 도대체 뭔지 궁금하고 알아보고 공부하고 싶을 뿐인데, 그것 때문에 친구, 동료, 가족으로부터 외면받을까 전전긍긍해야 하는 이 청춘들을 어떻게 위로하면 좋을까. 마음이 먹먹해졌습니다.

일상생활에서 진지한 젠더 대화의 기회를 거의 갖지 못하는 이들은 마치 섬에서 혼자 외로운 싸움을 하는 것 같은 느낌에 힘겨워하곤 합니다.

이런 와중에, 별 힘도 없는 사람이지만, 젠더 수업을 하며 이 학생들에게 동지를 만들어줄 수 있다는 것이 얼마나 기뻤는지 모릅니다. 수업에서 자신들이 혼자가 아니라는 사실을 확인하며 힘을 얻고, 서로 응원하고 연대하며 함께 성장해가는 모습을 보면서 보람이란 이런 것이겠지 싶어 뿌듯해지기도 했습니다.

그들은 말합니다. 수업 오는 날이 기다려진다고, 수업시간에는 외롭지 않다고, 눈치 보지 않고 얘기할 수 있어 너무 좋다고. 터놓고 이야기할 수 있는 동지를 만나 정말 기쁘다고요.

이런 상황이 무척 반갑고 기쁘기도 하지만, 다른 한편 마음이 무거워지기도 합니다. 이들이 왜 이런 상황에 놓여야 하는 걸까요? 페미니스트가 되는 것은 대단한 죄인가요? 페미니스트라는 것을 밝히는 것이 아직도 여전히 무슨 '정체성 투쟁'처럼 느껴지는 것, 뭔가 잘못되어도 한참 잘못되었습니다. 오늘 대한민국의 젠더 운동장은 정말 평평한지요?

그리고 말입니다. 이건 "젊은 그대들의 잘못이 아니에요. 아직도 그대들이 그런 상황에 살 수밖에 없게 만든 어른들의 잘못입니다. 정말 미안합니다."

염치없지만 부탁 하나 해도 될까요? 누군가 그대에게 비난과 비하의 목적으로 "너(도) 페미냐?"라고 묻거든, 쿨하게 무시해 주길요. 무례한 질문에 대답해야 할 의무는 없습니다. 만약 마음의 땅이 조금 단단해졌다면 "응! 너도야?"라고 멋지게 받아쳐 주겠어요? 뒷감당은 어떻게 하냐고요? 음, 천샘한테 연락하라고 하세요!

덧댐 ···
생각을 잘 보여주었던 글을 공유합니다. 이 학생, 어디선가 아주 잘 살고 있겠지요?

살짝 얕게 아는 사람이 제일 무서운 법이라고 했던가. 나는 A에게 '젠더와사회' 강의에서 활발하게 이루어지고 있는 다양한 논의들에 대해 열변을 토하기 시작했고, 미약한 지식을 모두 동원하여 젠더 평등이 왜 이루어져야 하는지에 대해서 1시간 가까이 설명했다. A는 "네가 말하는 대부분이 맞는 말인 것 같지만, 전부 다 동의를 할 수는 없을 것 같아"라고 했다.

A는 "네가 말하는 젠더 평등은 언젠가 이루어져야 하지만, 지금 사회는 남성우월주의가 사회 곳곳에 퍼져있는 것이 사실이고, 쉽게 바뀔 것 같지 않기 때문에 내가 다양한 역풍들을 맞으면서 자기 주장을 펼치기는 싫어. 지금처럼 나를 사회에 맞춰서 사는 것이 편할 것 같아"라고 했다. 그 주장이 얼마나 근시안적인 주장인지 조목조목 반박할 준비를 하는 차에, A는 "저번 주에 웬 미친놈한테 맞았어. 말하기도 힘들 만큼 무섭더라. 너는 남자니까 그런 소리를 속 편하게 할 수 있을지 몰라도, 내가 그런

소리를 하고 다니다가 그런 미친놈을 다시 만나면 나는 어떡해?"라고 말했다.
　사건의 전말은 이랬다. 나와 만나기 1주일 전, A는 학교 도서관 엘리베이터를 타려다가 불결한 용모를 가진 남자를 보았다. 그 남자가 비틀거리며 다가와 엘리베이터를 타는 도중에 A의 몸을 스쳤고, A는 불쾌감을 드러냈다. 그러자 그 남자는 눈 흰자위를 보이면서, 나지막이 욕설을 하더니 엘리베이터가 4층에 섰을 때, A의 어깨를 향해 주먹을 휘둘렀다. 학교 엘리베이터에서, 심지어 엘리베이터 안에는 다른 여성 2명도 함께 타고 있는 상황에서 난데없는 폭행을 당한 A는 너무나 어이가 없고 무서워서 주저앉아 눈물 밖에 나오지 않았다. 그 남자는 홀연히 사라졌고, 같이 타고 있던 여성들의 짧은 비명소리를 들은 도서관 내 학생들이 몰려와 상황은 그대로 마무리되었다. 그러는 와중에도 하염없이 나오는 눈물은 집에 가서도 한동안 멈추지 않았고, CCTV 영상과 주변 증언들이 다 있었음에도, 혹시나 모를 보복이 두려워 신고는 생각도 하지 않았다.
　나는 말문이 턱하고 막혔다. 굉장히 낯선 두려움이 엄습함에도 아무것도 할 수 없는 자신이 그런 미친놈들의 신경을 긁는 '페미니즘' 같은 말들을 함부로 하고 다닐 수는 없다고 말하는 A를 보며, 나는 아무 말도 할 수 없었다. 느껴본 적 없는 감정이었기에, 남자인 내가 처할 수 없는 상황이기 때문에. 더욱 가슴 아픈 것은 A가 웃으면서 이 이야기를 하고 있었다는 것이다.
　불과 1주일 전 일어났던 일에 자신이 침식되지 않도록 애쓰면서 스스로를 지켜내려고 하는 A에게, '페미니스트 같이 행동하고 말해야 한다'라고 함부로 말하는 내 자신이 부끄럽고 미안했다. 그렇게 또 다른 여러 이야기를 하다가, 술자리를 파하고 A를 집까지 데려다주었다. 그리고 혼자 집으로 돌아가는 길은 정말 깜깜한 길이었다. 누군가 가로등이라도 켜줬으면 좋겠는데, 아무도 없는 새벽길을 혼자 걸어가는 것은 무섭고 외로웠다. 그런 길에 버려졌던 것과 다를 바 없던 A에게 그 가로등도 못 켜주면서 무작정 길을 걸어가라고 했던 내가 다시 한번 더 부끄러웠다.　　 (16 ㅇㅈㅇ)

너도 페미냐는 말의
속뜻

 2021년 여름, 일본 올림픽에서 선전한 한 선수는 페미로 낙인 찍히면서 어처구니없는 논란에 휩싸였습니다. 극히 일부의 주장이겠지만, 그리고 이 선수가 스스로를 페미니스트라 생각하는지는 모르겠습니다만, 페미라는 정체성이 올림픽 메달 박탈 운운하는 이유로 말해질 수 있다는 것 자체가 놀랍습니다.
 학생들도 자주 듣는다는 이 말, 비아냥과 공격성을 담고 행해지는 너(도) 페미냐는 질문. 이 질문의 '진짜' 의도는 무엇일까요? 알고 싶은 게 뭘까요? 알아서 뭘 어떻게 하겠다는 걸까요? 결론부터 말하면 이 문장은 혐오표현의 조건을 다 갖추고 있습니다. 상대에게 해악을 끼치려는 악의적인 의도가 없다면 해서는 안 되는 말이라는 겁니다.(설마 이 문장을 악의가 있다면 해도 된다는 말로 읽는 사람은 없겠지요?)
 모르는 척 따라가보겠습니다. 일단 이 질문은 범주를 구분합니다. 인간을 페미와 페미 아닌 사람으로 나눕니다. 그런데 이 구분 자체가 중립적이지 못합니다. 이 구분은 예를 들어 사과를 먹는 사람과 배를 먹는 사람, 이런 구분하고는 질적으로 다릅니다. '페미 = 좋지 않은 것, 나쁜 것'이라는 전제를 깔고 있기 때문입니다. 나쁜 것을 구분해내려는 의도를 내포하고 있습니다. 예를 들면 이렇게 말입니다.

> 2018년 1학기 조별과제 활동 중에 동기 한 명이 "여기 페미 없지?"라는 말과 함께 한 사람 한 사람 짚었죠. 열이 받아서 난 페미가 맞다고 답을 하자 다른 동기가 "에이 앤 그런 게 아니라 착한 페미겠지"라고 변명을 해줬지만 갑갑한 건 어쩔 수 없었다.
> (젠더폭력자료집 ㅇㅈㅎ)

누군가는 말합니다. 그냥 페미니스트 말하는 것 아니고, 모든 페미를 다 뭐라 하는 것 아니고, 소위 극렬 과격 꼴페미를 지칭하는 것이라고요. 그렇다면 왜 그렇게 말하지 않고 그냥 너(도) 페미냐고 물을까요? 그래놓고 그게 아니었다고 말하는 것은 뭔가요? 명백하고 정확하게 묻길 권합니다.

페미니즘이라 말할 때 우리 모두가 그 단어를 동일한 의미로 사용하진 않을 겁니다. 그걸 확인할 방법도 사실 없습니다. 페미니즘만 그런 것은 물론 아닙니다. 우리가 자유, 평등을 말할 때 머릿속에 같은 생각을 하고 있는지 확인할 방법 역시 없습니다.

그러나 소통의 과정을 보면, 외국 언론들이 의아하게 보는 것처럼, 한국 페미니즘 반대진영에서는 페미니즘이라는 용어 자체를 매우 부정적으로, 소위 극렬 과격 꼴페미와 내용적으로 동의어로 사용하는 경향이 있다는 것을 알 수 있습니다. 그러니까 페미냐는 질문 자체가 욕이 되어버리는 상황이 발생하는 겁니다. 그렇게 된 것이 바로 꼴페미 탓이라고, 꼴페미 = 한국 페미니즘의 다수 = 사회적 문제라고 말하는 소리가 들리는 것 같네요.

예, 물론 사회적으로 용납되기 어려운 일부의 말과 행동이 있을 수 있습니다. 그런 일부는 어느 집단에서든지 쉽게 확인됩니다. 어찌 페미니스트 집단에만 생기는 일이겠는지요? 그렇다고 해서 그 집단 전체를 매도하는 태도는 바람직하지 않습니다. 그래도 동의가 안 되신다면 한국의 페미니스트 다수가 당신이 말하는 의미에서의 소위 '꼴페미'라는 '객관적 근거' 좀 보여주시겠습니까? '꼴페미'의 정의도 필요하겠네요.

그리고 또 하나 질문이 있습니다. 극렬 과격 꼴페미인지 여부는 누가 어떻게 판단하나요? 심판자가 누구지요? 질문을 하는 당신인가요? 그렇다면 페미니스트는 '너(도) 페미야?'라는 몇 마디 말로 어떤 사람에게 이미 단정적인 부정적 올가미를 씌우는 이가 주장하는 소위 '건강한 페미니즘'의 범주 안에 소속되려 노력을 해야 하는 건가요?

솔직한 느낌을 얘기하자면, 이 질문에는 페미, 특히 한국 페미 대부분은 꼴페미라는 확인되지 않은 전제가 깔려있는 것으로 보입니다. 그렇기 때문에 페미 전반에 대한 비난 섞인 정체성 검증 질문을 하는 것 아닐까요? 이 질문이 정확히 말하고자 하는 바는 사실 '당신(도) 페미냐 = 꼴페냐 = 그럼 문제'라는 맥락에서 나온다고 보는 것이 맞을 겁니다.

이 질문은 한국사회에서는 적의 또는 최소한 부정적 의미를 이미 충만하게 담고 이루어지는 정체성 검증, 사상 검증의 일환일 가능성이 높습니다. 답변자의 입을 사전에 막아버리는 '나쁜' 질문입니다. 바로 이 때문입니다. 많은 이들이 너(도) 페미냐는 질문 앞에서 차라리 입을 다물게 되는 것은. 명백한 적의와 배제와 차별의 시선을 담고 내지르는 이 질문은 단순한 궁금증을 담은 것이라 볼 수 없습니다. 너도 꼴페미냐는 말의 속내를 가진다고 볼 수밖에 없고, 특정한 집단에 대한 멸시와 차별 효과를 가지는 명백한 혐오표현입니다.

그런데 이런 질문을 하는 당신. 한국인, 특히 여성 중 페미니스트이거나 페미니즘에 우호적인 비율이 얼마나 될 것 같으신지요? 장담(!)하건대 한국 다수의, 최소한 다수의 젊은 여성은 페미니스트이거나 페미니즘에 우호적입니다. 보다 강하게 목소리를 내느냐 그러지 못하느냐 차이는 있겠지만 어느 정도 페미니스트라고 볼 수 있습니다. 여성의 권리와 인권이 남성의 그것과 동등하다고 생각한다는 점에서, 우리 사회의 성평등이 아직 만족할 만한 수준에 이르지 못했다고 생각하는 점에서, 변화가 필요하다고 생각하는 점에서…, 당신 앞에 서 있는 (젊은) 여성이 페미니스트이거나 페미니즘에 우호적일 확률은 아무리 적게 잡아도 절반은 넘을 것이라 생각합니다. (한국여성정책연구원 2018년도 11월 조사에 따르면 20대 여성 80.2%가 '미투운동을 지지한다'고 답했습니다.)

내 주장과 당신의 주장을 섞으면 대략 이런 공식이 성립합니다. 한국 다수, 적어도 다수의 젊은 여성은 페미니스트이거나 페미니즘에 우호적이다, 한국 페미니스트의 다수는 꼴페미이다, 한국 젊은 여성 다수는 꼴페미다.

그런데 다수가 속하는 어떤 정체성을, 그것도 부정적으로 낙인찍으려, 굳이 확인하려는 경우는 흔한 일이 아닙니다. 그러니까 당신은 한 줌의 말로 '다수집단'을 '소수집단화'하는 말의 권력을 아주 효과적으로 사용하고 있는 겁니다. 당신을 전략가로 인정합니다!

그러나 특정한 사람들이 당신 눈앞에서 페미인 것을 인정하지 않았다/못했다 해서 페미니스트들이 사라졌거나 없다고 착각하는 것은 곤란할 것 같습니다. 그저 당신과 대화다운 대화를 하기 어렵다고 판단해서 피하는 것뿐이니 말입니다. 여성의 권리와 인권을 비롯한 소수자들의 권리와 인권 개선을 위한 사회적 노력의 여지가 남아있는 한 페미니즘은 사라질 수 없습니다.[37] 그런 노력을 하는 것이 페미니즘이기 때문입니다!

한국에서 유독 이런 현상이 심하게 벌어지는 것은 우리 사회 전반의 압축성장 과정과도 무관하지 않다고 생각합니다. 너무나 많은 일과 변화가 동시에 벌어지는 것은 개인에게도 사회에게도 감당하기 어려운 과제입니다. 고도 성장기와 달리 젊은 세대의 상대적 박탈감 증폭에 대한 우려도 심각합니다. 여기저기서 파열음도 커질 수밖에 없지요. 우리 사회가 본래적으로 특별히 '비정상적인' 사회라 벌어지는 일이라 자괴감을 가질 일은 아니라는 겁니다.

그럼에도 불구하고 함께 반걸음을 가려는 노력을 포기할 수 없기에 한 학생이 소개해준 유튜브 영상의 내용을 소개합니다. 이 영상의 질문자는 거리에서 불특정 다수의 남성에게 "당신은 여성의 권리와 인권이 남성의 그것과 동등하다고 생각합니까?"라는 질문을 던집니다. 대다수 사람은 고민 없이 "그렇다"라고 답하지만 이어지는 질문인 "그럼 당신은 페미니스트입니까?"라는 질문에는 "아니오"라고 대답하거나 "왜 남자한테 그런 질문을 하느냐"는 뉘앙스로 웃기도 하는 등의 부정적인 대답을 합니다. 질문자는 마지막으로 말합니다. "당신이 여성과 남성의 권리와 인권이 동등하다고 생각한다면, 당신은 페미니스트"라고요.

그렇습니다. "페미니스트는 모든 성별이 사회적, 정치적, 경제적으로 평등하다고 믿는 사람"(아디치에, 2016: 51)입니다. 나아가 어떤 정체성 요인도 누군가가 부당하게 차별 당하는 이유가 되어서는 안 된다고 믿는 사람입니다. 그러니 "너(도) 페미냐"는, 적의를 베일 아래 감춘 비겁한 질문은 이제 그만하는 것이 좋겠습니다.

그리고 이런 악조건 속에서도 "내가 페미니스트라는 것을 숨기지 않으려 한다. 내 작은 목소리와 움직임은 단지 내 불편을 호소하는 행위이기 때문이다. 나는 나를 사랑해서 페미니스트로 살아갈 것이다"라고 말하는 학생들을 힘차게 응원합니다.

과거의 나는 구시대 고정관념에 사로잡혀 사회에서 발화력 있는 주제가 나왔을 때 대화 나누기 힘들다며 눈앞에 맞닥뜨린 상황을 회피하는 날들의 연속이었다. 페미니즘에 대해 용기 내 이야기하고, 자신을 선뜻 페미니스트라고 칭하는 것 자체가 나에게 큰 공포로 다가왔기 때문일까. 사랑하는 사람들에게 외면받을 것이라는 두려움과 쓸데없는 갈등을 불러일으킬 것이라는 두려움이 가장 컸던 것 같다. 거미줄처럼 엮인 거대한 사회라는 체계 속에 그저 조그마한 티끌에 불과한 내가 소리친다고 해서 과연 세상이 바뀔지 계속해서 의문이 들었기 때문이다. 그러나 지난 시간을 버텨낸 지금, 이전의 나를 다시 돌이켜 보면 모두 다 남의 시선으로부터 시작된 감정이었던 것 같다. 페미니즘을 지지하고 내가 페미니스트라고 해서 그 자체로 비판받아 마땅한 존재인 것은 아닌데, 과거의 나는 내 가치관과 의견을 확립하지 못한 채 남에 의해 이끌려 사는 수동적인 삶을 살면서 만약 이런 행동을 했을 때 상대방이 나를 부정적인 대상으로 여기면 어떡하지라며 나 자신을 희미한 존재로 여기며 살았다. 그러나 페미니즘을 접하고 난 이후, 주체적인 삶이 얼마나 용감하고 단단한 일인지 다시금 깨닫게 되면서 나의 목소리를 찾을 수 있게 되었다. (20○○ㅎ)

저는 2016년부터 제 스스로를 페미니스트라고 생각했습니다. 처음에는 페이스북 같은 오픈된 매체를 통해서 제 생각을 당당히 공개했고 당시 남자친구와의 언쟁도 불사했습니다. 그러다 어느새… '페미니스트'라는 단어는 '남성혐오자'라는 말과 같은 뜻이 되었습니다. 그때부터 저는 페미니즘에 관심이 없거나, 심지어는 싫어하는 척까지 했습니다. 사람들에게 이상한 사람으로 비추어지고 싶지 않았습니다. 최근에 여자인 친구가 저에게 "너도 혹시 페미냐. 페미 그런 거 왜 하는지 모르겠다. 주변에 페미가 하나 있는데 걔 때문에 사람들이 다 불편해한다"라는 이야기를 했습니다. 저는 자연스럽게 "아, 나도 그런 거 대체 왜 하는지 모르겠다"라고 거짓말을 했습니다. 그날 집에 가면서 언제부터 제 정체성을 당당히 말하지 못하게 된 건지 자신이 굉장히 초라하다고 생각했습니다. / 그러다 '미스비헤이비어'라는 영화를 관람하게 되었습니다. 영화에서 여성의 성적 대상화를 저지하기 위해 기꺼이 몸을 내던지는 여성운동가들을 보았습니다. 그 순간 제가 얼마나 비겁한지를 뼈저리게 느꼈습니다. 가부장제를 증오하며 그 안에서의 여성억압을 미워하면서도, 그걸 깨부수기 위해서 행동하지는 못할망정 페미니스드리고 당당하게 밝히지조차 못하는 제가 너무 부끄러웠습니다. 그래서 우선 페미니스트로서 당당해지는 것부터 시작해야겠다고 다짐했습니다. 저는 이 자리를 빌려 그 첫 단계부터 다시 나아가고자 합니다. 여러분, 저는 페미니스트입니다. 가부장제 하에서의 여성억압을 충분히 인식하고 있으며 이에 반대합니다. 더 이상 '이미지 관리'라는 명목하에 페미니스트로서의 제 정체성을 부끄러워하지 않겠습니다. (20 2분스피치 ㅎㅇㅎ)

자신을 사랑하고 자신을 지키려는 것뿐인 이들과 연대하지 않는다면 과연 누구와 연대해야 할까요?

반성문:
우리는 교육환경 개선을 얘기할 자격이 있습니까?

대학도 젠더 홍역을 앓고 있습니다. 없었던 문제가 생긴 것이 아니라, 드러나기 시작한 것일 뿐이긴 하지만 말입니다. 특히 일부 남선생님들(이 호칭 자체가 낯선가요? 여선생들은 여선생이라는 호칭에 아주 익숙한데 말입니다.) 머릿속도 좀 복잡하지 않으실까 합니다: "이거 다 뭐지? 그래 평등 좋고, 맞는 말이긴 한데 너무 급하게 가는 것 아냐? 그리고 그럼 아무 말도, 아무 행동도 하지 말라는 거야? 다 남자들 잘못이라는 거야? 우리도 힘들거든?"

이런 질문들에 대한 하나의 답을 해보고자 합니다. 이쪽저쪽에서 다 욕을 먹을 수도 있다는 생각이 벌써부터 들지만 말입니다. 다만, 이 문제가 여선생, 남선생 편을 가를 일이 아니라, 선생노릇을 하고 있는 사람 모두가 함께 열심히 고민해야 할 문제라는 생각을 먼저 말씀드립니다. 명색이 선생이지 않습니까? 그리고 가장 큰 문제는 사실 일부 선생의 일탈적 행동보다도, 이 문제를 대학의 우선적 해결과제로 올려놓지 않고 그때그때 사건 땜질만 하는 태도가 아닌가, 하는 근본적 반성도 함께 합니다.

우선 문제 하나를 풀어보지요.

다음 중 교수가 수업 중 해서는 안 된다고 생각되는 말을 모두 고르시오.

1) 시집가는 게 취직하는 거다.
2) 선생님이 너 좋아하는 거 알지?
3) 남자 없이 못 사는 여자늘이 있다.
4) 나는 카사노바다.
5) 여자는 얼굴이 예뻐야 한다.
6) (남학생에게) 그리 비실비실해서 서기는 하냐?
7) 커뮤니케이션을 잘 하는 것은 예쁜 여자를 꼬시는 것과 같다.
8) 여기('사이비 종교'를 지칭)는 20대 초반 여성들만 있어요.
   (한 남학생에게) 왜, 관심 있어요? 가보고 싶어? 그런 표정인데.

뭐라고 답하셨나요? 물론 다 부적절하다고 생각하는 분도 계실 테고, 적절하다고 볼 수는 없지만, 상황이나 맥락에 따라 조금씩 달리 이해될 수 있는 부분도 있지 않겠나 생각하는 분도 계실 테지요.

학생들 무서워서 아무런 말도 못하겠다, 아마도 농담이었을 이런 말까지 다 문제 삼으면 도대체 무슨 말을 어떻게 하라는 것이냐, 이제 말 한마디도 학생들 허락받고 해야겠다며 내심 불편해할 선생님들도 있으실 듯합니다. 그런데 생각해보면 모든 관계에서 말과 행동은 원래(!) 조심스럽고, 그래야 하는 것 아닐는지요? 그렇게 나름 조심해도 사달이 나기도 하는 것 아닌지요? 아래 글 잠시 보도록 하지요.

1) (지각한 여학생에게) 남자친구랑 잤냐?
2) 우리 마누라는 일도 안 하면서 밥도 안 한다.
3) 오늘 더 예쁘네, 내가 하는 말은 기분 안 나쁘지?
4) (남학생의 등과 배를 만지며) 남자가 이리 근육이 없어서 어떻게 하냐?
5) ('노처녀' 여교수를 지칭하며) 눈만 높아서 한 대 쳐주고 싶다.
6) 왕대접 받고 싶으면 필리핀 가서 결혼해라. 필리핀 여성에게 관심 있으면 연락처 알려주겠다.

글 처음에 인용한 이야기들은 언론에 보도된 내용들입니다만, 바로 위에 적힌 이야기들은 '우리 대학 학생들이 우리 대학 수업시간'에서 직접 듣고 본 것을 불편하다고 기술한 내용들에서 발췌한 것입니다. 그리고 짐작하시겠지만, 안타깝게도 빙산의 일각이라 생각됩니다. 내가 재직하고 있는 대학의 '젠더적 일상'도 다른 대학들과 별다르지 않게 결코 '안녕'하지 못한 것 같습니다.

물론 일부 선생님들은 지금까지 모르셨을 수도 있습니다. 이런 말과 행동'까지' 불편해하는 학생들이 있다는 것을…. '직접적으로 문제 제기하는 학생들 아무도 없던데'라고 하실 수도 있습니다. '맥락을 짚어봐야지, 단순 농담까지 문제 삼으면 도대체…' 이리 한탄하실 수도요. 나는 꽤 민주적인 선생이고, 학생들과 친근하게 지내는 사람이라, 내가 하는 말 정도는 괜찮을 거라고 말하고 싶으실 수도 있습니다.

예, 일부 언명은 전후좌우를 따져봐야 할 수도 있습니다. 문맥, 어투 등도 고려해야 할 겁니다. 예전 같으면 별문제로 여겨지지 않았을 것들까지 문제화되는 경우가 있는 것도 사실입니다. 꼭 젠더 관련 문제가 아니더라도 점점 더 학생들과의 소통이 어려워진다고 느끼는 선생님들도 있으실 듯합니다. 괜한 오해를 사지 않기 위해 지나치게 조심하다 보면, 안타깝지만 결과적으로 친밀한 소통 자체가 어려워질 수도요….

어쨌든 위에 서술한 일부 선생님들의 말과 행동을, 아직은(?) 별 문제의식 없이 듣는 학생들도 있겠지만, 불편해하는 학생들 분명 있습니다. 그리고 그 비율은 아마 계속 증가하고 있을 겁니다. 이 글을 읽고 계신다면, 이런 사실을 인지하게 되신 것이고, 이제는 'STOP' 해야 할 시간입니다.

학생들 비위를 맞추라, 이런 의미가 아닙니다. 다만 나를 포함한 선생들이 별뜻 없이, 악의 없이, 심지어는 칭찬으로(?) 한 말이 적어도 일부 학생들에게 상처가 된다는 것을 인지했다면, 그러고 나서도 그 발언을 굳이 계속해야 할 필연적인 이유가 있겠는지요? 아니라면 그만하는 것이 맞지 않겠는지요?

특정 말과 행동을 학생들이 불편해할 수 있다는 것을 미처 생각하지 못했다 또는 그런 점에 대해서는 생각해본 바 없다고 여전히 항변하고 싶으십니까? 그런데 바로 그겁니다. 그것이 선생인 사람들이 아직도 또는 아직은 '강자'라는 것을 알려주는 명확한 지표입니다. 적어도 어떤 면에서는 '생각하지 않을 권리', '둔감해도 괜찮음'이라는 혜택을 누려온 것입니다. 마치 두 다리로 멀쩡하게 걸어 다닐 수 있는 사람은 그것이 얼마나 감사한 일인지를 자주 잊고 살듯이, 다리를 다치고 나서야 그것을 알아채듯이….

그러니 내/우리가 지금까지 생각하지 않고, 고민하지 않고 살아왔던 어떤 부분들이 문제가 되기 시작했다면, 내/우리가 적어도 그 부분에 있어서는 알게 모르게 이미 자주 강자/가해자의 입장에 서 있었던 것이 아닌가를 우선적으로 성찰해볼 일입니다.

물론 그럼에도 이 세상엔 굳이 알고 싶지 않은 일들도 많습니다. 나 살기도 바쁜데, 나한테 당장 큰 피해가 오는 것도 아닌데 굳이 이런 일까지…. 그러면서 적당히 외면해 온 일들이 있습니다. 학내 성희롱, 성추행 등에 관한 일도 그중 하나입니다. 문제가 없지는 않을 것이라고 짐작은 하고 있었지만, 굳이 파헤쳐 알고 싶지는 않앉던 그런 일.

그러나 여러 번 강조하지만 선생은 자신의 말과 행동에 상처받는 학생들이 있다는 것을 '알고도' 외면할 수는 없는, 그래서도 안 되는 사람들입니다. 이 글을 쓰고 있는 이유도 학생들의 목소리를 '들어버렸기' 때문입니다. '젠더와사회'라는 교양수업을 하며, 학생들의 말과 글을 통해 교내의 문제적 사례들을 직접 접하게 되면서, 대학의 젠더문제에 대해 더 이상은 모른 척할 수 없는 막다른 길목에 서게 되었습니다. 주전공은 아니지만 젠더와 관련된 교양수업을 이십 년이나 하고 있는 선생이 차마 그럴 수는 없는 일이었습니다.

그렇습니다. 대학의 젠더 이슈에 대해 말을 하고 글을 쓰는 일을, 하고 싶어서가 아니라 떠밀려서 하고 있습니다. 굳이 따지자면 그럼에도 모른 척할 수 있었습니다. 그럼에도 안 할 수도 있었습니다. 그런데 그럴 수는 없었습니다.

그 가장 큰 이유는 학생들을 이런 환경 속에 계속 '방치'해 두는 것이 '무섭기' 때문입니다. 학생들은 말하고 있었습니다. 이런 일은 종종 있는 일이라고, 한두 번 겪는 일이 아니라고, 그래도 말하기는 껄끄럽다고, 프로불편러처럼 보일까봐, 모종의 불이익을 받게 될까봐 두렵다고, 그리고 말해도 소용없다고….

어떤 이유에서든지 간에 이렇게 강고하게 형성된 침묵의 카르텔 속에 학생들을 방치하면서 우리는 과연 교육을, 교육환경개선을 이야기할 자격이 있습니까?

'교육환경개선'의 최우선과제는 무엇입니까? 건물 신축, 최신 전자기기 도입? 강의실 시설 개선 등의 물리적 환경 개선보다 훨씬 더 중요한 일을 놓치고 있는 것은 아닌지 자문해봅니다. 진정한 의미에서의 교육환경 개선을 위해 할 수 있는, 해야 하는 다른 많은 일이 있습니다. 예산도 필요 없는 일입니다. 마음만 가지면 될 일입니다. 젠더 문제는 그 맨 앞에 놓여있는 과제들 중 하나라고 생각합니다.

우리는 이미 알고 있습니다. 우리가 앞으로 점점 더 '불편한' 세상에 살아야 하리라는 것을, 그리고 우리를 불편하게 하는 바로 그 세상이, 젠더의식과 인권의식이 높은 세상이고, 그것이 우리가 지향하는 수평적이고 포용적인 세상의 이상에 가깝다는 것을…. 그리고 그런 세상에서 선생님의 자녀와 학생들이 살기를 바라지 않으시나요? 그렇다면 그것은 선생들이 바라는 세상이기도 하지요! 기꺼이 감수할 만한 일입니다.

Chapter

8

'수평사회'로 가는 길

우리 사회는 젠더 이슈뿐 아니라 사회 전 부문에서 보다 수평적이고 보다 많은 다양성을 보장하는 사회로 이동 중입니다. 사회의 이런 선택은 '멋짐'의 문제가 아니라 '생존'의 문제입니다. 지속가능한 미래를 위한 불가피한 선택입니다. … 일부 개인과 일부 집단에겐 때로 불편하고 때로 억울하게 느껴질 수도 있겠지만, 가고 있고 가야 하는 길이라는 겁니다. 그리고 전체적으로는 모두를 위한 길입니다. 기왕이면 기꺼이 즐겁게 함께 갑시다.

'수평사회'로
가는 길 1

 지금까지 가장 많이 사용해온 단어 중 하나가 '아직도' 또는 '여전히'인 것 같습니다. 이 단어가 이리 슬픈 단어일 수 있다는 걸 글을 쓰며 알았네요.
 그래서 말인데요. 절대, 결코, 100% 이런 단어를 좋아하지 않습니다만, 그럼에도 지금은 우리가 절대 피해야 하는 것이 있다고 주장하고자 합니다: '무사유와 절대적 단순화.'
 때로 생각하기 싫을 수 있습니다. 외면하고 싶을 수 있습니다. 누군가가 결정해주기를 기대할 수도 있습니다. 그러나 계속 그리할 수는 없는 일입니다. 내가 온전한 개인이려는 노력을 포기하지 않는 한 가능한 일이 아닙니다.
 나아가 사유하지 않음은 그저 개인의 게으름과 무능으로 치부할 수 없습니다. 무사유의 결과가 나와 타인을 망하는 길로 이끈다면 어떻게 그것을 그저 개인적 실패로 돌릴 수 있겠는지요. 정치사상가 한나 아렌트는 무사유는 용서될 수 없다고 말합니다. 그것은

'사유의 부정'이고, '의미의 부정'이기 때문입니다. 무언가에 의미를 부여하고 발견하고 만들어가는 과정이 없는 인류 문화라는 것은 있을 수 없으며, 하여 '의미의 부정 = 사유의 부정'은 인간이기를 저버리는 것에 다름 아닙니다.

무사유의 가장 좋은 근거 중 하나는 세상을 단순하고 납작하게 만드는 겁니다. 그러면 세상은 선명해지고 생각할 필요가 없어질 테니까요. 원래 그런 걸 사유 대상으로 삼을 필요는 없을 테지요. 우리가 세상의 절대적 단순화를 절대(!) 경계해야 하는 이유입니다.

젠더 이슈를 다룰 때 가끔 '학습된 가짜 분노'라는 말이 등장합니다. 성찰적 사유 과정을 거치지 않은 정보에 무작위로 장기간 노출되면서 생긴 거짓 분노를 말하는데, 이 또한 무사유와 절대적 단순화의 결과라 할 것입니다.

생각하는 것은 에너지가 소모되는 피곤한 일입니다.(경험적으로 확실합니다. 수업을 하고 나오면, 한 거라곤 떠든 일밖에 없는데, 정말 지치고 배고픕니다.) 그렇기 때문에 의도적으로 열심히 노력하지 않으면 안 됩니다. 무사유와 절대적 단순화의 오류에서 벗어나려면 말입니다. 그것은 배워야 하는 능력이고, 잃어버리지 않으려 안간힘을 써야 하는 덕목입니다. 자연의 좋은 것은 대부분 거저 주어지지만, 인간의 좋은 것은 대부분 애써 얻어야 합니다.

젠더에 대한 관심은 세상 모든 일이 그러하듯 자기 스스로와 사회에 대한 탐구로부터 시작합니다. 나와 공동체의 삶에 대한 성찰이며, 보다 나은 사회를 향한 갈망입니다. 젠더 주제는 건강한 사람으로 성장하는 데 있어 피할 수 없는 '타인과 어떻게 만날 것인가, 다름과 어떻게 살아갈 것인가'하는 문제와 직결되어 있습니다. 건강한 관계맺기의 필수 요건입니다. '아직은' 멈출 수 없는 일입니다.

무사유와 절대적 단순화에만 빠지지 않는다면 우리는 젠더를 매개로 건강한 관계, 건강한 소통을 만들어갈 수 있을 겁니다. 함께 이 길을 걸어보시지 않겠는지요? 당신을 정중하게 초대합니다!

우리 사회가 급격히 수평적이고 개방적인 사회로 이동하면서 사회에서는 점점 더 성별, 나이나 지위 같은 것을 통해 '자동 패스'되는 부분이 줄어들고 있습니다. 거의 모든 것이 협상, 조율, 타협되어야 하는 과제가 되어 갑니다. 피곤한 일이지요. 개인적으로도, 집단적으로도 에너지가 많이 드는 일입니다. 개인이든 집단이든 이런 상황을 건강하게 살아내는 일은 쉽지 않을 겁니다.

나를 빗대 얘기하자면 이런 상황에서는 '어른노릇'하기도 쉽지 않고, '선생노릇'하기는 더 어렵습니다. 선생들은 학생들이 선생 머리 꼭대기에 있는 것 같다고 푸념하곤 합니다. 나도 다르지 않습니다. 간혹 학생들에게 화나고 실망하곤 합니다. 시시비비를 가리고 싶은 생각이 들 때도 있습니다. 학생이라는 위치를 '이용'하는 경우도 봅니다.

그러나 일부 '나쁜 학생'이 있다 해도, 학생이 선생보다 집단적으로 '사회적 약자' 위치에 있다는 사실이, 선생과 학생 사이의 위계적 차이가, 없어지지는 않습니다. 좀 다른 예지만 '속 좁고 못되고 얄미운 장애인'이 있다 해서, 그것이 장애인 복지 외면이나 축소의 이유가 될 수 없다는 것은 너무 자명한 일 아닌지요?

우리 사회는 젠더 이슈뿐 아니라 사회 전 부문에서 보다 수평적이고 보다 많은 다양성을 보장하는 사회로 이동 중입니다. 사회의 이런 선택은 '멋짐'의 문제가 아니라 '생존'의 문제입니다.

지속가능한 미래를 위한 불가피한 선택입니다. '다양하지 않으면 죽는다', 생태계가 인간에게 전해주는 경고장, 물리적 생태계에만 한정된 것이 아닙니다.

일부 개인과 일부 집단에겐 때로 불편하고 때로 억울하게 느껴질 수도 있겠지만, 가고 있고 가야 하는 길이라는 겁니다. 그리고 전체적으로는 모두를 위한 길입니다. 기왕이면 기꺼이 즐겁게 함께 갑시다.

어떤 경우에도 자신을 망가뜨리진 맙시다. 그 최소기준만 지킨다면 우리는 끝까지 대화, 할 수 있을 겁니다.

'수평사회'로
가는 길 2

　앞서 말한 바와 같이 우리 사회가 변해가는 방향은 정해져 있다고 해도 과언이 아닙니다. 사회는 젠더문제뿐 아니라 모든 측면에서 수평적, 개방적, 포용적 방향으로 이동하고 있고, 방향이 바뀔 가능성은 거의 '0'입니다. 가는 중에 좀 시끄러운 소리가 나겠지만, 그 방향이 우리 시대가 받아들인 '올바름'이기 때문입니다. 이런 상황에서 젠더문제만 다르게 전개될 가능성. 그것도 거의 '0'입니다.

　이 이야기는 우리 사회의 젠더의식이 점점 높아지는 방향으로 이동하고 있고, 앞으로도 계속 그럴 것이라는 말입니다. 이것은 '사회과학적 예언'입니다. 예상적중률은 감히 거의 100%라 생각합니다. 반대의 흐름을 타게 될 가능성은 (거의) 없습니다.

　여러 번 언급했듯이 내가 걱정하는 것은 그쪽으로 가는 길에서 개인이, 또 우리 사회가 치러야 하는 막대한 손실입니다. 살펴본 바와 같이 여성의 젠더의식이 높아지는 속도와 남성의 그것이 높아지는 속도 사이의 차이가 점점 벌어지고 있습니다. 그로 인한 갈등의 소지는 점점 커지고 격해질 것입니다.(사실 이런 상황은 예를 들어 노동자와 사용자 사이에도, 동성애자와 이성애자 사이에도 적용될 수 있습니다. 구조적으로 사회적 약자의 인식전환이 더 빠를 수밖에 없기 때문입니다. 그러나 여성과 남성 사이의 성과 젠더 문제는 사회 전체적으로 볼 때 보다 더 기본적이고 전방위적인 적용범위를 가지고 있습니다.)

적잖은 남성들에겐 이런 상황이 마뜩잖을지도 모르지만, 미안하게도 다른 전망을 하긴 어렵습니다. 그런데 이런 변화가 과연 남성들에게 '나쁜' 일일까요? 물론 그렇지 않다고 생각합니다.

설사 이런 변화가 여성'만'을 위한 것이라 해도, 궁극적으로 이런 변화는 여성들에게 보다 많은 주체성과 책임을 요청하는 길이 될 것이며, 오히려 남성들에게 '해방'의 길이 될 것이기 때문입니다. 가부장제라는 이름 아래 그들에게 지워졌던 부당한 무거운 짐을 내려놓을 수 있는 길이 될 것입니다.

그리고 이런 변화를 요청하는 여성들은 과연 누구인가요? 남성들의 어머니이고 누이이고 친구이고 동료이고 애인이고 부인이고 딸입니다.(논의가 이성애자들 기준으로 흘러가는 듯해서 살짝 불편하지만, 그들이 다수이긴 하니 안타까운 마음으로 이리 호소해봅니다.) 자신들이 조금 또는 많이 불편해하는 길이지만, 그 길이 자신들이 사랑하는 사람들이 가고자 하는, 원하는 길입니다. 그런데 우리는 누구와 왜, 무엇을 위한 전쟁을 하고 있는 것일까요?

　젊은이들이 행복하게 함께 잘 살기를 진심 바랍니다. 그런데 그것은 젊은이들 사이의 성과 젠더 문제에 대한 진지하고 성실한 이야기들이 우리 사회 젠더담론의 빈자리를 채우지 않고는 어려워 보입니다. 이 문제가 해결되지 않은 상태에서 행복한 연애와 평온한 가정? 저출생문제 해결? 그건 고사하고 '별일 없는 젠더적 일상'의 영위 자체가 요원합니다. 내 눈에는 성별적 젠더의식 격차 해소 노력이 출생장려금보다 우리 사회의 건강한 미래를 위해 훨씬 더 절실해 보입니다.[38]

　우리 앞에 놓인 이 길은 더 이상 피할 수도 외면할 수도 없는 외길입니다. 부디 이 길을 우리가 어떻게 함께 잘 걸어갈 수 있겠는지, 조금 더 적극적이고 열린 마음으로 오래 진지하게 살,펴,보았으면 합니다.

　이제 각자의 삶의 자리에서 할 수 있는 일을 시작합시다. 방향과 원칙은 충분히 분명하게, 판단과 결정은 충분히 조심스럽게. 우리, 아니 결국 나 자신을 위하는 일인데…, 이미 충분히 많이 늦었습니다!

학생들의
이야기

젠더에 관한 내 생각은 학생들과 함께 변화하고 성장해왔습니다. 깊은 감사의 마음을 전하며 학생들의 육성을 나누고자 합니다.

이 수업에 처음 참여할 때에는 혼란스러움에서 벗어나 '정답'을 찾고 싶다고 생각했었다. 옳은 건 무엇인지 찾을 수 있을 거라 기대했다. 하지만 수업을 마무리하는 지금, 정답은 찾지 못했다. 다만 내가 어떤 태도로 살아가야 할 것인가는 좀 알 것 같다. 우리는 서로 다른 삶을 살아왔고, 앞으로도 그럴 것이기 때문에 하나의 방법을 모두가 따를 수는 없을 것이다. 그래서 나는 내 방식대로 내 삶을 살아가고 나 자신을 이해하되, 타인과의 대화를 멈추지 않고 우리가 얼마나 서로 다른지 끊임없이 확인해나가기로 했다. / 페미니즘에 대해 알게 된다는 건, 10년 동안 먼지와 각종 정체 모를 찌꺼기들이 쌓여온 이불을 팡- 하고 터는 것 같다. 한 번 터는 순간 온 방안이 먼지로 가득 차면서 숨을 쉬기도 힘들어지고, 털어도 털어도 먼지가 계속 나오고, 한 번 털었으니 계속 털긴 터는데 먼지가 풀풀 날리니 너무 고통스러운 것이다. 끊임없이 우리가 페미니즘에 대해 탐구하는 과정이 이와 같다고 느껴진다. 한번 시작한 이상 멈출 수는 없지만, 그렇다고 절대 그 과정이 편하지는 않다. 그래서 계속해서 먼지를 털어내기 위해 마스크를 끼고 창문을 여는 것처럼.

(19 ㄱㅅㅇ)

일부 누군가의 기준에 나는 여전히 완벽한 '페미니스트'가 아닐지 모른다. 하지만 완벽한 페미니스트라는 것은 없다. 또 완벽할 필요도 없다. 나는 아직 배워가는 입장이지만, 이미 한 사람의 페미니스트다. 그 어떤 검열과 잣대도 필요 없이 말이다. 학기 초에 친한 동기들에게조차 젠더 수업을 수강한다고 당당히 말하지 못했던 기억이 난다. 이제 내 정체성과 스스로를 드러냄에 대해 고민하던 날을 뒤로 하고, 나의 가치관에 대해 친구에게, 타인에게, 더 이상 숨기고 얼버무리지 않을 것이다. 누군가 "너 혹시 페미니스트야?"라고 물었을 때 무한 긍정과 함께 "그렇지 않은 사람도 있냐"며 답해줄 것이다.

(19 ㅁㅎㅅ)

가장 에너지 소모가 적고 빠른 길은 "재는 원래 저래"라는 낙인을 찍어버리는 것이다. 만약 그렇게 된다면 대화할 기회는 줄어들 것이고, 그로 인한 사회적 비용이 더 커지는 것은 당연한 수순이나. 페미즘에 대해 반감을 갖고 있던 학우들도, 나와 생각이 조금 달랐던 학우들도, 물론 나 자신도, 이런 소통의 장을 통해서 대화하고 이해하고 받아들이려 노력하는 그 모습들이 참으로 대단하고 대견하다. / 모두가 쉬쉬하는 젠더 문제 또는 페미니즘 문제가 적어도 이 교양수업에서만큼은 거리낌 없이 터져 나온다. 그런 수많은 이야기와 생각이 앞으로 우리 한국 사회에 조금씩 변화를 주는 원동력이 될 것은 정말 확실하다. 앞으로 큰 흐름이 될 것이다. / 어릴 때 상상했던 날아다니는 자동차가 만들어지고 있는 2019년이다. 이제는 벌써 2020년을 앞두면서, 4차 산업 혁명으로 넘어가고 있는 과도기를 겪고 있는 시대다. 시대가 변하는 것은 거스를 수 없는 흐름이다. 페미니즘 또한 함께 흘러가는 흐름이라고 생각한다. 벌써 5년 전 드라마만 보더라도 구시대적이라는 생각이 드는데 수십, 수백 년 뒤에 후손들이 현재 우리 사회를 본다면 어떤 생각을 하고 있을지 기대된다. 시대의 변화 흐름에 맞춰서 우리는 진보해야만 한다. 이 물결 속에서 우리는 변화에 살아남아야 한다. 그러기 위해서는 앞으로 젠더 의식에 대해 한번쯤 고찰해보고 되돌아보자. 나답게 살자. 관성적으로 살지 말자.

(19 ㅂㅎㅅ)

많은 토론을 거치고 토론을 위해 자료들을 준비하는 과정 속에서, 과연 선생님 말씀대로 우리 사회는 성 격차가 줄어드는 방향으로 향하고 있는 것일까라는 의문이 들었다. 사실 수업 이전에는, 되려 앞으로의 젠더 문제에 대해 긍정적인 편이었다. 이렇게 많은 사람이 노력하는데, 언젠가는 성이 더 이상 중요해지지 않고, 평등해지는 날이 오지 않을까 하는 기대를 갖고 살았는데, 나와 너무나도 다른 생각을 갖고 있는 사람들, 그리고 이 수업 바깥에 현재로서는 도저히 내가 이해할 수 없는 집단들이 있음을 눈으로 확인하고서야 '아! 인간이 모두 평등하기를 바라는 일이 이토록 쉽지 않은 길이구나. 서로를 이해하는 날이 오기는 하는 걸까' 하는 다소 비관적인 생각이 들기 시작했다. 그럼에도, 두 번째 '2분스피치'에서 수업을 통해 많은 생각이 바뀌었다는 학우들의 발표를 들을 때마다, 이렇게 천천히 아주 조금씩 바꿔 나가다 보면 모두가 행복할 수 있는 날이 오겠구나 하는 희망이 조금씩 생겨났다. / 우리 모두가 불평등한 사회 속에서 살아가고 있다. 여성에게만 해당되는 불평등이 아니라는 것에는 공감하고 있다. 또한, 내가 불평등을 겪고 있지 않더라도, 나의 아주 가까운 사람은 분명 고통 받고 있을 것이며, 그것은 곧 나의 고통으로 다가올 것이다. 그러니, '나'를 위해서 우리는 모두 성평등주의자가 되어야 한다.   (19ㅇㅇㄱ)

젠더 수업을 처음 시작했을 때, 내겐 막연한 생각이 있었다. 젠더에 관심이 있었고 더 알고 싶었고 그런데 내가 아는 건 한 없이 부족한 것 같았고 젠더 수업을 들으면 그것에 대한 진리의 답을 얻을 수 있을 것 같았다. 지금 다시 처음의 나를 돌아보면 나의 태도는 매우 수동적이었고 일종의 나태라고 해도 좋을 것 같다. / 젠더 수업을 하기 전에도 나는 이미 페미니스트였다. 그러나 그때의 나와 지금의 내가 다른 점이 있다면, 그것은 내가 페미니스트임에 더 이상 의심이 없고 그것을 모르는 사람들 앞에서도 떳떳이 말할 수 있다는 차이이다. 아마 젠더 수업이 덜 부담스럽기 시작한 때도 이것을 깨달은 시점이 아니었을까. / 내가 페미니스트임을 선언하는 것은 그 누구도 아닌 바로 나에게 가장 많은 영향을 주었다. 당장 유튜브 알고리즘을 통해 내게 추천되는 동영상의 얼굴도 조금씩 바뀌어 갔다. 각기 다른 환경에서 비슷한 경험을 한 여성들의 #Me too, 경력 단절로 고통받는 여성들의 이야기 등 평소 흘러넘치는 정보통 속에서 내 눈길을 끌다가도 10~15분가량의 동영상 길이에 끝내 듣지 않았던 이야기에 나는 내 시간을 조금씩 내어주기 시작했다. 페미니스트를 선언함으로써 볼 수 없던 것을 볼 수 있게 되고, 듣지 못했던 것을 들을 수 있게 되었다. / 젠더 수업이 나를 완전히 바꾸었다고는 할 수 없을 것 같다. 그런데 오늘도 느낀다. 내가 이전과는 조금 다른 각도로 세상을 보고 있다는 것을 말이다. 내 삶의 방향이 0.1도라도 틀어졌다면 1년 뒤, 5년 뒤, 15년 뒤 나는 조금 다른 위치에 서 있지 않을까 생각해보았다.

(20 ㄱㅇㄱ)

나는 한국 교육을 받아오며 어느새 벙어리처럼 꾹 다문 단호한 입술을 가져왔었다. 어디까지나 내 생각일 뿐이니 그저 내 안에 소리를 진솔하게 뱉어내면 될 것을. 그것이 단호하고 뚜렷한 생각일지라노, 하니로 고정되지 않고 흔들리는 생각일지라도. / 생각키우기와 독서노트를 작성하며 주저하고 망설였던 목소리가 점점 또렷해짐을 느꼈다. 내가 더 이상 벙어리가 아니고 어디서나 소리 낼 수 있는 건강한 성대를 가지고 있음을 깨달았다. 거침없이 주저하지 않고 내 생각을 적어내고 말할 수 있어서 참 자유롭고 행복한 공간이었다.

(20 ㄱㅈㅇ)

'어떤 게 100% 선, 100% 악이 아니라면 어쩔 수 없이 경중을 따질 수밖에 없고 우선순위를 나눌 수밖에 없다', '잠정적인 합의를 만들어가는 것'이라는 선생님의 말씀에 동감하면서도 스스로가 무력하게 느껴졌고 속상했다. '젠더와사회' 시간에 이를 재확인한다는 것이, 결국 나는 설득하는 쪽일 수밖에 없음이, 그를 위해 더 애쓰고 부딪혀야 한다는 그 막막함이 절망적이고 슬프다. / '지금 아니면 언제?(if not now, when?)'라는 말을 자주 하고 또 들었다. 그러나 사실은 나는 외면해왔을지도 모른다. 현실을 자각할수록, 최소한의 바람조차 아득하게만 느껴진다.(물론 변화는 늘 있지만 누군가의 노력과 투쟁을 간과했던 게 아닐까 싶다. 그리고 이제야 그들의 투쟁을 (조금이나마) 이해한 기분이다.)

(20 ㄴㅎㅇ)

"가능한 대로 솔직하게, 정확하게, 정중하게." 위 세 가지 목표를 되새기며 앞으로 예의를 갖추고 의사를 정확히 전달하는 습관을 길러 나가야겠다는 생각을 했습니다. 의견이 다르다고 해서 비난하는 것이 아니라 그 취지를 이해해주고 공감해야 한다는 것, 내가 내뱉은 단어가 누군가에겐 상처의 화살이 될 수도 있음을 잊지 말아야 한다는 것. 더불어 무지를 창피해하지도, 회피하지도 않고 계속해서 배워 나가려 노력하는 자세의 중요함을 '젠더와사회'를 통해 다시금 깨닫게 되었습니다. / 의견이 다른 사람들과 (어찌 보면) 민감하다 여겨지는 주제로 이야기 나눈다는 것은 많이 피곤한 일일지도 모르지만 그럼에도 저는 후회하지 않습니다. 저는 이 대화들을 통해 더욱 성장했음을 느낍니다. / 아직 우리 사회에서는 페미니즘과 젠더 문제에 관해 무관심하거나 따가운 시선을 보내는 이들을 적지 않게 발견할 수 있습니다. 가족이나 친구, 주변 지인 등 그리 멀지 않은 곳에서도 말이죠. 그럼에도 저는 앞으로의 희망을 지우고 싶진 않습니다. 배우려는 의지가 있다면 기꺼이 함께 공부해나가면 되지 않을까요? / 서로의 지식을 배우며 쌓고, 고정관념을 재생산하지 않는 참된 어른들이 되어 여성뿐만 아니라 우리 전체를 위한, 그렇기에 남성들에게도 연대의 의사를 확인하고 우리가 지향하는 목표를 향해 함께 나아갔으면 하는 바람입니다. 비록 한순간에 모든 것을 이루어내긴 무리가 있겠지만, 저는 언젠가 우리의 이상을 해낼 수 있으리라 감히 소망해보고 싶습니다.

(20 자료집 ㅇㅇㅎ)

마지막 '생각키우기'를 쓰며 그동안 했던 소그룹 대화와 토론, 수업을 돌이켜 보았다. 젠더 갈등, 트렌스젠더와 같이 평소에 생각했던 문제나 이슈들의 답을 얻고자 수업에 참여했었는데, 그 중 답을 찾은 것은 하나도 없었다. 그러나 이제 그것은 중요하지 않다는 것을 깨달았다. 여전히 답을 모르는 것투성이고 세상은 그대로지만, 적어도 나는 변화했다. 저번에도 언급했듯이 나는 더 이상 필요 이상으로 분노하지 않고, 젠더 대화를 하기 위한 최소한의 자세를 배웠고, 답을 알 수 없는 문제에 대해 해답을 연연하지 않는다. 여유로움을 찾았다는 표현보다는 내 삶에 맞는 속도를 찾았다는 표현이 지금의 내 상태를 말하기에 적합할 것 같다.

(20 ㅇㅎㅇ)

내가 처음 이 수업을 들어올 때와 지금을 비교하면 별반 다르지 않다. 사람들의 생각이 궁금하고 나름 젠더 의식을 가지고 있다고 생각한다. 하지만 다른 점은 나와 생각이 정반대인 사람이 있다는 것을 인정하고 젠더에 대해 생각하는 깊이가 달라졌다. 여성이 당한 부당한 일에 대해 단편적으로 생각하기보다는 뒤에 어떤 배경이 있는지 생각해보고 이런 일이 주변에는 없는지 다시 한번 생각해보게 되었다. 그리고 페미니즘에 대해 부정적인 생각을 가지고 있는 친구에게 왜 그렇게 생각하냐고 물어보고, 페미니즘에 대해 나름 이야기해줄 정도도 된다. / 계속 불편할 것이다. 이 말에 공감한다. 지금까지 아무도 제기하지 않았던 부당함에 대해 부당함을 제기하고 바꾸어 나가는 것은 힘들다. 그리고 많은 사람이 아직도 외면하고 있는 것이 현실이다. 일부 강경한 행동파를 보고 거부감을 느낀다며 눈을 감는 사람들도 있지만, 우리는 현실을 바꿔 나가야할 의무가 있다고 생각한다. 나는 계속 불편함을 느낄 것이고, 주변 사람들에게 계속 불편함을 제기할 것이다. 불편함. 그것이 내가 이 수업에서 얻은 것이다.

(20 ㅇㅎㅈ)

나는 2녀 1남 중 막내아들이다. 나를 배기 전에 어머니는 남자아이를 갖게 해달라고 100일 기도를 올렸다. 그 말을 들었을 때 나는 대를 잇기 위해서라도 '원래' 아들을 한 명은 가져야 한다는 생각을 했었다. 가물가물한 어린 시절 할머니는 누나에게 일을 맡기고는 나를 방안에서 곤히 재웠다고 한다. 작은 누나가 통금 시간을 지키지 않아 한 소리를 들을 때, 난 친구 집에서 자고 오겠다는 말을 '통보'했다. 고등학생이었던 내게 여자의 통금은 '당연한' 것이었다. 내 어린 시절의 경험들은 대부분의 남성에게 보편적일 것이다. 현대 사회에서도 여전히, 남성이란 성별은 기득권이다. 강남역 살인 사건을 통해서 페미니즘이 사회적 화두가 되었을 때, "좋은 사람이 되어야지"라는 말을 입버릇처럼 달고 다니면서도 가부장제 아래에서 누나와 어머니를 착취했다는 생각조차 못 했다는 게 부끄러웠다. 친하게 지냈던 여자들을 남성의 가치로 재단했다는 게 미안했다. 이번 학기가 지난 '악행'에 대해 용서를 빌어가는, 그리고 조금이라도 덜 부끄러운 삶으로 향해가는 이정표가 되면 좋겠다. (16 ㄱㅎㄷ)

SNS에 자극적으로 올라온 글들을 통해 페미니즘을 알게 되었던 나였기에 당연히 페미니즘이 안 좋은 건 줄만 알았다. 페미니스트란 것이 나쁜 것이 절대로 아니란 걸 알게 되고 나의 생각도 많이 바뀌었다. 그리고, 이후에 친구들을 만나면 친구들이 나에게 묻는다. '야, 그 수업 꼴페미들 많아서 재미없지 않냐?'라고 하지만 난 이제 친구들에게 확실하게 말해준다. 페미니스트라는 것이 나쁜 게 아니다, 당연히 이루어져야 할 일들에 대해 많이 생각하고 해결하려 하는 사람들이라고. 그리고 나쁜 사람들 아니고, 좋은 사람들이고 재밌는 사람들이라고 말이다. 난 이 수업을 들으면서 솔직히 조금은 반성을 하게 되었다. 내가 남자로 태어났기 때문에 느끼지 못했을 감정들에 대해 나는 외면하고 나는 괜찮으니까라는 생각으로 살아왔기 때문이다. 앞으로는 이 수업을 들은 이상 나도 남녀에 관한 문제에 대해 무지하지 않고, 무시할 수도 없다. 당장 우리 세대에 해결되기 어려운 일들일지라도 모두 같이 조금씩이라도 바꾸려 노력한다면 그 작은 노력들이 모여 이 세상을 바꿀 것이라고 나는 굳게 믿는다.

(19 ㄱㅁㅈ)

이성애자인 남자로서 페미니즘을 받아들이기 어려웠던 이유에 대해서 말해보려 합니다. 지금 말하려는 건, 저의 개인적인 경험이고 제 경험을 일반화할 수는 없으니까 그 점을 감안해서 들어주셨으면 좋겠습니다. / 군대에 있을 때 사귀었던 사람이 페미니즘에 굉장히 관심이 많았고, 그 사람은 저에겐 대화의 창구였어요. 제가 가장 이야기를 많이 하는 상대였죠. 군이란 환경 때문에 전 평소보다 감정적인 사람이었고, 페미니즘과 관련한 대화의 빈도가 높아질수록 거부감을 느꼈어요. 긍정적인 얘기를 하며 즐겁고 싶었던 저의 상황에서 그 사람은 여성으로서 살아가며 느끼는 차별과 부조리에 대해 얘기하며, 저에게 공감을 바랐어요. 그리고 저의 생각을 바꾸려는 태도가 눈에 띄기 시작하며 저를 불편하게 만들었죠.(맨스플레인과 비슷한 느낌이었을지도 모르겠네요.) 그러한 빈도수가 늘어날수록 이해보단 다툼이 많아졌죠. / 그럼에도 불구하고 제가 페미니즘을 이해할 수 있게 되었던 건, 시간이었어요. 저를 객관적으로 되돌아보고, 기득권을 내려놓을 수 있는 시간이요. / 죽음을 받아들이는

데 부정-분노-협상-우울-수용의 5단계가 있다고 합니다. 제가 페미니즘을 맞닥뜨리며 느꼈던 기분은 앞의 두 단계인 부정, 분노와 유사하다고 생각해요. 준비가 되지 않은 사람이 죽음을 통보받는 것처럼 남성 기득권의 종말은 상상할 수 없는 무엇이죠. 그들이 부정하고 분노하는 것은 현실 상황을 인정할 시간이 필요하다는 몸짓이에요. 이게 제 개인적인 경험에서 느낀 것입니다. (19 2분스피치 ㄱㅎㅈ)

우리는 성별이라는 굴레에 갇혀서 많은 것이 제약된 채로 살아온 것 같다. 너는 남자여서 이래야 해 너는 여자라서 이래야 해, 내 또래 중 어렸을 때 이런 말들을 안 들은 사람은 없을 것이다. 그린 싱횡 속에시 자리온 우리들이 젠더라는 굴레를 벗어나기 위해 이런 강의를 듣고 다른 사람들과 이야기를 나누는 것처럼 많은 노력을 해오는 것이 참 자랑스럽다고 생각한다. (19 ㅇㅎㅈ)

학기 초 페미니즘이 옳은 것인지 아닌 것인지 대해 구분 지으려 했던 제가, 저도 모르는 사이 페미니즘에 관심을 가지고 목소리를 높이는 분들을 안타까워하고 응원하고 있었습니다. 주위 대부분의 사람이 이런 젠더 문제에 진지하게 접할 기회가 적고, 때문에 페미니즘에 대해서 무조건적인 비난을 하는 경우가 많다고 감히 생각합니다. 그래서인지 자기주장을 하면서도 힘들어하시는 분들이 많다는 것에 속상했습니다. 다양한 페미니즘 속에서 혼란스러운 것도 모자라, 많은 사람의 인식까지 생각할 수밖에 없다는 것이 안타까웠습니다. 제가 페미니스트가 될 수는 없을 것 같지만, 적어도 제 주위 사람들이 페미니즘에 대해 다시 한번 생각해보도록 해야겠다는 다짐을 하게 되었습니다. (19 ㅊㅊㅈ)

이 수업에서 가장 큰 깨달음이면서 딱 한마디로 이 수업을 요약하자면, "깨어나라!"는 아주 짧은 메시지다. 나는 지금껏 깨어나 본 적이 없다. 단순히 잠에서 일어나는 것이 아니라, 무언가를 보려 하지 않았다. 진짜 속된 말로 이 수업에서 쪽 팔릴 때가 많았다. 취업이 잘된다고 기계공학부에 와놓고 막상 세상 돌아가는 이치와 문제

점은 파악하지 못하는 내 자신의 그 모습 자체가 참 안타까웠기 때문이다. / 이제는 그렇지 않다. 젠더와 관련해서 조금씩 알아가기 시작했을 뿐이며, 끊임없이 우리 사회 전반을 더 알아갈 필요가 있다. 깨어나는 단계부터 시작하기로 마음먹은 나는 앞으로 절대, 절대로 현실에 안주하며 살아가지 않겠다. 지금 내가 이 세상을 아름답다고 생각하지만, 그렇지 않은 이들의 목소리에 귀를 기울이겠다. (19 자료집 ㅊㅎㅅ)

젠더의식과 관련해서 한 발자국 나아간 이상 다시 뒤로 물러서기는 어렵다는 생각이 든다. 한번 잘못된 점과 부당함을 느끼고 나면, 그런 사고나 관습을 비판 없이 누리던 그 전의 세계로 다시 돌아가는 건 거의 불가능하다. 그래서 나는 더욱 많은 사람이 한 발자국씩이라도 나아갈 수 있으면 좋겠다. 그 균열들이 결국 세상을 바꿀 것이다.

(20 ㄱㅎㄷ)

케시 베일이라는 호주의 작가가 페미니스트를 이렇게 정의했다. "개똥같은 취급을 받고 싶어 하지 않는 여성일 뿐이다." 이 수업에 참여하기 전, 나는 아무것도 모른 채, 페미니즘에 대한 부정적인 인식을 가지고 있었다. 내 무의식에 깔려있는 인식이 그러하였다. 그도 그럴 것이 각종 포털사이트 댓글에는 페미니즘에 대한 부정적인 댓글이 쏟아져 나오고, 페미니즘을 욕하는 친구들도 있었다. 이유를 물어보면 "그냥 그건 잘못된 사상이야"라고 말하기만 했다. 나 역시 그래야 해서 그랬다. 그 말들을 비판 없이 받아들이고, 같이 웃었다. 주변에서 페미니즘을 다 싫어하니까. 페미니즘을 싫어해야만 했다. 묻어가는 것은 가장 편하다. 더 이상 알아보려고 저항하지도 않고 알아보아야 할 필요성조차 느끼지 못했다. 피곤하니까 또는 남자니까. / 수업에 참여하며 이미 느낀 점이지만 페미니스트들은 그리 동떨어져 있는 사람들도 아니고, 우리 주변에 있으며 그리 특별하지도, 그리 다른 사람도 아닌 그저 '여성'일 뿐이었다. 그들과 대화해보았을 때 그들의 논리만 펼치지 않고 나름의 합리적인 생각과 사연을 가지고 있으며 내 주변의 다른 여성들과 다르지 않다는 것이다. / 나의 친누나도 페미니즘에 대해 호의적이고 나의 여자친구 역시 페미니즘에 대해 호의적이다.

그렇다. 수업 중에 샘이 말하신 것처럼, 내가 만나는 대부분의 여성은 페미니즘에 호의적일 것이다. 틀은 없지만, 나는 이제 방향성을 잡아나간다. / 내 생각은 더욱더 복잡해지고 있다. 외부의 충격 없이, 스스로 생각하며 고쳐나가는 것이, 얼마나 어렵고 불가능한 일이라는 것이 느껴진다. 참호 속의 작은 소시민이었던 내가, 수업을 거듭하며 참호 밖으로, 고개를 살짝 들고 보는 것이 느껴졌다. (20 ㅂㅎㅅ)

젠더의식 격차의 심각성을 전혀 모르고 있었는데 수업을 통해 알면 알수록 큰일인 것 같다. 갈수록 커져만 가는 격차… 제가 그 격차를 줄이는 데 크게 기여는 못할지라도 격차를 벌리는 짓은 하지 않도록 노력해야겠다. 항상 열린 귀로 수용을 하고 무조건적인 비판은 하지 않는 그러한 사람이 되기를 바란다. 늘 말하지만 평생 기억에 남을 교양수업인 것 같다. 선생님께서 말씀하셨듯이 앞으로의 연애에서 꼭 젠더 이야기를 나누는 사람이 되겠다. / 마지막에 선생님이 수업의 막바지에 우리의 태도가 '역시 내가 옳았어'가 아니었으면 좋겠다고 하셨다. 처음에 수업에 임하기 전에 페미라는 단어를 들었을 때 부정적인 느낌뿐이었다면 지금의 나는 최소한 그들의 얘기를 들어보고 싶고, 공감 가는 게 있다면 공감해주고 싶다. 앞으로 또 나의 생각에 흔들림이 있겠지만 이는 좋은 징조로 남겨두고 영원히 미세하게 떨림이 있었으면 좋겠다고 생각한다. (20 자료집 ㅇㅈㅎ)

수업을 신청했던 이유를 되새기면 참 웃프다. 사실 나만큼 무언가에 있어서 확고한 자기 신념을 가지고 생각을 고집하는 사람이 또 있나 싶기 때문이다. 16년도부터 한창 SNS부터 시작해 떠오르던 페미니즘은 소위 말하는 정신병에 가까운 사상이며, 사회에 분란만 가져온다고 믿고 실제로 나 역시도 온라인에서 몇 번 설전을 펼쳤던 적이 있다. 그리고 시간이 지나 지금, '젠더와사회'를 수강한 내가 있다. 수업 시간에 선생님이 말씀하신 사소한 의문들이 중요하다는 것, 그 이유는 그 의문들이 모여 큰 변화를 일궈낼 수 있기 때문이라고 생각한다. 페미니즘을 긍정적으로 보지 못하던 나에게서 일어난 이 사고의 변화도 그 작은 변화 중 하나가 아닐까, 나름의 긍정적인

생각과 함께 마지막 조별 모임을 끝마칠 수 있었다. (20 ㅈㅈㅇ)

 이전의 나는 사실 페미니즘이라는 단어에 거부감을 가진 것이 사실이었다. 강남역 살인사건, 이수역 폭행사건, 넥슨의 모 게임 성우 논란, 그 많은 사건이 그들의 등장과 함께 불타올랐고 실제로 그들의 주장에 동의하기 어려웠기 때문이다. 학우 한 분이 페미니즘에 입문하게 된 계기를 말씀하셨다. 수많은 여성 범죄와 사회에 대한 공포, 그것들이 모두 자신에게도 벌어질 수 있다는 인식에 기반한 그 절박함을 감히 부정하고 싶지는 않았다. 아니, 할 수 없었던 것이 사실이다. 그들과 같은 시선에서 볼 수 없다는 것을 인정할 수밖에 없었고, 공감이 갔기 때문이다. 남자라고 불법촬영 피해가 없는 것은 아니다. / 그럼에도 여태까지 줄곧 피해를 받아온 여자들의 아픔, 그리고 그 아픔과 고통으로 인해 지지받는 페미니즘의 취지를 알 수 있었다. 만약 성평등을 지지한다면 당신도 페미니스트라는 말을 들었다. 언쟁을 계속 하다 보면 분명 언젠가 거리감이 좁혀질 것이라는 점을 스피치를 통해 조금은 바뀐 나 자신을 보며 느낄 수 있었다. (20 ㅈㅈㅇ)

수업을 닫으며

　젠더 수업은 기본 각본은 있으나 매번 새로운 등장인물들과 함께 만들어가는 변수 많은 드라마 같습니다. 수업마다 '공기'가 다르지요. 그러나 모든 수업에서 지키고자 하는 다짐이 있습니다. 그것은 글 처음에 말했던 것처럼 회유와 압박에도 불구하고, 주변의 오해와 편견에도 불구하고, 수업에 남은 모든 학생과 끝까지 함께 간다는 것입니다. 늘 성공적이진 않았으나 그 마음은 단단히 붙들고 있습니다.

　그 똑같은 마음으로, 젠더 이슈에 부정적인 당신이라도(내 최측근 관계자 포함), 중간중간 살짝 불편했을지언정, 부디 책을 집어 던지는 '자유권'을 행사하지 않고 끝까지 읽을 수 있었기를 진심으로 바라마지 않습니다.

　그래서 페미니스트들은 특별한 딴 세계의 뿔난 사람들이 아니라 주변의 다수 평범한 사람들이라는 사실을 느끼게 되었기를, 그대들이 실제(!) 생활에서 함께 살아야 하는 많은 사람이 '그냥 페미'라는 것을 알게 되었기를, 수업 전 페미라는 단어를 들었을 때 부정적인 느낌뿐이었다면 지금은 최소한 그들의 이야기를 들어보고 싶어졌기를, 자신의 생각에 미세한 떨림이 있기를 바라는 마음이 생겼기를, 참호 밖으로 고개를 들어보고 싶어졌기를 빕니다.

문제는 복합적이고 갈 길은 멉니다. 예를 들어 여전한 부성(父姓) 우선주의가 한 편에 있지만, 다른 한 편에는 성전환자 이슈가 존재합니다. 우리는 때로 부분적으로 퇴행하는 것 같기도 합니다. 그러나 큰물이 졌다, 말했습니다. 큰물이 향하는 방향은 분명합니다. '모든' 이가 성, 인종, 장애, 종교 등 그 어떤 이유로도 차별받지 않고 동등한 인권을 누리는 사회. 우리가 그런 사회를 향해가야 한다는 것, 그리고 그 사회가 다양성, 포용성, 수평성이라는 원칙을 가져야 한다는 것에는 누구나 쉽게 동의할 수 있을 겁니다.

문제는 그 길에 우리가 만나게 될 수많은 파도지요. 어떤 파도는 마음에 들겠지만, 어떤 파도는 그렇지 않을 겁니다. 그러나 바다 앞에 서본 사람은 압니다. '좋은' 파도와 '나쁜' 파도를 선택할 방법은 없다는 것을. 《사피엔스》의 저자 유발 하라리가 인용한 불교적 명상의 깨달음(2015: 558)처럼요.

내/우리가 원하는 또는 받아들일 만한 파도만 골라낼 수는 없습니다. 이리 말하는 내 자신에게도 때로 버거운 일이 되리라 짐작합니다. 그러나 '다가오는 모든 것들과 기꺼이 함께'라는 마음으로 파도 앞에 서겠습니다. 별다른 좋은 선택지가 있어 보이지도 않으니 선택이라 말하기도 어려우나, 적어도 그런 태도가 현명하지 않을까 해서입니다. 그렇게 우리는 한 발 뒤로 갔다가도, 두 발 앞으로 갈 수 있을 겁니다. 이제 당신의 선택이 남아 있습니다.

이미 한 발 앞서 걷고 있었고 그저 모두가 존중받는 사회를 꿈꾸는 것이 왜 이리 어려운가, 마음속 짐이 무거웠던 당신이라면 이 책이 작은 응원이 되었기를 바랍니다. 그래서 이제 다시 함께 한 발 걸어갈 수 있겠다는 마음이 생겼기를요. 운동화의 끈을 다시 매는 아침이기를 빕니다.

> 덧댐 ....
> 마지막 수업 후 한 학생과 주고받았던 문자입니다. 일부 내용이 살짝 낯부끄럽지만, 학생의 마음이 정말 예쁘고 고마워서 꾹꾹 눌러 기록에 남기고 싶어 그대로 옮깁니다. 다른 많은 고마운 마음을 기록에 남기지 못하는 것을 몹시 아쉬워하면서 말입니다.

선생님 안녕하세요, '젠더와사회' 수강한 ○○학과 ○○○입니다.

아까 강의가 끝난 후 짧게라도 얘기 나누고 싶어 선생님께 갔지만 괜히 쑥스러워져 인사만 하고 나왔습니다. 그래서 문자로라도 인사드리고 싶어 적어 봅니다.

저는 '마지막'을 맞이하는 것이 정말 어렵습니다.

모든 일에는 마지막이 있을테고, 그 마지막을 겪는 것이 힘들어서 무언가를 시작하지 않는 것은 어리석은 것이겠지요.

오늘 선생님께서 하신 말씀과 첫 번째 조원들이 조채팅방에서 서로와 얘기 나눌 수 있어 고마웠다고 보내준 카톡 덕분에

더 많은 것을 함께 할 수 있었지만 그러지 못했기 때문에

나눴던 이야기가 소중하고 의미있었던 것임을, 그 기회가 흔치 않은 것임을 알고 있기 때문에

'젠더와사회' 강의의 마지막은 그래서 더 아쉽고 더 슬픈 기분이 드는 것 같습니다.

○○학우가 이 강의는 정말 잊지 못할 강의가 될 것 같다고 채팅방에서 말했는데, 저 역시도 그렇습니다. 다른 학우들도 그렇겠지요.

선생님 감사합니다.

조금 웃기는 말일 수도 있지만, 선생님 같은 어른이 있다는 것이 참 위로가 되었습니다.

저도 '어른'이 되도록 부단히 노력하겠습니다.

'젠더와사회' 강의가 더 애틋했던 것은 나와 비슷한 생각을 하는 몇몇 사

람들과 물리적인 공간을 공유하며 '내가 혼자가 아니라는 것'을 느꼈기 때문입니다.

모두가 같이 반 발자국 나아가기를 정말 바라지만 그러지 못한다면 저 한 명이라도 부지런히 걸으려고 합니다!

마음 내줘서 많이 고마워요:)

수업에 있었던 친구들 모두와 한걸음, 아니 반걸음을 가야한다는 생각에 ○○같은(?) 친구들의 어깨를 충분히 따뜻하게 다독여주지 못하지 않았나 마음이 살짝 쓰여요... 그것까지 이해받고 싶은 건 선생 욕심이겠죠?ㅎㅎ

... 선한 마음을 갖고 그걸 표현할 줄 아는 ○○는 분명 '좋은 어른'이 될 거에요^^

그 길에 우리 수업의 기억이 작은 길동무가 되어주길 바라요.

감사의 글

어릴 때 집에서 여자아이라고 차별받은 경험은 다행스럽게도 거의 없습니다. 어머니가 가끔 늦둥이 막내아들을 위해, 당시엔 귀한 과일이었던 바나나를 하나씩 숨겨두신 걸 우연히 발견하고 '분노'했던 정도. 친척들이 맏이인 언니와 아들에게만 세뱃돈을 더 많이 주시는 것을 부당하게 생각했던 정도.

딸이라는 이유로 하고 싶은 공부를 실컷 하지 못했던 설움을 갖고 있던 어머니였기에, 그럼에도 당당히 자신의 이름으로 세상에 서기 위해 평생을 노력하신 분이기에 어머니 입에서 "딸이니까 안 돼"라는 이야기를 들어보지 못했습니다. 하고 싶은 것은 할 수 있도록 늘 지원해주셨기에 여성이라는 사실을 걸림돌로 여긴 적이 없었고, 결혼 여부와 무관하게 내 밥벌이는 내 스스로 해야 한다는 생각을 일찍부터 했던 것 같습니다.

당시 시대적 상황을 고려해보면 꽤 진보적인 집에서 자란 셈입니다. 감사한 마음입니다.

돌이켜 보니 깨닫게(!) 된 '첫 차별경험'은 대학 때였던 것 같습니다. 당시에는 거의 모든 '지도자'(학생이든 선생이든)가 남성이라는 사실을 인지조차 하지 못했고, 교수님들이 여학생을 '키울 제자'로는 보지 않으셨던 것 같다는 것도 그저 뿌연 느낌으로만 다가왔던 것 같습니다.

이제 내가 선생이 되어 여남 공학대학에서 학생들과 만나면서 어떤 점에서는 변화의 빠름을, 또 어떤 점에서는 변화의 지체를 느낍니다. 여성의 대학 진학률이 남성을 넘어선 지 오래지만, 여전히 대학은 적어도 일부 측면에서는 수십 년 된 구습을 재현하고 있습니다. 학생들의 모습 안에서도 변화의 빠름과 지체가 공존하고 있음을 매번 확인합니다. 예를 들면 성 개방성, 성소수자 문제 등에 대해서는 예전과 비교할 수 없을 정도로의 변화가 감지되지만, '남학생은 회장, 여학생은 부회장', '여성은 예쁘면 된다'는 등의 일상의 '구태'는 신기하게도(!) 쉽게 깨지지 않습니다. 제도 변혁보다 일상 변혁이 더 어렵고 오래 걸리고 지루합니다.

아직 사라지지 않은 것들도 있고, 아직 충분히 말해지지 않은 것들도 있고, 너무(?) 빠르게 변화해 우리를 당혹스럽게 하는 것들도 있고, 저 너머로는 한번도 가보지 않은 길까지 보이니 걱정스럽습니다.

이런 '복잡하고도 모순된 지형' 안에서 학생들은 오늘도 분투 중입니다. 그들과 함께하며 나의 '오래 지체된 젠더의식'도 깨어나고, 변화하고, 성장하고 있습니다. 이 글을 시작하게 한 것도 이 글을 마무리할 수 있게 한 것도, 그들입니다. 나를 계속 자극해주고, 같이 이야기해주고, 초고를 읽고 조언해주고, 지지하고 응원해준 그들 덕분입니다. 모두 고맙습니다.

원고를 꼼꼼히 읽어주고 의견을 준 학생들과 동료샘들, 특히 학생들 원고와 그 외 자료들을 정리하는 데 흔쾌히 도움을 준 허은채에게 특별한 인사를 전합니다.

책이라는 매개를 통해 수업의 담장을 넘을 수 있게 해주신 출판사 천정한 대표님과 보다 읽을 만한 텍스트로 만들기 위해 애써주신 이무용 편집자님께 깊은 감사 전합니다. 새로운 좋은 인연의 시작이길 빕니다.

고백하자면… 때로 지치고 때로 그만두고도 싶었습니다. 젠더에 대해 말을 거는 행위 자체가 여전히 '위험한' 세상이니까요. 오죽하면 책을 만드는 과정에서 편집자님께서 내가 너무 조심스러운 것 아니냐는 의견을 주실 정도였습니다.

그러나 "종이에 펜을 굴리는 이 간편한 활동에 투우 같은 위험성이 부여되지 않는다면, 우리가 뿔이 두 개 달린 위험하고 민첩한 주제들과 대결하지 않는다면, 왜 글을 쓰는가"(파머 2018: 146)라는 질문 앞에 나를 세울 수밖에 없었습니다. 훨씬 더 위험한 세상을 용감하게 살아낸 사람들이 있었기에 오늘의 내가 있는 것이니 끝까지 외면할 수는 없는 일이었습니다. 여성 참정권이나 교육권 확대에 아무 기여한 바 없이 공짜로 그 혜택을 누린 사람으로서 나도 '벽돌 하나'는 얹어야 한다는 약간의 책임감으로 어찌어찌 여기까지 왔습니다. 안 그러면 도둑 소리를 들을 것 같아서요. 나도 이제, 부족하지만 이 책을 핑계로 다음 주자를 기다리며 쉬어가도 되지 않을까 합니다.

주석모음

1 여성과 남성의 관계가 사회적으로 조직되는 방식을 지칭하는 말로, 생물학적 차이가 있는 여성/남성의 몸을 규율하며 성에 따라 다르게 의미를 부여하는 사회문화적 구조가 존재함을 강조하는 용어입니다.(여성문화이론연구소, 2015: 335) 간단하게는 보통 생물학적 성(sex)과 대비해 사회문화적 성(gender)이라고 말해집니다. 물론 구성주의적 입장에서 보자면, 자연과 문화의 구분 자체가 문화적 개념인 것처럼, 성 개념 자체도 '구성된 것'이라 볼 수 있습니다.

2 페미니즘을 여성주의라 번역하지 말고 그대로 쓰자는 의견에 동의합니다. 페미니즘이 여성인권 운동에 뿌리를 두고 있고 여성이라는 범주가 그 핵심적 대상임은 분명하나, 긴 세월 변화를 거치며 성장, 변화해왔고 여성만이 아닌 모든 소수자의 차별과 억압에 반대하는 사상 및 운동으로 자리 잡은 바 강남순이 말하듯 여성중심주의라는 불필요한 오해를 불러일으킬 수 있고, 생물학적 성이 아닌 사회문화적 젠더에 대한 정치적 입장을 강조하기에도 부족해 보이며, 차별과 억압에 있어 (인종, 계층, 성적 지향, 장애 능까의) 교차성에 대한 충분한 주목을 방해할 수 있는(2020: 39~41) 여성주의라는 번역어보다 페미니즘이라는 용어를 사용하는 것이 좋겠습니다.

3 젠더의식 격차 측정은 예를 들어 젠더감수성(성인지감수성, gender sensitivity) 지표 측정을 통해서도 할 수 있겠습니다. 젠더감수성은 공적, 사적 생활 속에서 젠더에 기반한 불균형, 배제, 차별과 관련된 사회적, 문화적 요인을 인지, 이해하고 고려하는 능력을 말하며, 넓게는 성평등의식과 실천 의지 그리고 성인지력까지 포함하는 용어로 사용됩니다.(네이버 지식백과: 시사상식사전, PMG지식엔진연구소 + 유럽성평등연구소(EIGE) 참고 서술) 1995년 중국 베이징에서 열린 제4차 유엔여성대회에서 사용된 후 국제적으로 통용되기 시작했습니다. 반대말로 젠더둔감성(gender blindness)이 사용되기도 합니다. 용어에 대한 비판도 있습니다. 상대적 개념이고 기준이 모호하고 추상적일 수 있어 지표화하기 어렵다고 보기도 하고. 용어 자체의 성격이 비판받기도 합니다. 예를 들어《양성평등에 반대한다》의 편저자인 여성학자 정희진은 계급, 민족주의, 인종차별 등은 (인간의 이성이 작용하는) 의식이라고 하면서 평화, 인권, 젠더는 왜 감수성으로 지칭하는지 문제 삼으며, OO감수성이라 지칭할 때 규범이 아니라 감정의 문제로 인식될 수 있다는 점, '예민하다'는 어떤 개인적 특성과 연결되어 문제를 모호하게 탈정치화, 개인화할 가능성 등을 지적했습니다.(강연 기록 2021 피스플레이어, 평화를 그리다) 동의하며, 젠더감수성이라는 말이 일반적으로 많이 쓰이긴 하나 젠더의식이라는 용어가 더 적절하겠다 생각합니다.

4 대학내일 20대연구소의 조사에서도 Z세대와 M세대에게 있어 여남갈등은 우리 사회의 갈등 영역 1위, 2위로 지목되었습니다.(중앙 210410) 또한 2021년 인권위원회의 '연령과 성별에 따른 성희롱 인식과 성평등 의식' 설문 조사에 의하면 성평등의식과 성희롱 인식 부분 모두에서 여성과 남성의 격차가 나타났는데, 20대 여성과 남성 사이의 차이가 특히 큰 것으로 조사됐습니다.(한겨레 210506) 이런 '고리타분한' 문제들은 Z세대(1990년대 중반~2000년대 초반 출생)가 오면 저절로 해결될까요? Z세대가 경험한 세계는 "초강대국 미국의 대통령은 흑인이고 국무장관은 여

성, 세계 최고 글로벌 기업 CEO는 동성애자, 유럽 주도국의 총리는 여성인 곳. 이런 세계를 살아온 이들에게 인종, 성별, 성 정체성은 개개인의 다양성으로 받아들여지는 것이지 차별할 문제가 아니다. 즉 차이를 문제 삼거나 이슈화하는 것 자체가 이상한 일이 된다"(고승연 2020: 24)는데, "글로벌 조사 결과 Z세대의 73%는 동성 결혼에 찬성하고, 74%는 트렌스젠더 평등권을 지지하며, 66%는 남성성과 여성성의 경계를 넘어서는 것, 즉 성별 초월에 찬성한다"(한국패션유통정보원 전략기획팀 2018년 정리 자료, 중앙 200921)는데 말입니다. 그런데도 변화가 저절로 올 것 같지는 않은 이 좋지 않은 느낌의 근원은 무엇일까요?

5 참! 오바마는 자신의 인종 분류를 의지적(!)으로 선택한 겁니다. 그는 케냐 태생의 흑인 아버지, 미국 캔자스주 출신의 백인 어머니를 두고 있습니다. 그러나 그는 인구조사의 인종 항목에 흑백 혼혈을 선택하지 않고 흑인 아프리카계 항목에만 단수 체크했으며, 기회 있을 때마다 자신의 인종을 흑인이라고 밝혀 왔습니다.(중앙 100405) 한 정치가의 '정치적 선택'이라고만 볼 수도 있으나 인종(또 젠더 등 그 무엇이 되었든 간에) 분류라고 하는 것이 우리가 짐작하듯 늘 깔끔하게 정리되진 않는다는 사실, 가끔은 또는 자주 '선택이나 결정의 문제'이기도 하다는 것을 잘 보여줍니다.

6 2013년부터 OECD 회원국을 대상으로 직장 내 여성 차별 수준을 평가, 10가지 지표를 가중 평균해 결과를 내며, 지수가 낮을수록 차별이 심하다는 것을 의미.

7 이철희(2012) 논문 '한국의 합계출산율 변화 요인 분해'에 따르면 한국 출산율의 하락은 기혼여성의 출산율 저하보다는 결혼에 따른 경력 단절 우려 등을 이유로 하는 고학력 여성의 결혼 기피에 의해 발생합니다. 미국의 경우 학력별 혼인율에 거의 차이가 없었습니다. 한국 여성의 이런 선택은 '합리적'으로 보입니다. 실제로 6세 이하 자녀를 둔 기혼여성의 고용률은 43.9%로 남성(96.0%)의 절반에도 미치지 못합니다. 반면 자녀 나이가 7~12세가 되면 여성 고용률은 60.5%까지 상승합니다. 그러나 훨씬 덜 좋은 일자리로 복귀하는 경향이 있습니다.(중앙 170101~02) 여성들의 65.0%가 경제활동에 참여하지 않는 이유로 육아, 가사 부담을 꼽았습니다. "카카오톡을 열어 보시라. 아이디 옆에 괄호로 자녀 이름을 적어놓은 이들(학부모 단톡방 소통을 위해서다.)은 거의 100% 여성이다"(중앙 201111)는 기사를 읽었습니다. 왜일까요? 이런 상황을 개선하지 않고 여성이 당직과 야근을 기피한다, 업무집중도가 낮다는 비판을 할 수 있을지 의문입니다.

8 세계은행(WB)이 2018년 발간한 보고서 '미실현 잠재력: 소득 성차별의 높은 비용'에 따르면 소득 차별은 각국 국내총생산(GDP)도 떨어뜨리며, 전 세계적으론 1인당 2만3620달러의 손실을 가져온다고 보고됩니다. 차별이 실질적 금전 손해로 이어지는 겁니다.(중앙 201111)

9 여성의 사회활동 참여율이 세계 최고 수준인(79.8%) 스웨덴의 출생율은 1.76입니다. 한국은 41.8%, 합계출생율은 0.92입니다. OECD 국가 중 최저입니다. 일과 가정 중 양자택일해야 하는 사회보다 차별도 우대도 아닌 모든 것을 모두 같이 함께하는 사회에서 두 지표 함께 올라갈 수 있다(스톡홀름대학 안데손 교수, 중앙 190312)는 것을 보여주는 결과입니다.

10 '과소 젠더화'가 일어나는 경우도 있습니다. 여성 집단 전반에서 지속적, 체계적으로 관찰되는 저임금문제, 특정 전공이나 직업으로의 쏠림 현상을 여성 개개인의 노력이나 능력, 또는 단순한 선택의 문제로 환원시키는 것을 한 예로 들 수 있습니다.

11 경찰청 범죄통계에 의하면 강력범죄(살인, 강도, 성폭력, 방화 등) 피해자의 85%(2019년)~86.3%(2020년)는 여성입니다. 다만 강력범죄 가해자 중 여성의 비율도 흉악, 폭력을 모두 포함해 약 11~32%에 이릅니다. 무시할 수 있는 수치는 아닙니다. 그런데 여기서 놓치지 않아야 하는 중요한 부분이 하나 있습니다. 성폭력 가해자 중 여성의 비율은 3.4%에 머무릅니다. 2020년 통계에 따르면 '강간범죄' 피해자의 여성 비율은 여성 97.6% '강제추행범죄' 피해자 중 여성 비율은 90.2%에 달합니다. 강력범죄 중 특히 성과 직접적으로 관련 있는 성폭력에 있어 여성이 거의 일방적으로 피해자 입장에 있다는 사실을 기억해야 합니다.

12 남학생들에게 문제의식이 없는 것은 아닙니다. 예컨대 각종 행사에서 무거운 짐을 남학생들에게만 옮기게 하고 여학생들은 쉬게 하거나, 동일한 상황에서의 체벌 정도가 다른 문제 등에 대해 불만이 없지 않지만 그냥 넘어가는 경우가 많지요. 아직도(?) 가부장적 사고로부터 덜 해방되었기 때문이기도 하지 않을까요? 그리고 남성이어서 하지 않아도 되는 일들이(예를 들어 식사 준비 등) 여전히 있기 때문에 넘어가 주는 것 아닐까요? 여학생들도 혹시나 일상 속에서 너무 쉽게 젠더 이분법에 '안주'하지는 않는지 돌아볼 일입니다.

13 물론 예를 들어 '깜깜이'라는 말은 혐오표현인가(중앙 210512)를 의심하는 장강명 작가의 말에도 동의하는 부분이 있습니다. 아무리 옳다고 여겨지는 일도 '반(反)성찰'은 늘 필요하고 중요하다고 생각합니다. 브레이크 없는 자동차는, 아시는 대로, 매우 위험합니다.

14 프랑스의 경우지만 2019년 신생아의 61%가 혼외출생이었다는 것도 참고할 만합니다.(중앙 210429)

15 의료, 산업 등 다른 많은 영역에서 성인 남성이 기준값(디폴트)으로 설정되어 있는 것과는 대조적입니다. 예를 들어 성인 남성 신체를 기준으로 한 질병 진단법과 약 복용법은 여성에겐 맞지 않을 수 있고, 남성 신체를 기준으로 만들어진 자동심장충격기(AED) 사용법은 여성의 생명까지 위태롭게 할 수 있습니다.(페레스 2020) 물론 평균적 성인 남성을 기준으로 한 이 모든 것들은 아이, 노인, 장애인 등에게도 적절하지 않을 수 있습니다. 더 근본적인 문제는 이런 상황에 대한 인식 자체가 오랫동안 지체되어 왔다는 것입니다.

16 여성 경찰 채용 기준에 대한 논란이 있습니다. 조금 다른 맥락이지만 여성 군인의 능력에 대한 일부의 우려도 있다고 알고 있습니다. 공정성을 인정받지 못하는 선발기준 변경, 물론 중요합니다. 그러나 우선 보다 근본적인 질문에 대한 답을 찾아가야 한다고 생각합니다: 예를 들어 경찰/군인은 무엇하는 사람들인가? 어떤 최소한의 능력이 요청되는가? 여성은 본래적으로 경찰/군인이 되기에 부적절한 (신체적/정신적) 존재인가? 그렇다면 또는 그렇지 않다면 그 이유는 무엇인가? 이런 논의를 바탕으로 어떤 사람을 경찰/군인으로 어떤 기준과 방법으로 선발해야 하는가에 대한 사회적 합의를 만들어가야 합니다. 이런 노력이 우리를 보다 건강한 해결책으로 한 걸음 더 가까이 데려다 줄 것입니다.

17 예를 들어 위험한 대수술을 받아야 하는 환자에게는 '수술 능력이 뛰어난 의사'가 제1의 선택기준입니다. 수술 능력은 좀 떨어지지만 '사람 좋은 의사', '자신과 친한 의사'를 선택할 사람은 없을 겁니다.

18 2019년 9월 조국 전 법무부 장관 자녀 입시 비리 문제로 시끄러울 때 문재인 대통령은 "공정의 가치는 교육에서도 최우선 과제가 되어야 한다"며 수능 비중 확대를 주문했습니다. 수능이라는 단일 시험으로 평가하는 것이 공정하다는 전제가 깔린 것입니다. 말의 취지는 이해가 됩니다만, 반론도 만만치 않습니다.

19 공간의 배타적 구획을 통한 약자 또는 피해자 보호가 단기적으로는 필요할 수 있고 가용한 전략의 하나일 수 있겠습니다. 그러나 앞서 공간 문제를 다룰 때도 잠시 언급했듯, 약자나 피해자를 공간적으로 격리해서 문제를 해결하는 방식은 또 다른 낙인이나 배제 효과를 낳을 수도 있어서 중장기적 시선으로 볼 때 '최선의 선택'이 아니라고 생각합니다.(천선영 2009 지하철 노약자석 관련 논문 참조)

20 어떤 남학생은 '남성은 예쁜 여성이, 여성은 멋있는 남성이 좋은 것이 당연'하지 않냐고, 예쁜 여성을 좋아하는 것이 무슨 죄냐고, 탈코르셋을 주장하는 사람들은 여성의 예뻐질 권리를 빼앗는 것이며, 탈코르셋은 (정작 자신은 예를 들어 일 때문에 어쩔 수 없다며 꾸미고 다니면서) 자신만 더 예쁘게 보이려는 기만적인 사람들이 하는 주장이라고 항변합니다(19 ㅇㅎㅈ). 긴 생각과 답변을 요구하는 문장인데, 이 글의 여러 부분에서 차근차근 설명될 것이므로, 여기에서는 한 가지만 지적하고자 합니다. 이 학생은 왜 여성에겐 명확하게 '예쁨'이라는 수식어를 쓰고, 남성에겐 '잘생긴'이 아니라 '멋있다'는 수식어를 썼을까요? 나도 '멋있는 여성'이고 싶습니다만….

21 '성폭력범죄 처벌 등에 관한 특례법'을 그대로 따른 분류는 아닙니다. 이 법에 따른 분류는 특수강도강간, 강간 등 상해·치상, 업무상 위력 등에 의한 추행죄, 촬영물 등을 이용한 협박과 강요 등 훨씬 더 종류가 많고 복잡하고, 성희롱은 별도의 범주입니다만, 이해를 돕기 위해 통상적으로 말해지는 분류를 가져 왔습니다. 글의 다른 곳에서 그 이유에 대한 잠시 언급을 했지만 강간이라는 용어를 사용하지 않으려는 의도도 있습니다.

22 성판매자였던 여성이 쓴 책《봄날, 길 하나 건너면 벼랑 끝》에 대한 리뷰에서 리뷰어는 이 책이 "눈 덩어리처럼 불어나는 빚을 갚기 위해 노래방, 룸살롱, 성매매 집결지, 보도방, 티켓다방으로 이어진 저자의 삶을 따라가게 해주며, 우리 사회가 빈곤한 여성에게 어떻게 폭력을 행사하고 성매매로 빠지게 하는지에 대해 적나라하게 보여준다"고 말합니다.(중앙 191207~8)

23 이준석 국민의힘 당대표는 "강남역 사건 당시 수사를 통해 범인의 정신병이 원인임이 밝혀졌지만 '여자라서 죽였다'라는 분열적 용어가 탄생했다"(중앙 210422)고 주장했습니다. 몇 가지만 덧붙이겠습니다. 먼저 그는 위 문장에서 마치 이 사건의 원인이 최종적으로 밝혀진 것으로 간주하는 듯한데, 우리가 알고 있다시피 모든 수사결과가 최종 진실을 말하는 것은 아닙니다. 조현병이 원인일 수 있다는 것 부인하지 않습니다. 그러나 그것이 단 하나의 원인인지는 간단하게 말할 수 있는 부분이 아니라고 생각합니다. 설사 조현병이 유일한 원인이었다(고 보인다) 해도 수도 없이 많은 여성이 이 사건을 '자신의 문제'로 공감했다는 사실을 기억해야 합니다. 왜였을까요? 그것이 몇몇 '극렬 페미니스트들'의 선동으로 가능한 일이었을 것이라 보는지요? 여성들은 '바보'인지요? 정치가인 그는 누구보다도 앞서 그 '원인'에 대해서 고민을 해봤어야 하는 것 아닐까요? 그리고 자신이 당한 일도 아니었는데, '여자라서 죽었다'고 감정이입할 수 있었던 사람들은 누구보다 '공감적 언어'를 구사하는 사람이라고 보는 편이 더 타당한 해석이지 않을까

요? '여자라서 죽었다'는 말은 '나일 수도 있었다'는 말과 같은 말입니다. 공감의 언어를 분열의 언어로 읽는 정치가라니요. 유감입니다.

24 "2030 세대는 성별에 따른 기회의 불평등을 겪지 않았다"(중앙 210422)는 이준석의 주장에 동의하기 어렵습니다. 어찌 보면 대단히 가혹한 불행, 예외적인 재앙, 심각한 폭력에 노출되어 있는 것으로는 보이지 않는 '평범한'《82년생 김지영》의 이야기에 왜 그보다 훨씬 나중에 태어난 여성들조차 크게 공감하는지 성찰해보길 권합니다.

25 이명준 한국성평화연대 대표는 "586세대는 젠더 이슈에 많이 둔감하면서도 페미니스트인 척하지만 MZ세대(남성을 지칭하는 것으로 보임.)는 '우리가 언제 강자였던 적이 있어?'라고 생각한다"(중앙 210424)고 말합니다. 586세대의 '무지한 위선'을 지적한 문장의 앞부분에 더 공감했습니다.(뒷부분은 일상에서 늘 듣고 보는 얘기라서 그러려니 했네요.) 예를 들어 어떤 유력 정치인은 청년 정책이라며, 여성에게는 출산, 육아 관련 정책을 남성에게는 제대 후 취업 지원 정책을 제시합니다. 그 정치인 머릿속까지야 알 수는 없지만, 말 중에 배인 여성과 남성에 대한 역할 고정관념, 그에 기초한 이분법적 사고를 확인하게 됩니다. 여성청년들이 '취업은 필수, 결혼은 선택'이라 생각하는 것은 아시는지 모르겠네요.

26 여기서 얘기하는 혐오는 유전자에 각인된, 생존을 위한 혐오, 예컨대 독버섯에 대한 '자연스러운 혐오'와는 명백히 구분되는 개념입니다.

27 여성이 '자연적으로' 열등하고 위험하다는 여성혐오의 뿌리는 '남자는 하늘, 여자는 땅', '여자는 죽을 때까지 세 명의 남자를 따라야 한다. 아버지, 남편, 아들'이라는 사고가 지배적이었던 이 땅에서만 찾아볼 수 있는 것은 아닙니다. 서양에서의 역사도 유구합니다. "남성은 자연적으로 우월하며 여성은 열등하다. 한쪽은 지배하고 다른 한쪽은 지배당한다. 이러한 원리는 모든 인류에게까지 확장되는 것이다." 아리스토텔레스의 주장입니다. "여성은 남성을 위해 태어난 존재다." 이것은 천부인권을 주장한 장 자크 루소의 말입니다.

28 전자가 문제가 아니라는 것은 아니나, 그것은 개인적인 차원의 모욕감이나 불이익에 머무른다고 볼 수 있는 반면, 후자는 특정 집단에 속한 사람 전체에 대한 '정체성 부정'의 성격을 가지고, 사회구성원으로서의 평등한 지위를 훼손하며, 부정적 편향의 사회적 확장성을 야기한다는 점에서 더 크고 심각한 문제상황과 연결됩니다.

29 이주노동자에게 "나는 네가 너희 나라로 돌아갔으면 좋겠어"라고 말하며 나는 나의 안전을 지키고자 노력할 뿐이며, 이주정책의 정당성을 논할 뿐이라고 말한다면 그것이 정당화될 수 있겠는지요?

30 똑같은 일이 남성의 몸에도 일어나고 있다면, 그 분노에 대한 두려움을 똑같이 느껴야 할 것입니다. / 이영자 씨가 날씬하진 않은 몸으로 여전히 왕성하게 활동하는 것은 그나마 다행(?)이나, 김훈 작가가 경악했던 사회의 매커니즘은 여전히 강고합니다

31 꼭 꾸밈의 문제가 아니더라도 페미니스트는… 페미니스트라면 적어도… 이런 일종의 기준과

규범들에 질식될 것 같은 사람이라면, 록산 게이의 책(2016) 중 355~369쪽을 읽어보길 권합니다.

32 마리 루티는 《나는 과학이 말하는 성차별이 불편합니다》라는 책에서 진화심리학 관련 출간물들에 대한 비판적 검토를 통해 이들이 과학적 당위성의 외피를 입고 "우리 문화에 존재하는 가장 나쁜 성 고정관념들"에 대한 반지성적 인식을 소위 과학의 이름으로 퍼트리는 것에 대해 강하게 비판하고 있습니다.

33 한국 사회에 미러링의 문제를 가시화시킨 사이트 '메갈리아'에 대한 평가는 엇갈리지만, 메갈리아가 자생적으로 생기지 않았다는 사실은 기억할 필요가 있습니다. 그 이전에 일베가 있었고, 소라넷이 있었습니다. 메갈리아가 누군가가 기대한 만큼 '숭고하고 결백'하진 않았을지라도, 상황 속에서 만들어진 '저항의 꿈틀거림'이었던 것만은 분명합니다. 한 학생의 목소리입니다: "나는 메갈리아가 한국에서 페미니즘을 수면 위로 띄운 역할을 톡톡히 해냈다고 생각한다. '결백하지 않은 집단'이 페미니스트를 자청한다고 해서 페미니즘이 더럽혀지는 것은 아니다. 페미니즘은 숭고한 작품 같은 것이 아니라 실제 사람들이 모여 만드는 움직임(movement)이니까."(17 ㅊㅂㅅ)

34 일반화하긴 어렵지만, 남성이 되길 바라는 여성의 경우 그 희망 자체가 차별과 억압의 결과일 수도 있다고 보는 것 같습니다. 이런 경우 그런 상황적 요인이 해결된다면 문제 자체가 해소되겠지요.

35 성 중립 화장실에 성소수자 배려가 있는 것은 사실입니다. 하지만 가족 화장실의 의미도 있을 수 있으며, 보호자를 동반해 화장실을 사용하는 어린이, 장애인, 노인 등을 배려하는 것이라 볼 수도 있습니다. 여성의 화장실 대기시간도 주는 것으로 나타났습니다. 2009년 영국에서의 연구 결과는 성별 분리 화장실의 경우 남성의 대기시간은 40초, 여성은 2분 20초였는데, 같은 수의 성 중립 화장실의 경우에는 공히 1분으로 나타났습니다. 성범죄 증가 가능성을 걱정하는 분도 있는데, 이에 대해서 통계적으로 유의미한 결과는 확인된 바 없다 합니다. 트렌스 젠더의 군 복무에 반대했던 트럼프 전 미국 대통령이지만, 뉴욕의 트럼프타워에는 성 중립 화장실이 있다 합니다. 공공장소에서 '젠더 프리' 확대는 특정 이념이라기보다 시대적 흐름으로 봐야 할 것입니다.(중앙 190131)

36 미국정신의학회(2011)는 서로 다른 성적 지향성의 발현은 대단히 복합적인 이유에 의한 것으로 보인다며, 대부분의 사람은 자신의 성적 지향을 선택한다는 감각을 거의 느끼지 못한다고 밝혔습니다(김승섭 2017: 204). 한 드라마 대사를 옮깁니다: "넌 왜 동성애자가 됐냐?" "당신은 왜 이성애자가 됐습니까? 당신이 대답하지 못하는 것처럼, 나 또한 대답할 수 없는 질문입니다. 내 뜻이 아니었습니다. 지금 당신이 늙어가고, 회사에서 밀려나는 게 당신 뜻이 아니었던 것처럼…."(노희경, 1999, 드라마 '슬픈 유혹' 대사 중)

37 참고로 민우회 2017년 '성차별 보고서'에 따르면 한국은 성평등한 국가라고 생각하느냐는 질문에 응답자의 93%가 '아니다'라고 답했습니다.(중앙 170929)

38 인구학자 조영태는 우리 사회의 미래에 중요한 영향을 미칠 8가지 인구학적 변수를 정리해 제시한 바 있는데, 그 맨 앞에 초저출생, 만혼, 비혼이 있다는 것도 기억하도록 하지요. 물론 그가 그 원인이 성별적 젠더의식 격차라고 주장한다는 것은 아닙니다.

참고문헌

강남순. 2020. 페미니즘 앞에 선 그대에게. 한길사
고승연. 2020. Z세대는 그런 게 아니고. 스리체어스
게이, 록산. 2016. 나쁜 페미니스트. 사이행성
그레이, 존. 2008. 화성에서 온 남자, 금성에서 온 여자. 동녘라이프
김엘리. 2021. 여자도 군대 가라는 말. 동녘
김영민. 2018. 아침에는 죽음을 생각하는 것이 좋다. 어크로스
김지혜. 2020. 선량한 차별주의자. 창비
긴훈. 2002. 아들아 다시는 평발을 내밀지 마라. 색각의나무
루더, 크리스티안. 2015. 빅데이터 인간을 해석하다. 다른
루티, 마리. 2017. 나는 과학이 말하는 성차별이 불편합니다. 동녘사이언스
마코비츠, 대니얼. 2020. 엘리트 세습. 세종서적
바레스, 벤. 2020. 벤 바레스, 어느 트렌스젠더 과학자의 자서전. 해나무
버틀러, 주디스. 2016. 혐오발언. 알렙
봄날. 2019. 길 하나 건너면 벼랑 끝, 성매매라는 착취와 폭력에서 살아남은 한 여성의 용감한 기록. 반비
브라운, 크리스티아 스피어스. 2018. 핑크와 블루를 넘어서. 창비
샌들, 마이클. 2014. 정의란 무엇인가. 와이즈베리
샌들, 마이클. 2020. 공정하다는 착각. 와이즈베리
서울대 행복연구센터. 2020. 대한민국행복지도 2020. 21세기북스
아디치에, 치마만다 응고지. 2016. 우리는 모두 페미니스트가 되어야 합니다. 창비
아렌트, 한나. 2004. 혁명론. 한길사
안숙영. 2020. 젠더, 공간, 권력. 한울

여성문화이론연구소. 2015. 페미니즘의 개념들. 동녘
유민석. 2019. 혐오의 시대, 철학의 응답, 모욕당한 자들의 반격을 위한 언어를 찾아서.
　　　서해문집
이세민 외. 2021. 나를 쓰다: 매일의 글쓰기. 리윤익
정희진 엮음. 2017. 양성평등에 반대한다. 교양인
존슨, 앨런. 2016. 사회학 공부의 기초: 복잡한 세상을 이해하는 간단한 틀. 유유
천관율, 정한울. 2019. 20대 남자, '남성 마이너리티' 자의식의 탄생. 시사IN북
천선영. 2009. "'노약자석'을 통해서 읽는 공간의 일상정치". 사회와이론 14집
　　　353~387쪽
천선영. 2020. 기꺼이 이방인. 책밥상
콜라핀토, 존. 2002. 타고난 성, 만들어진 성. 바다출판사
파머, 파커 J. 2018. 모든 것의 가장자리에서. 글항아리
페레스, 캐럴라인 크리아도. 2020. 보이지 않는 여자들: 편향된 데이터는 어떻게
　　　세계의 절반을 지우는가. 웅진지식하우스
프랭크, H. 로버트. 2018. 실력과 능력으로 성공했다는 당신에게, 행운, 그리고
　　　실력주의라는 신화. 글항아리
하라리, 유발. 2015. 사피엔스. 김영사
홍성수. 2017. 말이 칼이 될 때. 어크로스
홍승은. 2017. 당신이 계속 불편하면 좋겠습니다. 동녘
황두영. 2020. 외롭지 않을 권리, 혼자도 결혼도 아닌 생활동반자. 시사IN북